W9-BFR-732

La revue Legs et Littérature *est une publication de l'Association Legs et Littérature (ALEL). L'Association remercie la Fondation Konesans ak Libète (FOKAL) et l'Alliance Internationale des Éditeurs Indépendants (AIEI) pour leur soutien financier.*

Directeur de la publication

Dieulermesson Petit Frère

Rédactrice en chef

Mirline Pierre

Sous la direction de :

Salma Fellahi

Réda Bejjtit

Les points de vue contenus dans les articles sont exprimés sous la responsabilité de leurs auteurs. Tous les textes de ce numéro sont protégés par le Bureau haitien du droit d'auteur (BHDA).

ISSN : 2307-0234
ISBN : 978-99970-71-16-3
LEGS ÉDITION
Dépôt légal : Bibliothèque Nationale d'Haïti

© Legs et Littérature, août 2021
Couverture : Salma Fellahi

Contact : www.legsedition.net
alel.legsedition.net
legsedition@outlook.com

+33 7 55 25 62 18
+33 7 55 21 95 28
+509 37 48 59 51
26, Delmas 8, Port-au-Prince, Haïti

La rédaction

Carrol F. Coates
(États-Unis)

Dieulermesson Petit Frère
(France-Haïti)

Ulysse Mentor
(France-Canada)

Mourad Loudiyi
(Maroc)

Mirline Pierre
(France-Haïti)

Carolyn Shread
(États-Unis)

Guillemette de Grissac
(France-Réunion)

Jean James Estépha
(États-Unis-Haïti)

Claudy Delné
(États-Unis)

Kokouvi Dzifa Galley
(Togo)

Marie-Josée Desvignes
(France)

Jean Florentin Agbona
(Bénin)

Pierre Suzanne Eyenga Onana
(Cameroun)

Alma Abou Fakher
(France-Syrie)

Salma Fellahi
(Maroc)

Éditorial

L'AFRIQUE : LANGUES, LITTÉRATURES, POLITIQUE ET INTERCULTURALITÉ

En intitulant ce numéro *Arts et Littérature d'Afrique : Récits, Discours, Images*, notre objectif est mettre en valeur la diversité de la richesse artistique et littéraire africaines, conscients de la relativité de notre entreprise : l'Afrique est un continent vaste, culturellement pluriel et riche d'un millier de langues.

Ce second volume du dix-septième numéro de la revue *Legs et Littérature* est spécifiquement consacré à la littérature, au roman et à la poésie notamment. Il couvre plusieurs pays africains essentiellement francophones, à savoir : le Congo (2 articles), la Guinée, le Gabon, le Cameroun (2 articles), le Mozambique, la Côte d'Ivoire (3 articles), le Togo, le Sénégal, le Maroc et la République CentrAfricaine (RCA).

Avant d'aborder les principales problématiques, nous estimons qu'il serait intéressant de donner une idée sur les thèmes traités dans ce numéro en rapport avec les pays signalés[1] ci-dessus :

Dans le premier article, intitulé « Pour une théorie de la dictature dans *La vie et demie* de Sony Labou Tansi et *Le Cercle des*

---

1. Nous considérons les articles selon l'ordre adopté dans ce 17ème numéro de la revue *Legs et Littérature*.

tropiques d'Alioume Fantouré », couvrant la République de Guinée et le Congo, Rodrigue Boulingui nous propose d'élaborer une théorie de la dictature à travers les deux œuvres signalées dans le titre de sa communication. En étudiant les romans du congolais Sony Labou Tansi et du guinéen Alioume Fantouré, il analyse le point de vue des auteurs relativement à la réalité politique de leurs pays. Pour Boulingui, la littérature n'est plus simplement un moyen d'évasion, mais un outil politique puissant, un atelier de pensée qui permet de réfléchir sur le vivre ensemble et questionne l'évolution politique des sociétés postcoloniales francophones.

« La littérature n'est plus simplement un moyen d'évasion, mais un outil politique puissant »

Dans l'article suivant de Dorel Obiang Nguema, « Poétiser la révolte dans *Rêve mortel* de Benicien Bouschedy », il sera question de poésie et de révolte au Gabon : à travers le long poème de Benicien Bouschedy, *Rêve mortel*, représentant la nouvelle génération de la poésie contemporaine gabonaise, Dorel Obiang Nguema expose la révolte de cet écrivain contre tout ce qui empêche la jeunesse d'Afrique en général, celle du Gabon en particulier, de réaliser ses rêves, et contre les dirigeants au pouvoir qui, selon Benicien Bouschedy, anéantissent les rêves des peuples et les transforment en désillusion. Cette poésie engagée, contestataire et révolutionnaire est résolument optimiste, elle idéalise la révolte pour proposer à la jeunesse africaine une espérance nouvelle et la voie par excellence qui les libérera du joug de la servitude.

Relativement au Cameroun, Gisèle Piebop dénonce, à travers son texte, « Ressources traditionnelles et religieuses au secours d'une société camerounaise prise dans l'étau de l'aliénation », l'acculturation et l'aliénation savamment entretenus par le colonialisme afin de saper l'identité culturelle camerounaise, au point que les citoyens camerounais sont devenus étrangers dans leur propre milieu naturel selon Piebop. Cette dernière suggère d'aller à la reconquête d'une fondation culturelle solide permettant au Cameroun de relever les défis de la mondialisation.

L'article de Salima Khattari s'intéresse au Mozambique, le seul pays relatif à l'Afrique du Sud-Est présent dans ce second volume de la revue *Legs et Littérature*. Son article intitulé « Mia Couto : un état des lieux de l'État postcolonial du Mozambique » propose une réflexion solide et bien construite relativement aux notions de pouvoir et de violence, en rapport avec la réalité politique postcoloniale du pays, dans le roman de Mia Couto : *Le Dernier vol du Flamant*.

La Côte d'Ivoire, pays bien présent dans ce numéro à travers trois papiers, a intéressé Victor Essono Ella. Dans son article, « L'autochtonie africaine bafouée durant l'exploitation coloniale dans *La Carte d'identité* de Jean-Marie Adiaffi et *Les Soleils des indépendances* d'Ahmadou Kourouma », on retrouve le thème de l'autochtone étranger dans son propre pays[2]. On y trouve des thématiques interculturelles (identité/altérité ; violence/paix…). Dans ces deux romans, et selon Victor Essono Ella, les personnages ne sont nulle part en situation d'autochtonie, et vivent donc dans l'insécurité permanente. L'étranger, ce n'est plus l'autre, venu de l'extérieur, c'est l'autochtone qui se sent étranger chez lui. Il clame sans cesse son attachement à la terre natale, mais vit en étranger partout, en ville comme au village.

Dans un registre différent, toujours en rapport avec la Côte d'Ivoire, Adou Bouatenin proposera une réflexion intelligente, détaillée et complexe relativement à deux concepts identitaires, l'ivoirité et l'ivoironie, à travers l'œuvre poétique d'Eugène Dervain, *Une vie lisse et cruelle*, en prenant en considération la dimension idéologique relative à ces deux notions.

Concernant le Togo, il sera question de littérature féminine ; Komi Seexonam Amewu donnera lieu à une « Analyse néoromanesque d'*Antibes* de Corinne d'Almeida » ; dans ce nouveau roman togolais, s'inspirant du Nouveau-Roman français, seront

---

2. Thème relatif également au Cameroun, dans le troisième article de Gisèle Piebop.

déconstruites les notions désormais classiques (récit, histoire, personnage…).

Faisant écho avec l'article d'Abdoulaye Sall[3], le 8e article de ce second volume, relatif au Congo, traite du thème suivant : « Les représentations de la femme dans *Le Chercheur d'Afriques* (1990) et *Dossier classé* (2002) d'Henri Lopes » ; Ndèye Maty Paye y souligne que l'écrivain congolais Henri Lopes fait de la femme congolaise un personnage central dans ses deux romans et nous propose une analyse minutieuse du portrait féminin chez l'auteur : la représentation de la femme se révèle être plurielle, subissant la guerre des sexes, et même si sa beauté est exaltée, son statut est constamment interrogé.

« La religion et la tradition seraient aliénantes pour la femme camerounaise et sénégalaise »

En rapport avec le Congo et le Sénégal, nous retrouvons la même préoccupation féminine. La réflexion de Bénédith Léonie Tiébou, « Le discours des personnages féminins au regard de la tradition et de la religion. Une lecture de *Mâ* de Gaston-Paul Effa et *Une si longue lettre* de Mariama Bâ », adopte un point de vue original en analysant le discours féminin des personnages romanesques. Dans ces deux romans africains, la religion et la tradition seraient aliénantes pour la femme camerounaise et sénégalaise selon l'auteur.

Dans une optique interlinguistique appliquée à un corpus littéraire, le Nouveau Roman en Côte d'Ivoire, Céline Omo Koffi s'intéressera aux emprunts et interférences linguistiques entre la langue française, le français populaire ivoirien (le Nouchi) et les langues maternelles ivoiriennes (l'Agni, le Baoulé, le Bété…) dans son article intitulé : « Déconstruction narrative et « formatting » linguistique dans la littérature africaine d'expression française : une implication narratologique à l'ère du temps. Cas du nouveau roman ivoirien ».

---

3. Voir l'article intitulé « La prégnance du réinvestissement mythique dans *Le Temps de Tamango* et *Le Cavalier et son ombre* de Boubacar Boris Diop », dans le premier volume de ce 17e numéro de la revue *Legs et Littérature*.

Une analyse linguistique sera également adoptée dans l'article suivant, « Transmission et sauvegarde d'une langue en danger – l'amazighe – au Maroc et chez la diaspora marocaine en France », dans lequel Radi Sami traitera de la langue Amazigh au Maroc, où c'est la langue maternelle de 28% de la population, et en diaspora, en France surtout où elle est utilisée par deux millions d'Amazighs marocains. Suite à une enquête quantitative collectée auprès de 120 informateurs, Radi Sami fera des constats intéressants.

Dans le douzième article intitulé « Les modalisateurs : stratégie de la vulnérabilité chez Calixthe Beyala. *Le cas de La petite fille du réverbère* et *La Plantation* », en rapport avec le Cameroun, Sango Rose Djuehou analysera les deux romans de l'écrivaine Calixthe Beyala, en adoptant la perspective stylistique, celle de la génétique stylistique de Léo Spitzer, en s'intéressant au marquage lexical, au transfert de classe grammaticale et à la charge connotative des noms propres.

Quant au dernier article, « Des stratégies diégétiques de la barbarie esclavagiste dans *Le Dernier survivant de la caravane* d'Étienne Goyémidé » de Pierre Suzanne Eyenga Onana, il traitera la thématique de l'esclavage qui a fait couler beaucoup d'encre. En adoptant la démarche sociocritique d'Edmond Cros, il prendra en considération le génotexte (mode d'inscription de l'Histoire dans le texte) et le phénotexte (l'esthétique à l'œuvre dans le récit), en nous donnant en dernier lieu le point de vue de cet écrivain de la République CentrAfricaine (RCA), Étienne Goyémidé, sur l'esclavage.

Ce numéro de *Legs et littérature* se propose donc de réfléchir sur l'Afrique, cette notion à la fois complexe à définir et à délimiter, pour essayer d'en cerner les contours. Il offre aussi, et surtout, des pistes de recherche pour (re)penser les Arts et les littératures d'Afrique au regard des textes, des images, des croyances, des imaginaires et de toute autre forme de représentations.

Réda BEJJTIT, Ph.D

Sommaire

Sommaire

• Entretien

• Lectures

• Créations

Première partie

Arts et Littératures d'Afrique. Récits, Discours, Images

Pour une théorie de la dictature dans *La vie et demie* de Sony Labou Tansi et *Le Cercle des tropiques* d'Alioum Fantouré

Rodrigue BOULINGUI a soutenu une thèse sur Diderot en juin 2020 à Sorbonne Université sous la direction de Pierre Frantz. Il travaille sur la Littérature Française du XVIII\ siècle et est également intéressé par les auteurs de la francophonie. Il a publié : « La satire dans *Femme nue, Femme noire* de Calixthe Beyala », dans la Revue *African Journal of Literature and Humanities (AFJOLIH)* en septembre 2020 ; « Le fantôme dans le roman africain. L'exemple de *Amours infirmes* de Chantal Magalie Mbazoo, *La vie et demie* de Sony Labou Tansi et *Sous le pont de Bomo* de Marc Kaba », dans *AFJOLIH*, en décembre 2020 ; « L'arsenal de la satire dans *Verre Cassé* d'Alain Mabanckou », dans la Revue *CRELIS*, en Janvier 2021 ; « La Satire de Diderot dans les *Salons* », dans la Revue *FRANKOFONI*, à paraître en mars 2021. Il a publié un article collectif avec Dorel Obiang Nguema : « L'écriture féminine gabonaise et les nouveaux enjeux thématiques : une lecture d'*Amours Infirmes* de Chantal Magalie Mbazoo et Zoonomia de Bessora », dans *AFJOLIH*, en décembre 2020.

Résumé

Le présent article a pour objet de projeter une lumière entre littérature et politique à travers la lecture de La vie et demie *de Sony Labou Tansi et* Le Cercle des tropiques *d'Alioum Fantouré. Premièrement, cette enquête littéraire permet de voir comment les deux auteurs pensent les réalités politiques de la postcolonie francophone. Deuxièmement, celle-ci donne l'occasion de voir comment s'élabore une théorie de la dictature par le canal de la fiction. On comprend ici ce que peut faire la littérature et jusqu'où elle peut aller. Elle n'est plus simplement un moyen d'évasion, mais un outil politique puissant, un atelier de pensée qui permet de réfléchir sur le vivre ensemble et questionne l'évolution politique des sociétés postcoloniales francophones.*

Mots clés

Dictature, fiction, liberté, pouvoir, société

POUR UNE THÉORIE DE LA DICTATURE DANS *LA VIE ET DEMIE* DE SONY LABOU TANSI ET *LE CERCLE DES TROPIQUES* D'ALIOUM FANTOURÉ

Introduction

Pour le dire avec Michel Onfray, la théorie s'apparente à « une forme de contemplation, d'observation d'examen »[1] dans un domaine de la vie. C'est le sens que prend le terme dans la philosophie antique. Au cours de l'évolution de l'histoire, la pensée moderne privilégie la signification épistémologique du terme. Ainsi, la théorie, d'après Jacqueline Russ, suppose un « ensemble organisé et cohérent, intégrant un grand nombre de faits et de lois autour de quelques principes fondamentaux »[2]. Quant au terme dictature, il vient du latin, dictatura, qui selon le *Trésor de la langue française*, est un régime politique dans lequel une personne ou un groupe de personnes exercent tous les pouvoirs de façon absolue, sans aucune loi ou institution ne le(s) limite(nt). Dans l'Antiquité romaine, cette sorte de magistrature qui investit une personne ou groupe de personnes d'une telle autorité suprême[3] était exceptionnelle. Aujourd'hui, quand on regarde le fonctionnement de plusieurs sociétés, force est de constater que ce qui était de l'ordre de l'ex-

1. Michel Onfray, *Théorie de la dictature*, Paris, Robert Laffont, 2019, p. 11.

2. Jacqueline Russ, *Dictionnaire de philosophie. Les concepts, Les philosophes, 1850 citations*, Paris, Bordas, 1991, p. 293.

3. Michel Onfray, *Théorie de la dictature*, op. cit., p. 11.

ception, semble se pérenniser et se confondre avec d'autres magistratures. Les sociétés postcoloniales et francophones ne s'éloignent pas de cette dérive ; elles offrent des vignettes qui font penser aux figures de dictateurs avec des ressemblances frappantes à celles de l'Antiquité. Les Littératures francophones, en l'occurrence *La vie et demie* (1979) de Sony Labou et *Le Cercle des tropiques* (1972) d'Alioum Fantouré -, abondent dans ce type de représentation qui rattache littérature et politique. Ces romans francophones et postcoloniaux n'ont de cesse d'interpeller les critiques par l'intérêt que les écrivains ont de fictionnaliser l'histoire, les réalités sociales et politiques. Les deux romans mentionnés ont quelque chose en partage, c'est-à-dire qu'ils mettent en relief des dictatures féroces. Celles-ci sont assez particulières dans la mesure où elles sont exercées par des africains sur les africains alors même que le colonisateur n'y est plus au commande. On s'inscrit alors dans quelque chose de l'ordre du néo-colonialisme qui réveille, ressuscite le sombre passé de la colonisation et de l'esclavage vécus par les africains.

Le présent article part de l'hypothèse selon laquelle les romans de Sony Labou Tansi et Alioum Fantouré construisent des dictatures postcoloniales en Afrique francophone dans leurs strates narratives. Nos deux auteurs se servent de la fiction littéraire comme lieu d'élaboration, d'expérimentation des pires dictatures et aboutissent à une théorie politique de domination absolue des peuples. Mieux, la littérature, par l'imaginaire, vole au secours du politique pour penser le mode de fonctionnement des sociétés postcoloniales. Et le politique pourrait se servir de la littérature comme espace de réflexion, d'ajustement de ses idées pour qu'elles correspondent à ses attentes. Le croisement entre littérature et politique, politique et littérature, permet de repenser les rapports humains dans nos sociétés. Il y a une dimension anthropologique que soulève cette réflexion quand on observe le type d'homme qu'on veut voir apparaître dans la société postcoloniale, c'est-à-dire, cet humaniste qui met l'homme au centre de ses préoccupations politiques. Notre étude aura pour fondement théorique l'essai de Michel Onfray, *Théorie de la dictature* autour duquel gravitent d'autres travaux comme *Littératures francophones et politiques* (2009), *Littérature et politique en Afrique : approches transdisciplinaires* (2018). Les travaux de Cécile Brochard sur le roman de la dictature permettront de mieux cerner notre objet d'étude.

1. Mise au point théorique

Il est judicieux de définir et de circonscrire le cadre théorique auquel cette étude s'appuie. Elle s'inscrit dans « […] une catégorie romanesque parfaitement identifiable : le roman de la dictature »[4]. Cette catégorie romanesque met en évidence des principes fondamentaux de la dictature tels qu'on les trouve chez Michel Onfray dans *Théorie de la dictature.* Dans son texte, qui ressemble à une arme à double tranchants, Michel Onfray élabore de manière convaincante, des commandants ou lois qui permettent de reconnaître une dictature quel que soit l'espace géographique. Il semble judicieux de les récapituler ici avant de vérifier leur effectivité dans les fictions qui nous concernent.

Le philosophe formule sept hypothèses qu'on mentionne ici pour des raisons d'exhaustivité ; elles ne seront pas toutes exploitées dans la mesure où elles ne figurent pas toutes dans les deux fictions romanesques de notre étude. La première d'entre elles suppose qu'une dictature se reconnaît par la suppression de toute liberté qu'elle impose aux membres d'une société donnée. Elle procède par étapes ou par paliers pour y arriver. La dictature maintient la « surveillance perpétuelle »[5] pour stabiliser son pouvoir mortifère. Elle s'autorise à ruiner la vie personnelle pour assurer la « domination idéologique ». Dans un tel régime, « la vie privée est donc impossible : tout ce qui est fait est vu, tout ce qui est dit est entendu »[6]. L'existence de la dictature s'identifie dans des régimes qui suppriment la solitude de ses citoyens ; elle crée des fêtes qui deviennent obligatoires ; elle invente l'Homme nouveau formaté à l'idéologie dictatoriale, c'est-à-dire un « homme unidimensionnel qui pense comme tout le monde, agit comme tout le monde, jouit comme tout le monde, réfléchit comme tout le monde »[7]. L'objectif ultime du régime dans cette fabrique de l'homme du commun, c'est d'aboutir à une sorte de chosification totale de la société à la solde du dictateur. La suppression de la liberté passe, enfin, par la technique qui consiste à dénoncer le crime par la pensée. Cela veut dire en d'autres termes, qu'oser se servir de son entendement pour penser est perçu comme un « crime de la pensée » auprès du

---

4. Brochard Cécile, *Le roman de la dictature contemporaine. Afrique-Amérique*, Paris, Honoré Champion, 2018, p. 9.
5. Onfray Michel, *Théorie de la dictature*, op.cit., p. 51.
6. Ibid., p. 52.
7. Ibid., p. 55.

régime. Il faut se conformer aux lois de la dictature ; il faut abandonner le *"Sapere Aude"* horatien pour se laisser conduire par le nouveau tuteur : le dictateur. L'initiative ou la vérité ne doit venir que du régime. Il faut radicalement se soustraire à sa raison ; il faut se garder à « regarder ce qui est, voir ce qu'il faut voir, nommer comme il faut ce qui doit être nommé […], il ne faut pas chercher la vérité dans le réel »[8]. En fait, le régime dictatorial soumet sa population à abdiquer au réel devenu caduque et trompeur pour considérer l'imaginaire comme plus vrai que la réalité.

Michel Onfray signale ensuite que lorsqu'on assiste à « l'appauvrissement de la langue »[9], c'est déjà un indice que la société glisse vers la dictature. Dans ce glissement qui consiste à maintenir les gens dans la servitude totale, la dictature pratique une langue nouvelle par opposition à celle qui existait bien avant elle. Il y a des enjeux oppressifs et puissants à cette démarche. En adoptant un langage nouveau, la dictature efface le passé avec sa culture et ses idées. Le nouveau langage appelle le double langage qui a pour finalité de « déculturer un individu »[10]. C'est une entreprise de déconstruction des acquis et des héritages linguistiques qui va très loin puisqu'elle ne « s'occupe pas seulement de détruire les mots, on attaque également les structures grammaticales qui deviennent interchangeables »[11] ; la dictature oralise la langue en faisant en sorte que « les livres soient écrits comme on parle »[12]. Puis, il faut, à tout prix, parler une langue unique. Le refus du dialogisme, de la polyphonie ou de ce qu'il convient d'appeler ici « l'esprit de Babel »[13], démontre à suffisance que la dictature veut aboutir à la pensée unique, car « la perspective d'une seule pensée devient plus facile »[14] pour gouverner sans trop de difficulté. Dans sa stratégie qui consiste à rétrécir le champ de la pensée, ce sont les classiques qui se trouvent menacés ou foulés aux pieds.

On identifie une dictature dans une nation, quand les gouvernants sombrent dans « l'abolition de la vérité »[15]. On autorise l'enseignement de l'idéologie ;

---

8. Ibid., pp. 56-57.

9. Ibid., p. 59.

10. Ibid., p. 61.

11. Ibid., p. 65.

12. Ibid., p. 70.

13. J'entends par ''l'esprit de Babel '', la pluralité des langues comme on le voit dans L'Ancien testament au livre de Genèse dans le chapitre 11 : 5-9. Le dictateur opère inversement en éliminant les langues qui existent puis crée une langue pour tout le monde afin de mieux contrôler.

14. Michel Onfray, *Théorie de la dictature*, op. cit., p. 72.

15. Ibid., p. 75.

on assiste à une instrumentalisation outrancière de la presse ; on propage des fausses nouvelles ; on produit le réel, c'est-à-dire l'affabulation, la fabrication des fictions qui concurrencent le réel au point où l'on n'arrive plus à distinguer le vrai d'avec le faux : l'ère de la post-vérité.

La dictature, dans sa folie consumériste, se caractérise par l'ambition qui amène les tenants du pouvoir à « supprimer l'histoire »[16]. Elle efface en effet le passé ; procède à une réécriture de l'histoire et par conséquent à sa falsification totale ; on invente une mémoire ; on détruit les livres et instrumentalise la littérature. On propage « la haine »[17] au sein de la société, en s'inventant des ennemis fictifs ; on organise des guerres inutiles dans le but d'achever le dernier homme. Pour finir, l'exécution de tout son agenda est d'aboutir à « l'Empire »[18] qui passe entre autres par le formatage des enfants, administrer l'opposition, puis gouverner avec les élites.

Quelques raisons justifient le choix des hypothèses de Michel Onfray dans notre étude. Au nombre de celles-ci, on peut en citer trois. La première est d'ordre générique. En effet, le philosophe théorise la dictature à travers deux textes de fictions romanesques : *1984* (1949) et *La ferme des animaux* d'Orwell [1945]. On constate que *La vie et demie* et *Le Cercle des tropiques* sont aussi deux fictions romanesques. La deuxième raison est d'ordre temporel. La connivence temporelle fait que les textes d'Orwell appartiennent au XXe siècle tout comme ceux de nos deux romanciers francophones. Il ne s'agit pas de chercher des échos, mais d'établir des parallèles pour donner à voir comment les théories de Michel Onfray sur Orwell permettent de comprendre le paradigme des littératures africaines francophones. Le choix des hypothèses de Michel Onfray est motivé enfin par la connivence thématique des textes. Les deux romans d'Orwell portent sur la dictature politique. De même, ce thème se prolonge dans la postcolonie francophone à travers Sony Labou Tansi et Alioum Fantouré. Et Jean Quéval de constater l'universalité du thème orwellien dans le texte de présentation de l'édition française de *La ferme des animaux* : « [...] on peut voir hélas le modèle imaginé par Georges Orwell s'étendre sur la carte du monde »[19]. Ce qui veut dire au fond que les littératures francophones ne font pas exception.

---

16. Ibid., p.85.
17. Ibid., p.101.
18. Ibid., p.109.
19. Georges Orwell, *La ferme des animaux*, Paris, éd. Jean Quéval, 1981, p. 5.

2. Fictionnalisation de la dictature

La fictionnalisation de la dictature s'entend ici comme l'écriture de la politique qui passe par une corporéité des actions que pose l'homme politique dans les fictions de la postcolonie francophone. Après l'avènement des indépendances, il y a toute une esthétique qui se met en place dans les romans francophones, lesquels mettent en évidence des politiques coloniales incarnées par des « dirigeants fantoches ou de seconde main »[20].

Dans *Le Cercle des tropiques*, la dictature passe premièrement par la suppression de la liberté des citoyens. Michel Onfray mentionne en ce qui concerne cette hypothèse : la surveillance perpétuelle, la ruine de la vie personnelle et les fêtes obligatoires. L'exemple du poème de Bertolt Brecht illustre bien le caractère oppressif du Messie-Koï : « Dès le lever du jour, toute l'agglomération de Porte Océane avait été mise en quarantaine. Chaque sujet devait être contrôlé par les agents du parti »[21]. Cette surveillance réduit Porte Océane à une société de contrôle où les droits civiques de chaque citoyen sont bafoués selon les caprices d'un seul individu. Et pour montrer qu'il s'agit vraiment d'un régime totalitaire, le dictateur effectue une traçabilité de chaque citoyen en un temps record : « En quelques semaines, la population des Marigots du Sud fut recensée, répertoriée, immatriculée, fichée, codée »[22]. On voit que « le peuple était bien tenu dans les chaînes » messie-koïque. La preuve est que la parole publique est confisquée lors du rassemblement organisé par les responsables du Club des travailleurs. Le commissaire, Sept Saint Siss, maillon du système, s'y oppose par une rhétorique entortillée : « - Messieurs et Mademoiselle, je veux bien vous permettre de prendre la parole, mais il vous faut présenter une autorisation dûment remplie et signée par moi, chef de la police territoriale »[23]. Dans *La vie et demie*, la privation de la liberté passe par la présence des regardoirs dans la ville pour traquer les partisans de Martial : « Jean-Oscar-Cœur-de-Père fit construire à tous les coins de rues « regardoirs » de cuisses droites […] un pour hommes, et un pour femmes »[24]. La

20. Joëlle Eyang Eyeyong Sandrine, « La postcolonie. Les dirigeants fantoches ou de seconde main », Malela Buata, Miscoiu Sergiu, Jisa Simona (dir.), *Littérature et politique en Afrique : approche transdisciplinaire*, Paris, Cerf, 2018.
21. Alioum Fantouré, *Le Cercle des tropiques*, Paris, Présence Africaine, 1972, p. 225.
22. Ibid., pp. 238-239.
23. Ibid., p. 146.
24. Tansi Sony Labou, *La vie et demie*, Paris, Seuil, 1979, p. 132.

suppression de la liberté dans *La vie et demie* s'illustre aussi par la panoplie des fêtes et d'autres distractions absurdes pour endormir la population. Les gouvernants ont bien saisi l'idée de Cédric Biagini et Patrick Marcolini selon laquelle il faut *divertir pour dominer*[25]. C'est Jean-Oscar-Cœur-de-Père qui instaure ce mode de gouvernance par les fêtes :

> *Il y avait la fête des noms, la fête des guides, la fête des Forces spéciales, la fête du dernier mariage du guide, la fête du fils du guide, la fête des immortels, la fête des caméléons du guide, la fête de la méditation, la fête du spermatozoïde, la fête du bœuf* […], *la journée des cheveux de Chaïdana, la journée des lèvres, la journée des ventres*[26].

La kyrielle des fêtes inutiles montrent que c'est un pays où ce qui relève du sérieux est relégué au second pour ne laisser la place qu'aux distractions charnelles. Cela prouve le manque de vision politique de ces guides qui ne voient pas plus loin que le bout de leur nez. Ces fêtes obligatoires sont présentes dans *Le Cercle des tropiques*. La célébration de l'indépendance fictive en est une au cours de laquelle le Messie- Koï est décoré : « le discours du Messie-Koï fut très applaudi […]. Une vingtaine de médailles aussi distinguées les unes que les autres transformèrent notre Messie-Koï en constellation. […] Les pauvres hères ne se savaient pas si riches ! Et tout heureux, chantèrent et dansèrent, après le défilé, jusqu'au matin »[27]. Durant la mort de l'un de ses hommes du système, c'est une occasion pour le dictateur de prendre des décrets festifs après son discours démagogique : « le Messie-Koï fut une fois encore l'apologie de son système et pour finir annonça une deuil national de trois jours au terme duquel, « le martyr du devoir » serait enterré »[28]. Dans les sociétés postcoloniales africaines, le deuil implique des moments de réjouis-sance où le manger et le boire sont au rendez-vous.

Deuxièmement, l'idée de dictature se justifie dans *Le Cercle des tropiques*, quand le dictateur Messi-koï propage la haine par la fabrique des faux enne-mis ou des boucs émissaires pour asseoir sa cruauté. On en trouve plusieurs qui sont victimes du système messie-koïque. L'une des victimes expiatoires du système dictatorial du Messie-Koï est un jeune adolescent de seize ans à

---

25. Cédric Biagini, Patrick Marcolini, *Divertir pour dominer. La culture de masses contre les peuples*, Paris, L'Echappée, 2010.
26. Sony Labou Tansi, *La vie et demie*, op. cit., p. 129.
27. Alioum Fantouré, *Le Cercle des tropiques*, op. cit., p. 218.

peine pensionnaire du Lycée de Porte Océane. Son crime a été de publier un poème de Bertolt Brecht qui décrit une situation similaire à celle que vivent les habitants de Porte Océane. Evidemment, la lecture du poème devant le Messi-Koï fonctionne comme un coup de poing sur le dictateur : « on raconte que le Messi-koï était tombé en syncope après avoir lu le poème […] À peine le Messi-Koï avait-il recouvré ses esprits qu'il se mit à crier, à réclamer, à exiger la tête du coupable. […] - Je le veux vivant, et puis on le tuera ! »[29] Le Messie-Koï a le droit de vie et de mort sur tous ses sujets ; ces paroles rageuses font office de décrets ou lois dans tout le territoire. C'est ce qui se passe pour le lycéen dont l'acte est qualifié de régicide et livré à l'armée tortionnaire du dictateur : « Au bout de l'après-midi l'adolescent était à être fusillé devant toute la population de Porte Océane »[30]. Dans sa liste des victimes à abattre, figurent deux représentants du Club des travailleurs ; ils ont été arrêtés et jetés dans une prison immonde : « La nuit tombait lorsque le gardien se rapprocha du cachot où étaient enfermés les deux prisonniers. Mellé Houré leva la tête et lui fit signe d'approcher. Il lui montra Benn Na. Le gardien regarda le malade dont la tête était enflée ; le sang s'échappait de sa bouche comme d'une fontaine. Il ne pouvait plus crier, ni soupirer, ni râler de douleur : sa bouche, ses gencives avaient doublé de volume »[31]. Il s'agit d'éteindre toute tentative de révolte, toute voix concurrente à celle du dictateur, car, nous dit Cécile Brochard : « la diversité est l'ennemie de la dictature »[32].

Troisièmement, les deux fictions romanesques montrent des dictateurs qui prospèrent dans le mensonge. Mieux, ces derniers ont une haine féroce de la vérité. On s'inscrit ici dans les logiques des fausses nouvelles, de l'instrumentalisation de la presse et de la production du réel. Quand le Guide Providentiel décide de dynamiter l'hôtel *La vie et demie* en tuant « douze Français, sept Américains et deux Allemands », il ne dit pas que c'est parce qu'il a été empêché par Martial d'assouvir ses passions sexuelles avec Chaïdana dans ce lieu. Pour donner une crédibilité à son manège, il va monter un projet mensonger disant que des mercenaires auraient squatté l'hôtel avec

---

28. Ibid., p. 250.
29. Ibid., p. 225.
30. Ibid., pp. 226-227.
31. Alioum Fantouré, *Le Cercle des tropiques*, op. cit., p. 208.
32. Cécile Brochard, « Dictature et chaos dans le roman du dictateur hispano-américain », *TRANS-* [En ligne], 6 | 2008, mis en ligne le 07 juillet 2008, consulté le 09 avril 2021. URL : http://journals.openedition.org/trans/255 ; DOI : https://doi.org/10.4000/trans.255

pour but de l'éliminer. Le gardien de l'hôtel qui a décelé le subterfuge, tente de donner une version opposée à celle du Guide sera tout simplement « fusillé après cours martiale pour complicité avec l'ennemi et haute trahison »[33]. On est alors dans l'ère de la post-vérité où le mensonge et la vérité se confondent. Ce qui amène Hannah Arendt à penser que « la véracité n'a jamais figuré au nombre des vertus politiques, et [que] le mensonge a toujours été considéré comme un moyen parfaitement justifié dans les affaires politiques »[34].

La suppression de la vérité consiste à prendre en otage les médias. Le dictateur connaît les fonctions dévolues aux médias en tant que quatrième pouvoir. Ainsi, n'hésite-t-il pas à s'en servir au point de bouleverser le triptyque ''Informer, éduquer et distraire'' dans *Le Cercle des tropiques*. Les médias du Messie-Koï n'ont pas la prétention de jouer le service public, c'est-à-dire, celui « d'une école de la République, celle de la formation permanente à la citoyenneté »[35] pour reprendre les mots de Jean Claude Cluzel. Les médias sont pris en otage par la dictature. Personne d'autre n'est écouté sur les ondes si ce n'est le Messie-Koï : « Au dehors, la population était toujours accrochée à la voix du Messie-Koï. Le sauveur des Marigots du Sud abordait sa quatrième heure de discours »[36]. Tout se passe comme si les discours du Messie-Koï étaient l'oxygène qui faisait vivre sa population. Si les médias n'informent ni n'éduquent les populations des Marigots du Sud, ils savent par ailleurs distraire et servir d'instrument d'intimidation de toute révolte : « Comme le docteur Malekê, Salimatou avait disparu de chez elle et ne se trouvait pas non plus à la clinique. Optimiste le nouveau koï de la police avait lancé un ultimatum par la radio : si dans les deux jours Malekê ne se présente pas aux autorités du Parti messie-koïque, ou s'il n'est pas dénoncé, sa famille et toutes personnes de ses relations seront arrêtées »[37]. La presse est un moyen de désinformation pour maintenir le peuple dans la captivité. C'est ce qui se passe dans *La vie et demie* à propos du fantôme de l'opposant Martial. C'est connu que Martial fait des apparitions dans la ville, mais la dictature en place distille des contre-discours pour admettre le contraire : « La radio nationale

---

33. Sony Labou Tansi, *La vie et demie*, op. cit., p. 71.
34. Hannah Arendt, *Du mensonge à la violence*, Paris, Presses Pocket, 1972, p. 9.
35. Patrice Cavelier, Olivier Morel-Maroger, « Éduquer, informer, distraire », Patrice Cavelier (dir.), *La radio*, Paris, PUF, 2008, pp. 99-102.
URL : https://www.cairn.info/la-radio--9782130566250-page-99.htm
36. Alioum Fantouré, *Le Cercle des tropiques*, op. cit., p. 217.
37. Ibid., p. 302.

établissait savamment chaque matin, chaque midi et chaque soir que le prétendu retour de Martial n'était qu'une affabulation montée par les ennemis de la République. Les quatre journaux de la capitale épaulaient les ondes nationales »[38].

Quatrièmement, la dictature se fonde sur la suppression et la falsification de l'histoire. Ce commandement est illustré dans *La vie et demie*. Et cela se fait de manière radicale par le Guide providentiel. Avant sa mort, Chaïdana a é-crit plusieurs textes qu'on appelle « littérature de passe ou évangile de Martial » dont les manuscrits « circulaient clandestinement de main en main »[39]. Ses livres – *Recueil de sottises*, *Les mots font pitié*, *Mon père s'appelait Martial*, *Sainte Vierge Douleur* –, ont un succès immense auprès de la population au point que le Guide providentiel interdise la lecture et toute sympathie. Sa réaction s'accompagne des conséquences à la mesure de son mécontentement : « c'est ainsi que le Guide providentiel pendit pour haute trahison Marianato Pentecôte, une belle métisse qui chantait au conservatoire de Yourma » ; « Ramuelia Gonzalès et Pablo et Granito furent enterrés vifs pour avoir chanté « La convocation de Chaïdana »[40] ; « Victorio Lampurta qui se vit incarcérer et interdire toutes ses œuvres » ; « Sabratana Mouanke fut arrê-té pour avoir essayé de diffuser Mon père s'appelait Martial » ; « les peintres Zaïka, Pachecro et Mounamanta pour avoir organisé l'exposition de la « Sainte Vierge Douleur »[41]. Les meurtres et les incarcérations du dictateur visent deux choses : le refus de l'histoire qui tourne autour de la famille de l'opposant Martial d'une part et « effacer le passé afin de ne pas permettre de convoquer des arguments pour expliquer que le réel est, qu'il dispose d'une existence autonome »[42] d'autre part. Le Guide détruit les livres qui ont exis-té : « On avait brûlé des tonnes et des tonnes de livres, des millions de tonnes – des livres nationaux, étrangers, religieux, artistiques, scientifiques. On brûla monuments et œuvres d'art [...], ils brûlèrent tout ce qui leur tombait sous les yeux »[43]. Brûler les productions de l'esprit est un acte de terrorisme et de mutilation du génie humain, de destruction de la pensée et de l'histoire universelle. C'est une opposition au jugement et à la réflexion, un refus d'esprit critique et d'acceptation de son passé. C'est comme le dit Michel

---

38. Sony Labou Tansi, *La vie et demie*, op. cit., p.87.
39. Ibid., p.77.
40. Ibid., p. 78.
41. Ibid., p. 79.
42. Michel Onfray, *Théorie de la dictature*, op. cit., p. 85.
43. Sony Labou Tansi, *La vie et demie*, op. cit., p. 134.

Onfray ne pas « rendre envisageable la création de nouveaux mondes, donc, de futurs possibles »[44]. Puisque les livres sont détruits, brûlés, la dictature n'hésite pas à passer à la réécriture de l'histoire pour s'inventer une mémoire. Cela se passe durant le règne de Patatra qui avait pris le nom de Jean-Cœur-de-Pierre :

> On écrivait douze mille sept cent onze livres sur le courage et la magnanimité de pauvre Jean-Brise-Cœurs, Jean-l'ami-des-Peuples, Jean-le-Simple, Jean-l'Audacieux, Jean-l'Ame-blanche... trois cent douze de ces livres étaient l'œuvre du poète officiel Zano Okandeli, que Patatra nomma ministre plénipotentiaire de la Poésie, chargé de chanter l'espoir populaire[45].

L'invention de la mémoire passe ici par la construction des personnages qui « [n'ont] jamais existé historiquement, mais [la dictature] [les] crée de toutes pièces : on attribue un nom, une figure, un comportement héroïque, on associe à [ces] fantoche[s] des images […]. Et voilà [des] homme[s] exceptionnel[s] »[46]. Si les descendants du Guide providentiel ont réellement existé, cependant, ils n'ont jamais été des héros épiques comme ce qui est donné à voir par la réécriture de leur histoire ici. Leur parcours existentiel est jonché de crimes et autres maux qui montrent jusqu'où l'être humain est capable d'aller dans le mal. Mieux, la fabrication d'une mémoire historique qui n'est jamais arrivée, c'est « la fiction [qui] remplace la vérité ; [c'est créer] le mensonge qui se substitue à la vérité de sorte que ce qui fut n'a pas été alors que ce qui n'a jamais été est présenté comme le passé »[47]. Ainsi, inventer des héros épiques qui n'ont jamais existé, c'est comme violer l'histoire, c'est ruser avec elle et ajourner sans cesse l'avenir.

Cinquièmement, l'idée de dictature se donne à lire dans *Le Cercle des tropiques* par la présence d'une nouvelle secte ou religion nationale qui écrase le peuple des Marigots du Sud. Plusieurs personnages sont confrontés à cette secte appelée Messie-Koïsme. On le voit à travers l'échange qui s'engage entre le gardien de prison et Mellé Houré qui demande de l'aide face à la situation critique de Benn Na : « -Ben, il faut dire que je ne peux pas. Vous n'êtes reconvertis pas au Messie-Koïsme, et puis, vous avez monté un complot contre le chef de l'État et le Comité Central du Parti »[48]. La réponse du

---

44. Michel Onfray, *Théorie de la dictature*, op.cit., p. 89.
45. Sony Labou Tansi, *La vie et demie*, op.cit., p. 142.
46. Michel Onfray, *Théorie de la dictature*, op.cit., p. 87.
47. Ibid., p. 87.
48. Alioum Fantouré, *Le Cercle des tropiques*, op. cit., p. 208.

gardien ne souffre d'aucune ambiguïté ; il faut appartenir à la secte koïque pour bénéficier du secours. Par cette réponse, on voit en filigrane apparaître deux types de citoyens : ceux qui ont fait allégeance au Messie-Koïsme bénéficiant de tous les privilèges et les « anti-koïques » traqués par le système. Pour saisir davantage cette sorte de bipolarité au sein de la dictature koï, qu'il nous soit permis d'évoquer l'interrogatoire que Mariam, femme de Mellé Houré, a avec l'un des milices du Messie-koï : « – Citoyenne, citoyenne, eh bien, je vous dis qu'être citoyenne ne suffit pas pour bénéficier de tous les droits. Etes-vous reconvertie ? -Reconvertie ? Mais Monsieur, à quoi mon Dieu ? – Au Messie-Koïsme »[49]. Mariam découvre l'amère saveur de l'indépendance sous les tropiques durant le règne de Baré Koulé. La religion koïque devient un passeport pour jouir des droits que la république accorde à chaque citoyen. Bohidi, le personnage principal, n'échappe pas à cela, lui qui reçoit la visite impromptue d'un koï du système qui l'arnaque et le dépouille sérieusement de toutes ses maigres économies. Pour espérer vivre dignement, il faut alors ici abdiquer à ses idéaux, ses valeurs, sa culture pour embrasser l'idéologie mortifère du Messie-koï.

Pour finir, la dictature s'énonce par la critique d'une gouvernance budgétivore. C'est une hypothèse que Michel Onfray n'évoque pas, pourtant présente dans la francophonie. Dans *La vie et demie*, les guides s'inscrivent dans la logique de la démesure lorsqu'il est question de la gestion des deniers publics. Jean-Oscar-Cœur-de-Père, pour des raisons qui lui sont personnelles, décide de construire des regardoirs à tous les coins de rues pour chercher Chaïdana-mère. On peut le voir avec « La construction des regardoirs [qui] avait avalé quatorze milliards »[50]. Sans oublier « l'inscription des articles de la Constitution au palais d'or : vingt-deux milliards ; la construction du village des immortels : quatre-vingt-douze milliards ; la construction du palais des Morts : quarante-huit milliards ; la construction de la maternité où naquit Patatra : douze milliards »[51]. Cependant, « Jean-sans-Cœur ne songea pas tout de suite à la guerre. Il se fit construire un palais qui avala la moitié du budget national »[52]. L'hémorragie financière se poursuit lors de son décès : « L'enterrement de Mallot-l'Enfant-du-Tigre coûta sept milliards [...]. Le mausolée de Mallot-l'Enfant-du-Tigre avala le chiffre cru de quatre milliards »[53]. Les

---

49. Ibid., p. 233.
50. Sony Labou Tansi, *La vie et demie*, op. cit., p. 132.
51. Ibid., p. 132.
52. Ibid., p. 158.
53. Ibid., p. 177.

dépenses s'évaluent au milliard pour les Guides alors que le peuple croupit dans la misère la plus indescriptible. Il va sans dire que les guides confondent le plus souvent leurs poches aux caisses de l'État quand on regarde leurs somptueuses dépenses qui ne relèvent pas toujours de l'intérêt général.

Conclusion

Cette étude a eu pour ambition de mettre en rapport la littérature et la politique. Ce croisement a permis de voir comment la littérature sert de miroir (*ut pictura poesis*) des réalités politiques postcoloniales. Les deux auteurs, dans leur rapport au réel, mettent évidence la première dimension de la relation mimétique qu'Aristote évoque dans la *Poétique*, laquelle consiste à l'idée que le poète, entendu ici comme l'écrivain, doit représenter les choses « telles qu'elles sont ou étaient »[54]. Dans ce type de représentation du réel, la mimèsis de nos deux auteurs relève de la copie ou du miroir de la société. Et c'est dans ce miroir qu'on voit s'élaborer une théorie de la dictature postcoloniale dont les lois sont nombreuses. Parmi celles-ci, figurent entre autres : la destruction de la liberté et l'absolution de la vérité, le triomphe de la distraction et la propagation de la haine à toutes les échelles de la société, les dépenses outrancières des autorités établies et la suppression ou la falsification de la mémoire, et l'aspiration des autorités à l'Empire ou à la mise en place des sectes politiques qui avilissement les citoyens. Autant de lois qui gouvernent les romans de Sony Labou Tansi et Alioum Fantouré de la période post-indépendance. Il y a toujours cette question qui resonne ici : celle de savoir *ce que peut la littérature ?*[55] Il appert que les écrivains de tous les continents ont la capacité de changer, de bouleverser notre monde ; les sujets qu'ils abordent ont la capacité de réorganiser, de restructurer notre perception du monde et de la vie, nos imaginaires et cultures, nos valeurs présentes ou à venir. Dans la postcolonie francophone, leur place est indispensable pour questionner les politiques et réfléchir sur le mode de société auquel on aspire après les indépendances.

Rodrigue BOULINGUI, Ph. D

---

54. Aristote, *Poétique*, Paris, Seuil, 1980, p. 387.
55. Alain Finkielkraut (dir), *Ce que peut la littérature*, Paris, Stock, 2003.

Bibliographie

ARISTOTE, *Poétique*, Paris, Seuil, 1980.

ARENDT, Hannah, *Du mensonge à la violence*, Paris, Pocket, 1972.

BIAGINI, Cédric, MARCOLINI, Patrick, *Divertir pour dominer. La culture de masses contre les peuples*, Paris, L'Echappée, 2010.

BROCHARD, Cécile, *Le roman de la dictature contemporaine. Afrique-Amérique*, Paris, Honoré Champion, 2018.

---, « Dictature et chaos dans le roman du dictateur hispano-américain », *TRANS-* [En ligne], 6 | 2008, mis en ligne le 07 juillet 2008, consulté le 09 avril 2021. URL : http://journals.openedition.org/trans/255

CAVELIER, Patrice, MOREL-MAROGER, Olivier, « Éduquer, informer, distraire », *La radio*, Paris, PUF, 2008, pp. 99-102.
URL : https://www.cairn.info/la-radio--9782130566250-page-99.htm

EYANG, Eyeyong Sandrine Joëlle, « La postcolonie. Les dirigeants fantoches ou de seconde main », Malela Buata, Miscoiu Sergiu, Jisa Simona (dir.), *Littérature et politique en Afrique : approche transdisciplinaire*, Paris, Cerf, 2018, pp. 131-143.

FANTOURÉ, Alioum, *Le Cercle des tropiques*, Paris, Présence Africaine, 1972.

FINKIELKRAUT, Alain (dir.), *Ce que peut la littérature*, Paris, Stock, 2003.

GARNIER, Xavier, « Corps et politique dans les littératures d'Afrique », Jean Bessière (dir.), *Littératures Francophones et politiques*, Paris, Karthala, 2009, pp. 10-21.

MBEMBE, Achille, *Sortir de la grande nuit. Essai sur l'Afrique décolonisée*, Paris, La Découverte, 2013.

RUSS, Jacqueline, D*ictionnaire de philosophie. Les concepts, Les philosophes, 1850 citations*, Paris, Bordas, 1991.

LABOU Tansi Sony, *La vie et demie*, Paris, Seuil, 1979.

ONFRAY Michel, *Théorie de la dictature*, Paris, Robert Laffont, 2019.

ORWELL Georges, *La ferme des animaux*, Paris, Champ libre, 1981.

Pour citer cet article :

Rodrigue BOULINGUI « Pour une théorie de la dictature dans *La vie et demie* de Sony Labou Tansi et *Le cercle des tropiques* d'Alioum Fantouré », *Revue Legs et Littérature*, n° 17, vol. 2, 2021, pp. 15-31.

Poétiser la révolte dans *Rêve mortel* de Benicien Bouschedy

Dorel OBIANG NGUEMA est titulaire d'un master recherche en littératures française et francophone à l'Université Omar Bongo de Libreville, ainsi que d'une thèse de doctorat en langue et littératures françaises à l'Université d'Aix-Marseille au sein du CIELAM (Centre Interdisciplinaire d'Étude des Littératures d'Aix-Marseille). Sa thèse a porté sur les relations entre l'histoire et la fiction à partir d'un corpus d'auteurs contemporains : Patrick Deville, Olivier Rolin, Jean Hatzfeld et Philippe Claudel.

Résumé

Cet article a pour objectif de décrire et d'analyser les mécanismes par lesquels la révolte se construit et se donne à lire dans le recueil de poèmes de Benicien Bouschedy. Il appartient à la nouvelle génération qui représente la poésie contemporaine gabonaise. Rêve mortel *est un long poème en vers libre dans lequel l'auteur se révolte contre tout ce qui empêche la jeunesse d'Afrique en général, et en particulier celle du Gabon de réaliser ses rêves. Sa révolte se dirige très souvent sur les dirigeants au pouvoir en Afrique qui, selon lui, anéantissent les rêves des peuples et les transforment en désillusion. La poésie de cette nouvelle génération incarnée par Benicien Bouschedy est une poésie de la révolte, de la contestation. Nous définirons l'acte de « poétiser » dans cet article comme une idéalisation de la révolte qui constitue la voie par excellence par laquelle la jeunesse africaine peut se libérer du joug de la servitude pour réaliser une espérance nouvelle. L'écriture de Benicien Bouschedy est aussi une écriture optimiste, car elle croit que les idées d'un homme peuvent transformer le monde quand bien même celui-ci venait à mourir, en situant son propos dans une dimension politique.*

Mots clés

Afrique, espérance, liberté, poésie, poétiser

POÉTISER LA RÉVOLTE DANS *RÊVE MORTEL* DE BENICIEN BOUSCHEDY

Introduction

Benicien Bouschedy est un jeune poète, qui appartient à la nouvelle génération de la poésie gabonaise, francophone et dont l'œuvre s'agrandit un peu plus au fil des années. Il est auteur d'une trilogie poétique : *Silences de la Contestation* (2016), *Rêve Mortel* (2017), *Cendre de Maux* (2018). Son village natal (Malinga[1]), le Gabon et l'Afrique constituent les principales sources d'inspiration de son écriture. Il est très souvent qualifié par les critiques comme un poète consterné, enragé, contestataire, révolté, mais aussi porteur d'une espérance nouvelle pour les générations futures. S'il est un mot qui caractérise le plus la poésie de Bouschedy, c'est à notre sens le terme de « parrêsia », que l'on peut définir comme un parlé vrai, authentique. Autrement dit, « parrêsia[2] », c'est parler clairement, parler simplement, parler courageusement, parler complètement, parler avec une certaine audace. C'est

---

1. Malinga : Petite ville de la province de la Ngounié, située au sud au Gabon.

2. « Les Romains traduisent le mot par *libertas* ou *licencia*, ce qui ajoute au parler vrai a revendication de liberté et d'indépendance du jugement, le désir, de s'affranchir et de s'émanciper. Ce qui importe en l'occurrence n'est pas tant la sincérité que le courage d'affronter la résistance et la désapprobation d'autrui ». Cf Pascal Debailly, Martial Martin, Jean Vignes (dir.), *Parrêsia et processus de véridiction de l'Antiquité aux Lumières*, Paris, Hermann,2019, p. 5.

dans cette perspective que l'on peut considérer *Rêve mortel* comme une trame de contestation sociale et politique dans laquelle la révolte, la colère se dégagent dans un langage franc, sans détour et audacieux. Nous formulons l'hypothèse selon laquelle la révolte du poète est un générateur puissant d'écriture, de poésie ; elle est révélatrice de talents insoupçonnés. Dès lors, quels sont les mots utilisés par l'auteur pour construire la révolte dans son recueil ? Sur quoi se fonde cette poétique ? La poésie de Benicien Bouschedy marque-t-elle une rupture avec l'ancienne génération des poètes gabonais ?

1. Un constat amer, désolant

Le poème de Bouschedy s'ouvre sur un constat d'impuissance que nous identifions dans les deux premiers vers du texte. Pour ce faire, le poète se sert de la parodie qui consiste « à reprendre littéralement un *texte minimal* pour lui donner une signification nouvelle, en jouant au besoin sur les mots »[3]. En d'autres termes, elle procède par imitation. Le poète déclare : « Misérable que je suis, Qui me délivrera de ce rêve mortel ?[4] » Ces paroles ressemblent par leurs structures, malgré une légère modification, à celles prononcées par l'apôtre Paul dans la Bible : « Misérable que je suis ! Qui me délivrera du corps de cette mort ?[5] » Chez le poète c'est le rêve mortel qui constitue un véritable problème ; tandis que chez Paul, c'est le corps qui est la source de ses soucis. Par-delà ces mises en parallèle des deux textes, dans la poésie de Bouschedy, il y a la traduction du sentiment d'un être perdu, désarmé, à la recherche désespérée d'un possible soutien qui peut le délivrer de ses échecs répétés où ses rêves sont comme condamnés à mourir sans voir leur accomplissement. En somme, il se sent prisonnier. Les propos exprimés par le poète traduisent dès lors la fatalité. Il y a bien plus que le désespoir. En effet, le cri du poète exprimé au début révèle en réalité un profond sentiment de déréliction[6] qui apparaît à la lecture où on ne sait vraiment d'où lui viendra le secours qu'il espère tant. Il y a par ailleurs un paradoxe dans sa posture, dans la mesure où il fait allusion à la bible, sans toutefois penser y

---

3. Gérard Genette, *Palimpsestes. La littérature au second degré*, Paris, Seuil, 1982, p. 28.
4. Benicien Bouschedy, *Rêve mortel*, Rungis, La Doxa Editions, 2017, p. 13.
5. *Bible*, version Louis Segond, Romains 7 : 24.
6. La déréliction désigne l'état d'abandon profond de l'homme par le divin. Ce mot a été aussi employé par Heidegger, désignant pour le Dasein le fait d'être jeté et de devoir se prendre en charge. Le terme a été repris par Jean-Paul Sartre pour décrire la condition humaine (sans justification, sans espoir).

trouver une quelconque solution devant l'impasse dans laquelle il est. Le poète est dans un processus de dénégation.

Outre l'impuissance ressentie dans son être, le poète constate que tout ce qui l'environne, c'est-à-dire la société dans laquelle il évolue, son pays natal, son continent, suscite de la désespérance. Nous avons choisi d'utiliser le néologisme « *desesperium* », pour indiquer et qualifier un lieu qui fabrique naturellement du découragement, du désenchantement, de la tristesse. En d'autres, termes lorsqu'on y vit, on ressent du mal être avec comme finalité, la possibilité de la mort pour les uns les autres. Il utilise une antithèse pour exprimer sa crainte de voir son continent se transformer en espace de mort alors que celui-ci est souvent considéré comme un lieu où la vie aurait pris forme : « L'Afrique berceau de l'humanité risque de devenir, tôt ou tard, le tombeau de l'humanité »[7]. Il oppose parfaitement deux termes contradictoires « berceau /tombeau » qui montrent la tension dans laquelle est prise le continent africain entre la capacité qu'elle a d'être l'espace où l'humain a eu la vie – et malheureusement l'endroit où cette même vie est engloutie par la mort. Pourtant, l'emploi du verbe « risquer » montre que le jugement du poète sur le continent n'est pas définitif – il faudrait plutôt comprendre cet emploi du verbe comme une hypothèse qui pourra être validée ou invalidée au gré des circonstances. Nous pouvons lire dans ses propos de la déception sur ce qu'est devenu son continent natal qui connaît progressivement un déclin au fil des années après avoir été une fierté à l'échelle du monde. Mais que voit-il exactement autour de lui ?

Benicien Bouschedy nous présente quelques images de la réalité sociopolitique du Gabon en particulier, et de l'Afrique en général – et qui nourrissent les sentiments d'amertume et de colère qu'il éprouve. Il met en place dans son texte une sorte d'écriture picturale où lire aurait la même signification que voir, en mettant en rapport la littérature et la peinture comme l'indique Daniel Bergez : « C'est par cette capacité commune à présentifier le réel dans le miroir de l'œuvre que la littérature et la peinture se rejoignent le plus profondément »[8]. La présentation du réel, c'est-à-dire que ce qui est, ce qui apparaît, constitue le point de rencontre entre les deux. Dès lors, il y a une forme d'imitation de la réalité par la littérature et la peinture. La mimésis

---

7. Benicien Bouschedy, *Rêve mortel*, op. cit., p. 19.
8. Daniel Bergez, *Littérature et peinture*, Paris, Armand Colin, 2011, p. 41.

serait inhérente à la nature de l'homme, qui imiterait alors la nature des sentiments et des pensées qui constituent son être. Aristote se sert de la poésie et de la tragédie comme d'un art de la mise en scène de la nature humaine : « [...] il s'agit de l'imitation d'une action [...] accomplie par certaines personnes qui agissent, lesquelles ont nécessairement telle ou telle disposition de caractère et de pensée »[9]. La mimésis, au sens aristotélicien du terme, est un moyen d'ausculter l'âme humaine par la tragédie et la poésie, et fondée sur quatre grands principes : le principe de fiction, c'est-à-dire le fondement de l'art reposant sur la représentation, le principe de généricité, une représentation appartenant toujours à un genre spécifique, le principe de convenance qui consiste à représenter des personnages ou des actions en fonction des classes et des paroles qu'ils incarnent, le principe de soumission, enfin, qui désigne l'ensemble des règles qui régissent le bon fonctionnement de cette représentation[10]. Pour revenir à Benicien Bouschedy, il se sert des mots ayant un régime visuel. Le poète fabrique un langage verbal et un langage pictural. La littérature joue aussi sur le régime visuel des tropes pour donner corps au récit, et au-delà, se faire comprendre par le lecteur. L'utilisation par l'auteur des figures de tropes permet de mettre en confrontation le rapport entre le lisible, c'est-à-dire ce qui est énoncé et le visible, c'est-à-dire ce qui est montré par le moyen des images. Pour cela, il utilise à plusieurs reprises une anaphore avec un verbe symbolisant cette écriture picturale « Il veut peindre l'Afrique le jour sortant de sa voûte […] Il veut peindre l'Afrique, le cœur meurtri d'abandon […] Il veut peindre l'Afrique le visage engourdi d'échecs […] Il veut peindre l'Afrique en décor pseudo démocratique qui laisse découvrir la démence politique, une épine à l'âme »[11]. En insistant sur le verbe « peindre », il souhaite montrer la réalité du continent africain comme sur un tableau à multiples facettes entre échecs, abandon et faux, autant de qualificatifs qui servent à définir l'Afrique contemporaine. En le lisant, nous avons l'impression qu'il peint deux tableaux principaux sur l'Afrique : un tableau qui traduit une vision pessimiste et un autre qui a un caractère optimiste. Peindre chez Bouschedy, c'est représenter, dévoiler une réalité crue. Le verbe « peindre » nous permet de constater une mutation dans sa pratique d'écriture : le poète se fait aussi peintre. Dans cette anaphore évoquée, nous relevons également un ensemble de termes qui renvoient au

9. Aristote, *Poétique*, [Trad. M. Magnien], Paris, Le Livre de Poche,1990, p. 93.
10. Rancière (J.), *La parole muette. Essai sur les contradictions de la littérature*, Paris, Hachette Littératures,1998, pp. 20-22.
11. Benicien Bouschedy, *Rêve mortel*, op. cit., p. 22.

champ lexical de la perception (visage, décor, peindre, jour) et qui renforcent l'hypothèse d'un poète qui écrit et peint à la fois. Dans ce désir de peindre l'Afrique, c'est-à-dire de la montrer, il y a aussi chez lui, la description des quotidiens tragiques pour les enfants qui risquent la mort : « Dans cette Afrique-là, chaque cour a son cimetière […] Les peaux en lambeau ne peuvent retenir les os des enfants assis attendant leur mort prochaine. Dans la poussière ils trainent, dans une nuée de mouches »[12].

De plus, cette écriture picturale chez Bouschedy est davantage renforcée par le recours à l'isotopie[13] du « regard » qui apparaît plusieurs fois dans le poème. La question du regard est liée à la perception. Mais à partir de quels éléments parvient-on à percevoir dans un texte littéraire où le regard se déploie sans cesse ? Pierre Ouellet[14] relève un paradoxe s'agissant de la littérature : elle se sert des mots pour traduire une réalité qui lui est propre. Toutefois, elle se sert des matériaux employés par d'autres genres (peinture, musique) pour fabriquer toujours son univers. Dans le poème on retrouve par exemple ce vers : « Mon regard hagard »[15] qui traduit la situation d'un être troublé par le spectacle d'un pays, d'un continent en crise, et même en décomposition latente. Par ailleurs, la chromatique, définie comme l'étude des couleurs permet de saisir la déchéance du continent au regard des pratiques qui sont faites : « Dans son chant du chagrin il maudit le soleil noirci par des ténèbres maçonniques »[16]. Plutôt d'apporter la lumière sur le continent, la maçonnerie aura apporté, selon le poète, les ténèbres, c'est-à-dire la mort, le sous-

---

12. Benicien Bouschedy, *Rêve mortel*, op. cit., p. 102.

13. L'isotopie désigne la répétition d'un même élément dans le texte. Chez Maingueneau « l'isotopie ne concernait que la répétition d'éléments sémiques qui assurent une lecture homogène ». cf. D. Maingueneau, *Pragmatique pour le discours littéraire*, Paris, Armand Colin, 2005, p. 45. Cette isotopie permet de construire la signification dans le texte littéraire.

14. Pour l'auteur que nous avons cité plus haut, il déclare au sujet du paradoxe de la littérature que : « Il y a là apparente contradiction : si les matériaux de la littérature sont effectivement les mots et la syntaxe, l'objet de nos sensations, dans la lecture ou l'écriture, consiste alors en phonèmes et en graphèmes, tels qu'ils s'enchaînent dans la séquence linéaire de la phrase, et non en telle entité du monde naturel ». cf. Quelllet (P.), *Poétique du regard. Littérature, perception, identité*, Limoges, Presses Universitaires de Limoges, 2000, p. 8. Selon lui, la perception en littérature se construit à partir des mots et la syntaxe que l'on peut retrouver dans un texte littéraire. Cette perception est corrélée à l'écriture et à la lecture ; parce que l'écriture dessine une forme, et que les phonèmes génèrent des sons qui éveillent nos sens lorsque l'on lit un texte.

15. Benicien Bouschedy, *Rêve mortel*, op. cit., p. 23.

16. Ibid., p. 22.

développement, la misère – autant de constats qui font naître chez le poète la colère, la révolte.

2. Poétiser la révolte ou la nécessité de la survie face au chaos

Dans la poésie de Benicien Bouschedy, la révolte[17] est un long processus né d'une succession de colères accumulées au sein d'un espace, qui apparaît désormais comme étouffoir pour une catégorie de la population, dont la jeunesse en particulier. Il déclare : « J'admire la fermentation d'une colère sourde engendrée par une société frustrée. Le dictateur esseulé ne pourra pas contenir toutes ces colères dans son anus diabolique »[18] ; ou encore le vers suivant : « J'accumule les frustrations »[19]. Dans le premier passage cité, il y a un mot qui retient notre attention ; il s'agit de « fermentation » qui provient du verbe latin *fermentare*, qui signifie transformer certaines denrées alimentaires sous l'action d'un agent responsable, le ferment (*fermentum*). Dans le texte, il indique une situation sociale politique ou intellectuelle de tension ou d'agitation latente et croissante avec des possibilités d'insurrection. Dans le même texte, le poète peint la situation politique en vigueur dans cet espace : il s'agit d'un système politique où tous les pouvoirs sont concentrés aux mains d'une seule personne qui restreint les libertés individuelles. Néanmoins, il fait le constat que ce dictateur ne pourra guère contenir les nombreuses frustrations concentrées. Cette situation est représentée par l'image des composants chimiques qui sont prêts à exploser à force d'avoir subi de longues compressions !

À lire Benicien Bouschedy, nous sommes amenés à nous poser la question suivante : qu'est qu'un homme ou une femme en proie à la colère ou à la révolte ? Camus à son époque posait déjà cette question et avait lui-même esquissé une réponse simple : « Qu'est-ce qu'un homme révolté ? Un homme qui dit non. [...] Il démontre, avec entêtement, qu'il y a en lui quelque chose qui vaut la peine de..., qui demande qu'on y prenne garde. D'une certaine

---

17. Il nous paraît utile d'apporter une clarification sur deux termes. En effet, nous définissons la révolte comme un sentiment d'indignation face à une situation précise. Elle est aussi à penser comme le refus de se soumettre à une autorité quelconque. La colère quant à elle traduit un état affectif violent et passager qui peut être causée par une agression ou un vif mécontentement.
18. Benicien Bouschedy, *Rêve mortel*, op. cit., p. 18.
19. Ibid., p. 32.

manière, il oppose à l'ordre qui l'opprime une sorte de droit de ne pas être opprimé au-delà de ce qu'il peut admettre »[20]. Le personnage révolté est donc celui qui combat une façon de faire qu'il estime ne pas être juste. Il combat avec une certaine ténacité, persévérance. Dans *Rêve mortel*, la révolte se manifeste d'abord contre toute forme d'aliénation dans la société : « Le rêveur refuse le cycle de l'aliénation, par la consciente révolte »[21]. De plus il ne souhaite pas vivre sans arrêt dans l'assujettissement qui ne laisse aucune possibilité pour la jeunesse du continent africain de rêver, c'est-à-dire de se projeter dans le futur. Certes, la révolte peut se faire de manière spontanée, mais chez Bouschedy, elle apparaît comme un projet qui se construit petit à petit, car il est bien conscient des actes qu'il pose. En somme, la révolte est à penser chez lui comme une résistance à un ordre qui sème chaos et misère. Dans le poème, c'est contre une gestion désastreuse que se révolte le poète qui entre par la même occasion dans un rapport de conflictualité avec le pouvoir où il affiche clairement son hostilité : « Ils ont érigé des courants de douleurs et de misères. Leurs œuvres sont stériles et abominables. Je les maudis ![22] » Il constate ce que les œuvres de ces dirigeants ont engendré dans la société. Il hyperbolise son propos en montrant que de grandes misères et douleurs sont arrivées à cause d'eux. Il porte un jugement sévère sur les œuvres de ces dirigeants. Le qualificatif « abominables » à lui seul décrit l'horreur par la cruauté, l'immoralité que des actions d'individus mal intentionnés causent pour de nombreuses vies. Il n'est guère insensible à ces méfaits. C'est pourquoi, dans le même passage mentionné plus haut, nous constatons la mise en évidence d'une phrase exclamative vers la fin : « Je les maudis »[23]. Cette exclamation vient traduire également un changement de ton du poète qui s'insurge vigoureusement. En effet « l'exclamation a lieu lorsqu'on abandonne tout-à-coup le discours ordinaire pour se livrer aux élans impétueux d'un sentiment vif [...] Toutes les passions, tous les sentiments et tous les vœux de l'âme, la joie, la douleur, la pitié, la tendresse [...] l'horreur, la haine »[24]. Chez Bouschedy, il y a une malédiction prononcée contre les dirigeants avec l'utilisation du verbe « maudire ». Il en appelle à leur malheur, à leur damnation éternelle sans aucune forme de compassion. « Maudire » dans la bouche du poète signifie également une prière ayant pour but de neutraliser

20. Albert Camus, *L'homme révolté*, Paris, Gallimard, 1951, pp. 27-28.
21. Benicien Bouschedy, *Rêve mortel*, op. cit., p. 20.
22. Ibid., p. 20.
23. Ibid., p. 20.
24. Pierre Fontanier, *Les figures du discours*, Paris, Flammarion, 1977, p. 370.

les méfaits des actes posés par eux pour qu'ils n'aient plus d'effets sur les populations.

De plus, dans le poème, ce chaos qui a engendré la révolte a prospéré avec la complicité des puissances occidentales, dont la France, accusée de soutenir des dictatures en Afrique. Il déclare : « Les peuples subissent des dictatures soutenues par la Droite ou la Gauche »[25]. Nous pensons qu'il s'agit de la France à cause des références utilisées « Droite ou Gauche » qui désignent un vieux clivage qui rythme la vie politique française depuis des décennies. Nous constatons que, quel que soit le bord politique en France au pouvoir, elle fait toujours la même politique sur le continent en soutenant des régimes dictatoriaux, peut-être par souci de préservation de ses intérêts en Afrique. Dans les propos du poète, il y a de la révolte.

De même, cette tension est accentuée par un affrontement verbal qui se manifeste par le ton employé par le poète dans le texte où il n'est plus simplement proféré des paroles de malédiction, mais de donner des ordres sur un ton qui nous semble être agressif. Il déclare : « Vous qui sur l'autel du crime rituel débitez allègrement l'innocent. Vous qui vous gargarisez du sang de vos martyrs. Espèce de charognard avide. Vous qui avez longtemps oppressé ma culture et les savoirs de mes ancêtres. Sortez ![26] » Il s'insurge contre ceux qui commettent des crimes en tuant des innocents, en violant des cultures ancestrales. Le mot « charognard » décrit quant à lui l'attitude de ces personnes qui exploitent les autres à leurs propres fins. La fin du passage se termine par un impératif « Sortez » à travers lequel il intime l'ordre à toutes ces personnes de s'en aller du lieu où il se trouve, c'est-à-dire l'Afrique – terre en plein processus de souillure que le poète cherche à préserver à tout prix. Au regard de la manière avec laquelle il s'exprime, le poète se sert d'une allusion historique[27] en faisant un rapprochement avec une vieille histoire que l'on retrouve dans la Bible où Jésus s'était révolté contre les marchands dans le temple, car il estimait que ces derniers le souillaient. Comme Jésus vis-à-vis du temple qu'il considérait comme un lieu saint, le poète pense quant à lui

---

25. Benicien Bouschedy, *Rêve mortel*, op. cit., p. 73.

26. Benicien Bouschedy, *Rêve mortel*, op. cit., p. 24.

27. L'allusion historique est une figure de style qui consiste à évoquer, sans toutefois les nommer, des événements qui ont trait à l'histoire. Elle consiste à faire sentir le rapport d'une chose qu'on ne dit pas avec une autre chose, et dont ce rapport éveille l'idée ». Cf Pierre Fontanier, *Les figures du discours*, op. cit., p. 126.

que l'Afrique est un lieu sacré, comme sa jeunesse l'est aussi. La ressemblance est d'autant plus nette avec la Bible au niveau de la révolte quand il adopte le même langage et la même attitude que Jésus. Nous citons par exemple : « Arrière de moi esprits criminels ![28] » qui nous rappelle une réprimande de Jésus adressée à Pierre : « Arrière de moi, Satan ! Tu m'es en scandale ! »[29]. On constate que l'écriture de Benicien Bouschedy se nourrit de la Bible pour adopter des postures propres à celles utilisées par Jésus autour de la colère et de la révolte.

Afin d'accentuer l'idée de la révolte dans le poème, Benicien Bouschedy pense qu'il faudrait peut-être passer par des révoltes profondes pour qu'adviennent des temps nouveaux en Afrique, ceux d'un changement :

> *Face à une grotte de flics érigée par un Etat incapable d'assurer le respect de son contrat électoral. A force de grever par la faim, elle finit par flageller la dignité de la société [...] On ne vomit pas ses fatigues sur une natte en attendant le biberon-usurpateur de l'Etat. On marche. Le regard rougi de détermination vers la victoire. On brise les démons de la peur et chaînes d'intimidations [...] Dans sa main gauche, le caillou de pauvreté qu'il doit jeter dans la foule de flics pour tuer si la chance lui sourit le riche dodu qui a bâti la réussite sur son espoir[30].*

Dans ce long passage, le poète met en évidence une situation de tension entre un jeune en face duquel se dresse une horde de policiers. Ce mécontentement naît du viol par un Etat qui ne respecte pas les termes d'un contrat électoral, et qui fait que c'est le peuple qui décide souverainement du choix de ses dirigeants. Or ce n'est guère le cas ici. Nous remarquons que le poète se sert des verbes d'action « marcher /briser » pour montrer l'attitude d'une personne qui ne se résigne pas, qui n'attend pas indéfiniment un quelconque secours venant d'un Etat défaillant, en qui on ne croit plus. Une jeunesse qui se bat – d'où l'utilisation de la couleur « rouge » qui traduit la révolte, mais aussi un processus révolutionnaire. Pour le poète, le changement ne saurait venir des urnes. De vraies transformations dans la société au sein de certains Etats en

---

28. Benicien Bouschedy, *Rêve mortel*, op. cit., p. 25.
29. *Bible*, version Louis Segond, Matthieu 16 : 23.
30. Benicien Bouschedy, *Rêve mortel*, op.cit., p. 37.

Afrique ne doivent advenir que par des formes insurrectionnelles : coups d'État, guerres civiles. Pour Benicien Bouschedy c'est par des formes d'insurrections populaires que le véritable changement verra le jour sur le continent. C'est pourquoi, le geste du lance-pierre par ce jeune est l'illustration de l'idéalisation du poète de la révolte pour renverser l'ordre ancien, injuste afin que s'érige désormais un ordre nouveau, fondé sur la justice, le droit et l'égalité entre les individus. C'est le projet de la poésie de Benicien Bouschedy dans *Rêve mortel* : se battre sans relâche pour espérer quelque chose de mieux, notamment la liberté en mettant de côté la peur et les intimidations.

3. De la liberté et de la beauté en Afrique

Dans le poème de Bouschedy, la révolte est corrélée à la question de la liberté. Autrement dit, si l'on se révolte, c'est pour tenter d'obtenir la liberté. L'un des projets que se donne le poète, c'est de la rechercher indéfectiblement : « La libération est ma raison. Ma mission ». La chose qui motive le plus le poète c'est la libération. Il ne vit que pour cela, il en fait une mission personnelle au service des autres.

Rêve mortel nous montre que, pour la liberté de la jeunesse du continent africain, certains sont prêts à mourir -et même sont morts pour l'avoir. C'est dans ce contexte que le poète nous expose une scène dans laquelle on voit un jeune mourir pour la liberté après s'être battu contre toute forme d'asservissement :

> *L'énergie du jeune porta les germes de la contamination. La liberté est contagieuse. D'autres la poursuivent. Pour l'arrêter. En vain. On n'arrête pas la liberté. Il courait. Vite. Et bien plus encore. Devant ses rêves il s'écroula. Lamentablement. Une balle avait pénétré le flanc frémissant de sa tête [...] Il était mort. Au nom de la liberté et de toutes les valeurs qui le maintenaient en ce monder*[31].

Ce jeune homme a été tué très probablement par les policiers chargés de défendre un ordre qu'il estimait être injuste et contre lequel il avait décidé de se révolter. Dans ce passage, on constate le courage qui anime ce jeune

---

31. Ibid., p. 40.

homme. Le verbe « courir » montre bien le mouvement d'un personnage qui n'est pas inactif, passif – mais qui s'active pour aller à la recherche d'une liberté devenue sa seule raison d'être dans ce monde. Benicien Bouschedy procède dans ce passage par des mises en relief pour attirer notre attention. C'est le cas par exemple de l'adjectif « vite » qu'il utilise pour accentuer l'attitude de ce jeune homme. Le récit fait dans le passage peut paraître triste pour certains, mais il est porteur d'espoir pour une jeunesse en quête de mieux être. La vie de ce jeune homme montre que, pour atteindre l'idéal de liberté, il faut être prêt à risquer sa vie pour l'obtenir. En ce sens, il représente un modèle pour les générations présentes et à venir en Afrique. Dans ce contexte, le rôle de l'écrivain, par ses écrits est de montrer la voie : « L'écrivain est parleur : il désigne, démontre, ordonne, refuse, interpelle, supplie, insulte, persuade, insinue »[32]. Quand un écrit s'exprime, selon Sartre, son propos doit remplir ces quelques fonctions énoncées plus haut. Il ne doit rester quelqu'un de neutre. Son discours doit dès lors remplir une fonction « illocutoire »[33].

De plus, ce que nous montre ce poème, c'est que la liberté ne se donne pas, elle se conquiert[34] : « On ne mendie pas sa liberté aux autres. On la prend. De force s'il le faut »[35]. Il considère que l'on ne doit pas supplier les autres de nous donner une certaine liberté comme si nous n'avions rien. Le verbe « mendier » a une connotation péjorative pour le poète et il désignerait une attitude de passivité. Il admet la possibilité que cette liberté puisse être prise par la force quand les circonstances le permettent.

Par ailleurs, le poème de Bouschedy s'inscrit à notre point de vue dans la lignée dans de ces écrits qui tentent de repenser l'émancipation africaine à l'aube du XXIe siècle – celle d'un continent libre et digne à la fois. Pour ce

---

32. Jean-Paul Sartre, *Qu'est-ce que la littérature ?*,Paris, Gallimard,1948, p. 25.

33. « Un acte illocutoire, lorsque le discours s'efforce de changer la position de l'interlocuteur », Cf Daniel Bergez, Violaine Géraud, Jean-Jacques Robrieux, *Les mots de la critique. Vocabulaire de l'analyse littéraire*, Paris, Armand Colin, 2020, p. 145.

34. Nous retrouvons cette idée de la liberté de l'homme théorisée par Jean-Paul Sartre : « « […] il n'y a pas de déterminisme, l'homme est libre. » Cf *L'existentialisme est un humanisme*, Paris, Gallimard, 1996, p. 39. À notre sens, Albert Camus va même encore plus loin en montrant que lorsqu'on est attaché à la liberté, on n'a pas plus la possibilité de choisir une autre voie : « Pour tout dire, je ne vois pas comment un esprit soucieux de justice, et acquis à un idéal de libération, pourrait choisir autre chose ». Cf *Actuelles. Ecrits politiques*, Paris, Gallimard, 1950, p. 155.

35. Benicien Bouschedy, *Rêve mortel*, op. cit., p. 66.

faire, le poète a recours à la figure de l'imitation[36] des hommes politiques qui, au siècle précédent ont posé les bases de ce que doit être un continent émancipé. Il déclare : « On pense tardivement que mieux vaut mourir libre dans la pauvreté que vivre esclave dans l'opulence »[37] Il se sert de deux groupes de figures d'opposition en mettant en place un schéma « pauvreté, liberté » et « esclavage, opulence ». Il nous donne sa préférence, qui est celle de mourir dans la liberté malgré la pauvreté, que de vivre dans l'esclavage et dans la richesse. Il veut rester digne et fier de sa condition. Or, ces propos de Bouschedy nous rappellent ceux restés célèbres dans l'histoire et prononcés par un ancien homme d'Etat, Ahmed Sékou Touré, ancien président de la Guinée indépendante devant le général de Gaulle le 02 octobre 1958 lorsqu'il s'est agi d'affirmer la souveraineté de son pays. Il déclarait à l'époque : « Il n'y a pas de dignité sans liberté : nous préférons la liberté dans la pauvreté à la richesse dans l'esclavage »[38]. Le geste poétique de Bouschedy a consisté à « exposer la grandeur d'une Afrique défigurée mais digne »[39].

En outre, la liberté dans le poème de Benicien Bouschedy ne doit plus être pensée seulement sur le plan thématique, mais aussi sur le pan esthétique. En effet *Rêve mortel* est un poème polyphonique qui prend plusieurs formes tout au long du texte. En effet, lorsque nous le lisons, nous sommes confrontés à la difficulté de pouvoir le caractériser de façon stable, car nous pensons que sa poésie ressemble à une tribune politique au regard des références utilisées dans certains passages comme l'évocation d'une grande figure de l'émancipation africaine, « Lumumba ».

La polyphonie du texte de Benicien Bouschedy repose sur l'idée que c'est un poème qui joue habilement sur les alternances entre les vers et la prose. En d'autres termes, le poète raconte quelque chose tout en exprimant ses sentiments. Dans une poésie en prose on s'affranchit « de tout souci de rimes ou de vers, puisque la présentation typographique est effectivement celle de la

---

36. L'imitation est figure qui vise à reproduire volontairement ou de chercher à reproduire un, un geste, une façon de parler. Chez Gérard Genette l'imitation « consiste à imiter le tour, la construction propre d'une autre langue, ou un tour, une construction qui n'est plus d'usage ». Cf *Palimpsestes. La littérature au second degré*, op. cit., p. 96.

37. Benicien Bouschedy, *Rêve mortel*, op. cit., p. 54.

38. Discours prononcé en 1958 à Conakry devant de Gaulle.

39. Alain Mabanckou, *Lettres noires : des ténèbres à la lumière*, Paris, Fayard, 2016, p. 60.

prose »[40]. Chez le poète nous constatons bien cette tension entre la prose et les vers :

> *Des soirées agitées au lien confirmé*
> *Du lit solitaire aux naissances perturbées*
> *Elle se souvient*
> *Elle se souvient de ses vols d'oiseau sous le vent, quand la brume*
> *tordait sa chevelure et que le parfum qui y jaillissait bruissait*
> *d'étranges murmures*[41].

D'un point de vue formel, nous remarquons que le poète se sert de rimes plates par lesquelles il nous montre une femme en train de se souvenir du passé quelquefois agité dans lequel on perçoit un brin de bonheur. Dans la seconde partie de ce passage, la forme de prose apparaît comme si le poète était en train de faire le récit d'une vie bercée par la nature. Nous constatons qu'il y a une volonté manifeste pour lui d'être libre, même sur le plan esthétique, car « Le moment du poème en prose est aussi, à peu de chose près, le moment du vers libre. De sorte qu'on pourrait parler de poème libre »[42].

Enfin, *Rêve mortel* peut aussi se lire comme un hymne à la beauté d'un continent et des individus longtemps enlaidis par les guerres, les crimes, les violations des droits, les misères. Mais la beauté dont le poète fait mention ici est celle d'abord de la condition humaine qu'il veut voir advenir : « Il ne reste que l'attente de la beautétisation de notre condition humaine : le devenir humain autrement »[43]. Il se fait même créateur d'un néologisme, « beautétisation », pour exprimer la beauté absolue de la condition humaine, car ce qui est pertinent dans la poésie de Bouschedy, c'est sa capacité, à partir de l'Afrique, d'envisager la condition des hommes dans ses écrits à l'échelle du monde : « D'où qu'ils écrivent, les écrivains, les bons, nous ouvrent toujours les chemins vers leur moi et vers notre commune et touchante humanité »[44]. Il s'agit en outre de la beauté de la jeunesse et du continent : « Je marche. Vers

---

40. Michel Aquien, *Dictionnaire de poétique*, Paris, Librairie Générale, 1993, p. 218.
41. Benicien Bouschedy, *Rêve mortel*, op. cit., p. 48.
42. Jean-Michel Maulpoix, Les 100 mots de la poésie, Paris, PUF, 2018, p. 91.
43. Benicien Bouschedy, *Rêve mortel*, op. cit., p. 19.
44. Sami Tchak, « Moi au miroir fragmenté du Nous », in Alain Mabanckou (dir.), *Penser et écrire l'Afrique aujourd'hui*, Paris, Seuil, 2017, p. 205.

la jeunesse. Elle qui sait admirer l'univers de beauté où l'on peut trouver des paysages encore verts »[45].

Cette beauté nouvelle du continent à laquelle il aspire s'énonce également d'un point vue esthétique dans le poème. Vers la fin du poème, l'écriture picturale déjà évoquée dans la première partie réapparaît pour dessiner le tableau nouveau d'une Afrique restaurée. Ce changement est aussi perceptible dans la mutation de la temporalité où l'on passe d'un passé et d'un présent tristes, misérables à un futur potentiellement beau et prospère. Le poète utilise encore cette anaphore : « Je viendrai peindre l'Afrique avec des couleurs nouvelles. Je peindrai l'Afrique jusqu'à ce qu'elle prenne conscience de son infirmité. Pour qu'elle se lève. Et marche. Vers la prospérité »[46]. Comme sur un tableau, il décrit les contours de ce que doit être l'Afrique émancipée. Cette écriture picturale qu'il fabrique dans son poème cherche à « transposer dans le langage verbal une réalité d'ordre pictural »[47]. Les couleurs nouvelles dont il parle seront peut-être celles qui renvoient à l'idée d'espérance. Dans le texte on retrouve les termes : « lune, soleil, lumière, étoiles »[48] qui seront les motifs que l'on retrouvera sur le deuxième tableau optimiste qu'il doit peindre et présenter à la face du monde afin que l'on admire à nouveau ce continent africain.

Conclusion

Pour finir, nous disons que la poésie de Benicien Bouschedy est une poésie de la colère, de la révolte au regard du ton avec lequel avec il conteste l'ordre qui s'est établi et qui empêche la jeunesse africaine de pouvoir se construire un avenir meilleur. Il dresse de ce fait un tableau sur lequel se trouvent les différentes crises qui paralysent le continent en mettant en œuvre une écriture picturale. Plutôt que de se lamenter éternellement sur le triste sort de l'Afrique, le poète choisit la voie de la contestation. Poétiser la révolte c'est idéaliser la révolte en pensant qu'elle est l'ultime voie par laquelle le

---

45. Benicien Bouschedy, *Rêve mortel*, op. cit., p. 108.
46. Ibid., p. 110.
47. Françoise Lucbert, *Entre le voir et le dire. La critique d'art des écrivains dans la presse symboliste en France de 1882 à 1906*, Rennes, Presses Universitaires de Rennes, 2005, p. 199.
48. Bernicien Bouschedy, *Rêve mortel*, op. cit., p.67.

continent pourra se libérer du joug de la domination. *Rêve mortel* est par ailleurs un livre qui réfléchit concrètement sur l'émancipation de l'Afrique, envisagée comme ayant « la plus riche culture de l'univers »[49]. Benicien Bouschedy est en train de renouveler le genre poétique gabonais en écrivant une poésie polyphonique qui s'énonce à la fois en prose et en vers.

Dorel OBIANG NGUEMA, PHDC

---

49. Boniface Mongo-Boussa, *Désir d'Afrique*, Paris, Gallimard, 2002, p. 17.

Bibliographie

Corpus

BOUSCHEDY, Benicien, *Rêve mortel*, Rungis, La Doxa Éditions, 2017.

Ouvrages théoriques et articles

AQUIEN, Michèle, *Dictionnaire de poétique*, Paris, Librairie Générale Française, 1993.

ARISTOTE, *Poétique*, [Trad. M. Magnien], Paris, Le Livre de Poche, 1990.

BERGEZ, Daniel, *Littérature et peinture*, Paris, Armand Colin, 2011.

BERGEZ, Daniel, GÉRAUD, Violaine, ROBRIEUX, Jean-Jacques, *Les mots de la critique. Vocabulaire de l'analyse littéraire*, Paris, Armand Colin, 2020.

CAMUS, Albert, *Actuelles. Écrits politiques*, Paris, Gallimard, 1950.

---, *L'homme révolté*, Paris, Gallimard, 1951.

DEBAILLY, Pascal, MARTIN Martial, VIGNES, Jean (dir.), *Parrêsia et processus de véridiction de l'Antiquité aux Lumières*, Paris, Hermann, 2019.

FONTANIER, Pierre, *Les figures du discours*, Paris, Flammarion, 1977.

GENETTE, Gérard, *Palimpsestes. La littérature au second degré*, Paris, Seuil, 1982.

LUCBERT, Françoise, *Entre le voir et le dire. La critique d'art des écrivains dans la presse symboliste en France de 1882 à 1906*, Rennes, Presses Universitaires de Rennes, 2005.

MABANCKOU, Alain, *Lettres noires : des ténèbres à la lumière*, Paris, Fayard, 2016.

MAINGUENEAU, Dominique, *Pragmatique pour le discours littéraire*, Paris, Armand Colin, 2005.

MAULPOIX, Jean-Michel, *Les 100 mots de la poésie*, Paris, PUF, 2018.

MONGO-BOUSSA, Boniface, *Désir d'Afrique*, Paris, Gallimard, 2002.

OUELLET, Pierre, *Poétique du regard. Littérature, perception, identité*, Limoges, Presses Universitaires de Limoges, 2000.

RANCIÈRE, Jacques, La parole muette. Essai sur les contradictions de la littérature, Paris, Hachette Littératures, 1998.

TCHAK, Sami, « Moi au miroir fragmenté du Nous », in Alain Mabanckou, (dir.), *Penser et écrire l'Afrique aujourd'hui*, Paris, Seuil, 2017, pp. 203-205.

Pour citer cet article :

Dorel OBIANG NGUEMA « Poétiser la révolte dans *Rêve mortel* de Benicien Bouschedy », *Revue Legs et Littérature*, n° 17, vol. 2, 2021, pp. 33-51.

Ressources traditionnelles et religieuses au secours d'une société camérounaise prise dans l'étau de l'aliénation

Praticienne-enseignante de formation, Céphanie Mirabelle Gisèle PIEBOP a fait son parcours universitaire à l'université de Yaoundé I au Cameroun où elle a obtenu un doctorat en langue française, option Sociolinguistique en novembre 2014. Ses domaines de prédilection sont, par ordre de priorité, la sociolinguistique, la langue française, la littérature orale africaine, la didactique du FLS, du FLE, du chinois et des langues en général, la traduction, entre autres.

Résumé

Le vaste projet d'emprisonnement des consciences dont demeure victime le Cameroun remonte à l'époque pré-coloniale où il entra en contact avec les Occidentaux. Cette persécution organisée persiste et confirme son option de pillage systématique des valeurs socioculturelles des Africains en général. Apparemment, cette mission semble avoir bien réussi et les faits parlent d'eux-mêmes, dans la mesure où plus de cinquante ans après leur indépendance, les Camerounais restent encore très attirés par les religions et traditions venues d'ailleurs, au détriment des leurs qui disparaissent et drainent avec elles leur identité. En effet, les langues, les rites, les croyances, les coutumes ancestrales, ont cédé place aux manières de vivre et de penser occidentales. Ce qui fait de la majorité des citoyens des être acculturés et presque étrangers dans leur propre milieu naturel. Résultat, le Cameroun tarde toujours à prendre son envol, car il n'a aucune fondation culturelle solide sur laquelle s'appuyer pour faire face aux challenges de la mondialisation et se faire respecter dans le concert des nations. En termes plus clairs, la question du sous-développement du continent africain en général ne peut vraiment être résolue sans la prise en compte d'une profonde entreprise des traits idiosyncrasiques. peuples. (200 mots maximium)--

Mots clés

Religion, traditions, aliénation, (sous-)développement

RESSOURCES TRADITIONNELLES ET RELIGIEUSES AU SECOURS D'UNE SOCIÉTÉ CAMÉROUNAISE PRISE DANS L'ÉTAU DE L'ALIÉNATION

Introduction

Peu d'Africains peuvent encore de nos jours spontanément retracer leurs généalogies à plus 10 générations comme c'était le cas avec les ancêtres. De la même façon, les langues maternelles se parlent de moins en moins, du fait de leur délaissement par les politiques linguistiques des Etats qui accordent plutôt des privilèges de haut rang aux langues d'importation dites internationales. Le sort des manières traditionnelles de vivre, des coutumes et des religions ancestrales n'est pas enviable non plus, car les vieillards qui en sont les dépositaires sont de plus en plus boudés, méprisés et ignorés par les jeunes générations qui préfèrent les jeux vidéos, Internet, les films et autres artifices occidentaux en vogue aux contes, études généalogiques, jeux d'énigme et d'agilité, parties de lutte, de danse, de chasses, d'initiation, de décryptage des percussions du tam-tam... et tous les rituels et rites qui les accompagnent. Pourtant, en plus de remplir les mêmes fonctions d'éducation et de divertissement que les outils modernes, ces derniers procurent également une identité aux Camerounais et leur offre l'occasion de rester solidement connectés ou de se reconnecter avec origines si tel n'était pas le cas. Au regard de ce tableau fort lugubre, on peut dire que les puissances coloniales ont réussi leur mission d'aliénation culturelle des Noirs afin d'en faire des pantins, des Blancs en contre plaqué, des sans repères qu'ils manipulent au gré de leur fantaisie et maintiennent dans le sous-développement, pendant qu'ils font main basse sur leurs richesses. Ces stigmates de la colonisation européenne que les Noirs continuent de porter plus d'un demi-siècle après le départ des administrateurs coloniaux témoignent de l'ampleur des dégâts causés et l'impact considérable que ces colonisateurs continuent d'exercer sur les Africains. Pourtant, malgré la gravité de la situation, la tendance peut être renversée. Il existe des voies de remédiation. La plus significative réside dans un retour impératif aux sources, une réappropriation du riche patrimoine culturel dont regorge le Cameroun et que l'on retrouve en premier lieu dans les traditions et les religions du terroir. Ainsi, cet article a pour objectif principal de peindre dans quel état de déla-brement se trouvent actuellement les traditions et les religions africaines et du Cameroun précisément, les dangers qui les ont précipités dans ce gouffre, ainsi que les issues de sortie de cette crise culturelle, ceci en prenant appui sur certaines sociétés d'Asie actuellement rayonnantes qui ont pourtant connu les mêmes déboires coloniaux que l'Afrique, mais qui ont appréhendé la situa-tion autrement, en mettant en évidence la nécessité de prendre en compte les biens culturels matériels et immatériels dans leurs problématiques de déve-loppement. Mais avant d'y arriver, ne conviendrait-il pas de cerner les notions de tradition et de religion en les appliquant au cas particulier du Cameroun ?

1. Approche conceptuelle

Les études de Calamé Griaule en vue de la compréhension des peuples d'Afrique l'ont amenée à percevoir la tradition comme « l'ensemble des mes-sages qu'un groupe social considère avoir reçu de ses ancêtres et qu'il trans-met oralement »[1]. Cette définition s'applique effectivement aux contextes africains qui se particularisent par une culture orale, alors que d'autres peu-ples tels les Occidentaux par exemple ont très tôt développé l'écriture qui leur a permis de consigner leurs messages à la postérité.

En fait, le mot tradition naît du latin *traditio/tradere*, qui peut se décomposer en *trans* – qui signifie *à travers* et *dare* qui veut dire *donner faire passer à un autre, remettre*. De là, se dégage l'idée de conservatisme de quelque chose,

---

1. Geneviève Calamé Griaule, *Langage et cultures africaines, essai d'analyse ethno stylistique*, Paris, Maspero, 1977, p. 16.

sûrement de par son importance, sa préciosité ; ceci dans l'optique d'une transmission. Autrement dit, la tradition constitue un ensemble régi par des coutumes, des rites particuliers à des communautés.

Dans ce contexte, la coutume renvoie à une pratique qui s'applique à travers les générations afin de reproduire et de conserver les mêmes habitudes et les mêmes agissements anciens d'un peuple, d'un pays, d'une région, d'un clan ou d'une famille. Ainsi, on peut noter que tradition et coutume sont inhérentes, pourtant, il faut relever que la coutume est régie par la tradition, car elle se rapporte à un usage né de la répétition, comme le confirme d'ailleurs l'adage « une fois n'est pas coutume » ; alors qu'en revanche, la tradition peut être vue comme la pensée qui entoure la mise en application concrète des coutumes et des faits. Quoi qu'il en soit, il n'en demeure pas moins vrai que les coutumes et les traditions constituent des composantes de l'ensemble kaléidoscopique qu'est la culture. Ce qui donne l'occasion de préciser l'entendement que l'on devrait avoir de la culture dans le cadre de ces analyses et qui se ramène d'après Panoff et Perrin, à « l'ensemble des traits distinctifs spirituels et matériels, intellectuels et affectifs qui caractérisent une société ou un groupe social. Elle englobe outre les arts et les lettres, les modes de vie, les façons de vivre ensemble, les systèmes de valeurs, les traditions et les croyances »[2]. Cette conception de la culture rejoint celles de la Conférence Mondiale sur les politiques culturelles (Mexico, 1982) et de la Déclaration universelle de l'Unesco sur la diversité culturelle (Paris, 2 novembre 2001). À cela s'ajoute aussi les savoir-faire techniques, économiques, artistiques et environnementaux, les modes d'organisation collectifs.

Ainsi, la culture devrait dans le meilleur des cas, posséder et transmettre des héritages coutumiers et traditionnels précieux pour un peuple, qui prennent naissance depuis un événement fondateur ou immémorial et qui constituent les vecteurs d'identité de cette communauté humaine. Ce qui revient à dire que tout au long de l'étude, les mentions à la culture renverront aux langues, aux traditions, aux coutumes, sans oublier les religions qui dépendent également de certaines traditions.

La religion quant à elle réfère à une connaissance par l'être humain d'un principe supérieur dont dépend sa destinée ; de même que son attitude morale

---

2. Michel Panoff et Michel Perrin, *Dictionnaire de l'ethnologie*, Paris, Payot, 1973, p. 28.

qui en découle. Dans un contexte purement camerounais, voire africain, Mulago définit les religions traditionnelles africaines comme un

> *ensemble culturel des idées, sentiments et rites basé sur : la croyance à deux mondes, visible et invisible ; la croyance au caractère communautaire et hiérarchique de ces deux mondes; l'interaction entre les deux mondes ; la transcendance du monde invisible n'entravant pas son immanence; la croyance en un Être Suprême, Créateur, Père de tout ce qui existe*[3].

Les religions africaines imposent donc l'idée de croyance en une instance, une force, un être ou un objet au-dessus de l'homme. Vu sous cet angle, l'idée polémique selon laquelle l'Afrique et ici le Cameroun n'auraient pas à proprement parler de religion avant la venue des Occidentaux ou encore que l'animisme ne serait pas classé parmi les religions, peut-être du fait de son aspect strictement oral, soigneusement entretenu par certains, est d'office balayée du revers de la main dans le présent travail. En effet, chaque peuple possède une idée du créateur qui le rend croyant, donc religieux et il paraît clair qu'avant la colonisation, les Africains en général pratiquaient l'animisme, du reste très proche du chamanisme. L'animisme consiste en la croyance en des entités naturelles et surnaturelles non humaines telles les pierres, les génies, les eaux, les feuilles, le feu, les animaux, etc. Ces entités constituent des forces occultes maléfiques ou bienfaitrices (comme le célèbre serpent-génie dans *L'enfant noir* de Camara Laye) ; que l'on retrouve aussi dans d'autres religions dites "du livre"(chrétiens, bouddhistes, musulmans, confusionnistes...) sous la forme des démons, anges, djinns, esprits...

En outre, les sa-crifices sont faits pour remercier la nature considérée comme divine en elle-même. En bref, cet extrait du discours de Leopold II (1835-1909) prononcé le 12 janvier 1883 devant les missionnaires catholiques que l'État belge s'apprêtait à envoyer au Congo pour faciliter leur colonisation témoigne à suffisance de cette existence des religions au sein du peuple noir, et ce longtemps avant l'arrivée des colons, en même temps qu'il décrit avec clarté les visées pernicieuses qui voilaient l'évangélisation de l'Afrique.

---

3. Vincent, Gwa, Cikala, Vincent, Mulago, La religion traditionnelle des bantu et leur vision du monde, 2e éd., Kinshasa, FTC, 1980, p. 8.

La tâche qui vous est confiée à remplir est très délicate et demande
beaucoup *de tacts. Prêtres, vous allez certes pour évangéliser,*
mais cette évangélisation doit s'inspirer avant tout aux intérêts de
la Belgique. Le but principal de votre mission [en Afrique] n'est
donc point d'apprendre aux Nègres de connaître Dieu, car ils le
connaissent déjà. Ils parlent et se soumettent à un Mundi, un
Mungu, un Diakomba et que sais-je encore : ils savent que tuer,
coucher la femme d'autrui, calomnier et injurier est mauvais.
Ayons donc le courage de l'avouer. Vous n'irez pas leur apprendre
ce qu'ils savent déjà ». [C'est l'auteure qui souligne].

Il convient de rappeler ici que quelle que soit la religion, elle est fondée sur
des principes dogmatiques établis ou regardés comme vérités fondamentales
incontestables. Et à cet effet, la religion devient un concept très lié la
tradition, puisque c'est cette dernière qui la guide. En fait, aussi bien les
traditions que les religions structurent les comportements au sein d'un peuple.
Elles sont toutes porteuses de valeurs culturelles. Voilà pourquoi avant d'être
appliqué au cas particulier du Cameroun, les traditions seront considérées en
dernier ressort comme les transmissions culturelles qui durent à travers le
temps et qui peuvent être religieuses, morales, politiques, économiques, etc.

2. État des lieux du réservoir culturel Camerounais

L'époque pré-coloniale dominée dans sa totalité par des pratiques animistes et
autres manifestations socioculturelles endogènes s'est considérablement dégradée au fil du temps. Elle s'est altérée à cause de l'introduction par la voie
de la force des cultures occidentales afin de mieux aliéner le Noir et le maintenir dans la dépendance et le sous-développement. Les pratiques ancestrales
et autres cérémonies magico-religieuses en voie d'extinction ont progressivement vu leurs territoires légitimes empiétés par deux principales religions
monothéistes d'importation occidentale : l'islam et le christianisme. Celles-ci
ont envahies la quasi-totalité du territoire camerounais où elles dictent leurs
principes de croyances.

L'islam recrute le plus grand nombre de ses fidèles dans les régions de l'Ada-
maoua, du Nord et de l'Extrême-Nord et une partie de l'Ouest du pays (le
peuple bamoun) où plus de 80% de la population professe la religion de Ma-
homet et ne laisse qu'une infime place aux autres religions. La population

musulmane totale est estimée à 20,9 %[4] de la population camerounaise ; un effectif d'ailleurs augmenté par la présence de nombreux immigrés venant du Tchad, du Nigeria et de la République centrafricaine voisins, qui sont également des pays à forte concentration musulmane.

En relation avec le christianisme, il se vit et se pratique en priorité dans le Grand Sud du pays, à environ 85%, toutes obédiences confondues. En réalité, la religion chrétienne s'éclate en plusieurs fractions. La plus importante demeure la religion catholique qui est justement la première à connaître de l'expansion en Occident. Mais avec la publication le 31 octobre 1517 des "95 thèses" du moine allemand Martin Luther, cette église catholique tomba en proie à un vaste mouvement de réformation qui entama une longue procédure d'émiettement, tel que l'atteste actuellement la prolifération d'autres chapelles connexes : les Presbytériens, le Réformateurs, les Luthériens, les Méthodistes, les Anglicans, les Adventistes, les Baptistes, les Scientologiques, les Témoins de Jéhovah, de même que de nouvelles tendances dites néo-apostoliques comme l'église du Béthel, la vraie église de Dieu, l'église des rachetés, etc. Ceux-ci croient tous en une vie après la mort. Au total, 70%[5] des Camerounais sont chrétiens, parmi lesquels 40% de catholiques et 30% de protestants dans toutes leurs fractions.

En plus, il existe également au Cameroun une faible proportion des libres penseurs sans religion, qui constitue environ 3,2% de la population.

En ce qui concerne les croyances religieuses animistes à l'état pur qui furent pourtant les premières à régir la vie des Africains et des Camerounais et qui sous l'action de la colonisation ne subsistent actuellement qu'à un état comateux, elles sont très faiblement représentées sur le territoire camerounais. Leur pourcentage avoisine 5,6% et leur fief se localise dans les régions de l'Ouest, du Sud et de l'Est[6], même si elles continuent de s'infiltrer et de trouver des retranchements partout il existe des traditionalistes qui croient encore en le pouvoir des aïeux, ainsi que des forces de la nature. Le faible pourcentage des religions naturelles est revu à la hausse et oscille les 20-22% si l'on prend en considération, les fidèles qui dans un élan syncrétique, utilisent le

---

4. Source Wikipédia : URL : https://fr.wikipedia.org/wiki/Religion_au_Cameroun. Consulté le 26 janvier 2021.
5. Ibid.
6. Ibid.

paravent des religions d'importation pour pratiquer en toute sécurité leurs cultes aux ancêtres. En fait, même si l'animisme demeure présente au Cameroun, ses adeptes dans la plupart des cas n'osent pas en tirer gloriole ou le faire savoir au grand jour, peut-être de peur d'être humiliés ou d'être considérés par la société en proie à l'occidentalisation comme des obscurantistes, des béotiens dont la place véritable se trouverait à l'heure de la modernité qu'on est, dans les musées archéologiques où les gens viendraient les scruter à la loupe. Abondant dans la même direction, Chindji Kouleu, ne dit pas autre chose lorsqu'il fait remarquer au sortir de ses travaux sur l'animisme que : « Jusqu'ici le concept d'animisme a une connotation péjorative. Peu de gens sont capables de s'affirmer animistes »[7].

Il demeure vrai que la religion animiste ne possède pas de véritable document guide, à l'instar de la Bible pour les Chrétiens ou du Coran pour les Musulmans. Quoi qu'il en soit, elle repose sur le principe selon lequel il existe une différence entre le monde visible, celui des hommes, et le monde invisible réservé aux dieux ; tout comme dans la mythologie grecque où les dieux prennent des décisions en rapport avec le monde visible. D'où l'on peut observer chez des pratiquants Camerounais des rites aux morts qui par ailleurs représentent des dieux. Et dans la mesure où ces dieux incarnés par des génies, des objets… possèdent tout comme les hommes des faiblesses et des caprices, ces rites sont accompagnés des offrandes pour les plaire, les apaiser, les rendre dociles, les remercier et implorer leur protection.

Il convient de noter que les cultes, rites, traditions et croyances restent diversifiés et spécifiques à chaque peuple et morales pour ce qui est du Cameroun. L'examen de deux communautés d'une même région permet de vérifier ce fait. Chez les peuples Meta de la région du Nord-Ouest par exemple, le "Mnwia" (essence de dieux) habite entre le monde et le ciel. Ces peuples pensent que ce dieu réside dans la forêt vierge abondante et fertile. Ils ne lui font pas d'offrandes, mais laissent un peu de moisson aux abords des lacs et des bifurcations en saison de récolte, afin que ce dieu trouve de quoi manger quand il passera par là.

Par contre chez les Bafut toujours dans la même région, c'est plutôt un "Diviner" qui joue le rôle de médiateur entre les hommes et les dieux. Il

7. Ferdinand Chindji Kouleu, *Négritude, philosophie et mondialisation*, Yaoundé, CLE, 2001, p. 91.

résout les problèmes de succession, calme et chasse les mauvais esprits. Il porte toujours deux sacs dont l'un contenant des potions et des médicaments pour soulager des maladies et l'autre contenant des objets magiques pour convoquer les dieux. Sa particularité du "Diviner" réside également dans ce qu'il n'accomplit que de bonnes actions dans sa fonction de féti-cheur/marabout, et ne peut de ce fait être consulté pour des fins maléfiques.

En somme, on observe au Cameroun une hégémonie des religions étrangères sur les pratiques religieuses endogènes qui sont ignorées par l'instrument glottophage que constitue l'Etat. On en veut pour illustration l'institutionna-lisation des fêtes et traditions liées aux religions d'ailleurs alors que rien n'est mentionné concernant les célébrations endogènes. Ainsi en est-il des fêtes chrétiennes comme le vendredi saint, la pentecôte, l'ascension, l'as-somption, pâques, Noël, épiphanie ; des fêtes musulmanes comme celle du mouton, du ramadan...

Et si toutes les traditions, les coutumes et les religions que l'on promeut viennent d'ailleurs, alors il devient difficile d'entrevoir un développement endogène, car en réalité on ne conçoit et maîtrise mieux que ce qui vient de chez soi. Qui plus est, les rites et les religions ne sont pas les seuls éléments de la culture camerounaise qui volent en éclats et freinent son départ ; les langues autochtones subissent un sort similaire.

Les langues nationales camerounaises font figure de minus à côté des rou-leaux compresseurs que représentent les langues officielles étrangères : le français et l'anglais. Leur domination est confortée par les privilèges de pre-mier rang que leur octroient l'Etat et sa politique linguistique qui ne laissent aux langues identitaires presque aucune chance de se mouvoir et de faire va-loir ses luxuriants trésors. Les conséquences d'un tel désintérêt ne se font pas attendre, puisqu'actuellement, relève Piebop, « la plupart des langues came-rounaises sont déjà mortes et d'autres n'essayent plus que de subsister à l'état résiduel »[8]. Ce constat fait suite aux statistiques déconcertantes de Bitja'a Kody qui dénombrait sur les 283 unités linguistiques du Cameroun : 20 déjà mortes[9], 78 en voie d'extinction, 87 en grand danger de disparition et

8. Gisèle Piebop, *Contacts de langues et appropriation du français dans l'œuvre Romanesque de Camille Nkoa Atenga*, Thèse de doctorat, Yaoundé, Université de Yaoundé I, 2014, p. 112.
9. Denis Zachée Bitja'a Kody, *La Dynamique des langues camerounaises en contact avec le français : Approche macrosociolinguitistique*, thèse de doctorat, Yaoundé, Université de Yaoundé I, 2004, p. 505.

78 en danger notable[10]. Ce tableau apparaît bien sombre et semble relever de la fiction, pourtant il reflète bien la réalité. Plusieurs parents et même grands parents préfèrent interagir exclusivement en français ou en anglais avec leurs interlocuteurs et surtout leurs enfants et petits-enfants pour qui ces langues deviennent des langues premières ou maternelles. D'autres ne connaissent même pas, ne serait-ce que le nom de la langue identitaire de leurs parents et grands-parents. Les nombreuses opportunités qu'offrent les langues officielles dites internationales les amènent à délaisser leurs langues qui sont pourtant vecteurs de culture et d'identité et par conséquent de développement. Et là, l'on comprend mieux que devant ce constat accablant sur la situation désespérée des langues camerounaises, Bitja'a Kody[11] et Piebop[12] tentent de stopper l'hémorragie, en militant aux côtés d'autres des linguistes comme Mba et Chiatoh[13] en faveur de l'émergence et de la survie des langues camerounaises.

En outre, l'engagement en demi-teinte de l'Etat dans l'effectivité de l'enseignement des langues nationales dans les établissements scolaires laisse songeur sur ses bonnes dispositions d'esprit[14]. En effet, l'article 5 de la loi d'orientation de l'éducation prévoit qu' « au titre de la mission générale définie à l'article 4 ci-dessus, l'éducation a pour objectif : a) la promotion des langues maternelles »[15]. Elle précise par ailleurs en son article 11 que :

l'État assure l'élaboration et la mise en œuvre de l'éducation à laquelle concourent les collectivités territoriales décentralisées, les familles ainsi que les institutions publiques et privées. À cette fin, il [...] veille à l'adaptation permanente du système éducatif aux réalités économiques et socio-culturelles nationales ainsi qu'à l'environnement international, particulièrement en ce qui concerne la promotion des encouragements scientifiques et

10. Ibid., pp. 512-514.
11. Ibid., pp. 512-514.
12. Gisèle Piebop, « Langues nationales camerounaises et insécurité linguistique », in *L'Insécurité linguistique dans les communautés anglophones et francophones du Cameroun*, Paris, l'Harmattan, 2018, pp. 333-334.
13. Gabriel Mba et Blasius Chiatoh «Current trends and perspectives for mother tongue education in Cameroon », in African Journal of Applied Linguistics (AJAL), No 1, 2000, p. 16.
14. Gisèle Piebop, « Langues nationales camerounaises et insécurité linguistique », op. cit., p. 337.
15. *Loi n° 98/94 du 14 avril 1998 d'orientation de l'éducation au Cameroun*, p. 18.

technologiques, du bilinguisme et l'enseignement des langues nationales[16].

Mais de quelle façon peut-on exprimer efficacement les réalités s500uu-turelles nationales endogènes si ce n'est à travers des langues endogènes ? On dénote une lenteur dans l'application de ces mesures dont la phase expérimentale a du reste déjà été assurée avec brio par le projet du PROPELCA piloté par Tadadjeu (1985, 1988) et ses organismes qui sont demeurés très actifs depuis 1977. Sinon comment comprendre que la formation du personnel enseignant à cet effet, qui n'est effective qu'en 2009, commence bel et bien, mais ne se perpétue pas l'année académique suivante ? Cette passivité paraît également dans l'indécision de l'État à restructurer les programmes scolaires et à les réorienter d'abord et exclusivement sur les réalités internes du pays, avant de s'ouvrir vers l'extérieur. Paradoxalement, le jeune Camerounais d'aujourd'hui sait presque tout de l'histoire et de la géographie des pays étrangers et presque rien sur ses origines, son histoire et ses grands noms, ses contes, ses généalogies les mythes, les rites, sa science ancestrale, etc. Nanti de tous ses savoirs extravertis et vidé de toutes celles qui donnent véritablement un sens à sa vie, que devient-il donc, si ce n'est un déraciné ?

Tous ces gouleaux d'étranglement laissent la voie libre à d'autres fléaux de l'acculturation tels que les façons indécentes de se vêtir, des façons de parler, ainsi que bien d'autres crises de mœurs et éléments culturels exogènes qui grâce au matraquage médiatique des technologies à la pointe envahissent à longueur de journée les Camerounais à la télévision, sur Internet, dans les téléphones, les tablettes… À ce rythme, c'est sans surprise qu'au cours de l'année scolaire 2015, 46 élèves des lycées et collèges de la ville de Bafoussam ont été pris en flagrant délit de tournage de films pornographiques et renvoyés sur le champ. En Janvier 2020, l'assassinat par poignard, et ce en plein exercice de ses fonctions au lycée de Nkolbisson à Yaoundé, de l'enseignant Njiomi Tchakounté Boris Kevin par son élève fait les choux gras de tous les médias camerounais et d'ailleurs. L'année 2021 semble a-voir mené ces dérapages à leur summum. Suivant la même mouvance, les adolescents des villes de Kribi, Kumba, Yaoundé… se livrent sans vergogne à la consommation de toutes sortes de substances narcotiques, s'offrent à cœur joie à des parties de partouzes, des tournages films pornographiques ou

---

15. Ibid., p. 22.

à des danses obscènes en pleine salle de classe, et le comble c'est qu'ils n'éprouvent plus aucun scrupule à publier ces aberrations sur la toile.

Rien, du moins pas grand-chose n'a été fait pour réguler cette situation lamentable. Avec l'avènement du câble, les chaînes de télévision (Télé Novelas, Tigi…) sont passées maîtresses dans l'art du harcèlement des populations avec la diffusion concurrentielle des séries obscènes à l'eau de rose où les scènes pornographiques abondent et où des dépravations des mœurs africaines comme l'homosexualité sont mises en avant et sublimées. On en veut pour exemple la série "El Diablo", dans laquelle l'homosexuel est curieusement très aimé et apprécié par les personnages et est même un proche ami de l'héroïne.

De ces analyses, on constate que les langues, les traditions et les religions du Cameroun et partant de l'Afrique sont en très mauvaise posture. Elles demeurent prises dans un engrainage qui les éloigne de leurs origines et de fait hypothèque leur développement réel. Cette situation est mieux rendue par un dicton du terroir qui stipule que « quand on sait d'où on vient, on s'égare difficilement en chemin ». Ceux des rites, langues, traditions et religions qui résistent, signent et persistent encore malgré tout cet acharnement sont confrontés à certains dangers qui les guettent, qu'il n'est pas sans objet d'élucider.

3. Les menaces qui inhibent les cultures camerounaises

Les traditions et les religions, en un mot les cultures camerounaises et d'Afrique souffrent dans leur ensemble des problèmes ambiants. Il s'agit des problèmes qui étaient quasi inexistants des temps pré-coloniaux où elles avaient pignon sur rue, et qui avec la colonisation et les changements d'époque ont évolué, se sont aggravés et complexifiés pendant que les cultures du terroir quant à elles se faisaient asphyxier et régressaient jusqu'à la phase de végétation où elles se trouvent.

Ainsi, le premier danger qui menace les traditions et religions du Cameroun réside dans ce que sa civilisation manque de support documentaire écrit qui emporterait l'adhésion et orienterait de potentiels adeptes tout comme le font la Bible ou le Coran. Dans cet état de choses, les héritages à transmettre courent facilement le risque de disparition si ce n'est pas celui de dilution et d'altération au fil des transmissions d'une génération à l'autre. En fait, le discours oral a ceci de négatif qu'il perd progressivement de sa quintessence initiale d'un locuteur à un autre qui y ajoute toujours un peu de sa subjectivité soit en ajoutant, en retranchant ou en déformant un ou plusieurs détails. Qui pis est, les conservateurs de ces cultures peuvent mourir subitement et emporter avec eux toutes ces sciences, faute d'avoir eu le temps de les transmettre partiellement ou en totalité à ceux chargés de prendre la relève. Allant dans le même ordre d'idées Marina Hima ne manque pas de reprendre à son compte la célèbre boutade d'Amadou Ampate Bâ qui stipule qu'« en Afrique, chaque fois qu'un vieillard meurt, c'est une bibliothèque qui brûle »[17]. Dans leurs formes orales, les coutumes, les incantations, les rituels camerounais ont peu de chance de s'arrimer aux moyens technologiques de l'information et de la communication de l'heure dont s'approprient déjà les grandes religions du livre comme le confucianisme, le christianisme, le bouddhisme, l'indouisme, l'islam… qui ont pris une longueur d'avance avec une gamme variée de canaux de vulgarisation comme les I-pad, les tablettes, les téléphones, Internet, les magazines, etc.

En outre, le déclin des civilisations camerounaises se signale aussi par le choc de langues et de cultures. En effet, il est objectivement impossible pour un groupe humain de demeurer en autarcie, quels que soient ses efforts pour y parvenir. Et en entrant en contact avec les autres peuples proches ou lointains, les croyances, les modes de vie s'influencent mutuellement. Généralement, les moins forts abandonnent parfois de gré, mais la plupart du temps de force, les habitudes et la vision du monde de leurs prédécesseurs pour adopter celles des vainqueurs et plus forts. Dans cette logique, les traditions, langues et religions camerounaises sont en danger d'extinction parce que la population trouve en l'Occident beaucoup d'attraits : le développement, de même que des facilités multiformes. À un niveau microcosmique, ce phénomène se détecte déjà par exemple à travers l'abandon progressif par les Camerounais et les jeunes surtout, des rituels de salutations et de civilités typiquement africains au profit de ceux d'ailleurs vulgarisés en général via les nombreux médias qui les environnent[18].

---

17. Mariama Hima, *Sagesse africaine*, Paris, La Table Ronde, 2003, p. 14.
18. Gisèle Piebop, « Socio-pragmatique de la salutation en Mengaka à l'épreuve du temps », in *Revue Algérienne des Sciences du Langage* (RASDL), vol. 4, n° 9, 2020, p. 243.

En outre l'exode rural joue également un grand rôle dans la déculturation des Camerounais, dans la mesure où les jeunes plutôt tournés vers des nouvelles conceptions du bonheur, s'ennuient de la compagnie des vieillards et ne les respectent plus. Ils vident les villages à la conquête de l'eldorado certes, mais aussi pour échapper aux sorts des vieillards qui contrent les conflits de génération à travers les forces mystiques et qui sont de ce fait taxés de sorciers. Agissant ainsi, les jeunes s'éloignent des détenteurs des trésors ancestraux qui très souvent disparaissent avec la mort de ces derniers. Une fois en ville, les jeunes quant à eux sont confrontés à une multitude d'autres langues et cultures qui les décident finalement à opter pour celles des Blancs qui sont plus neutres et de nature à sauvegarder l'unité et la cohésion nationale d'une part, et qui permettent l'intercompréhension qui à son tour s'ouvre sur beaucoup d'opportunités de travail, de voyage, de projet, d'affaires, d'autre part. Cette option paraît d'ailleurs d'autant plus automatique que la ville agit en général telle une pompe qui aspire le plurilinguisme des périphéries et des villages pour recracher le monolinguisme[19].

Allant toujours dans la même lignée, les coutumes camerounaises rétrogrades militent pareillement pour l'abandon ou la mort des pratiques culturelles. En effet, certains rites qui portent atteinte à la dignité de l'homme peuvent le convaincre à tourner résolument le dos aux traditions. On pourrait mentionner à cet actif chez les Bamiléké le rite de lavement d'une veuve qui consiste pour un frère, un proche du défunt à prendre officiellement la femme de son frère. Chez les Beti, la veuve n'a pas d'autre choix que de se soumettre au rasage des cheveux avec des tessons de bouteilles. Dans le grand Nord et à l'Est, ce sont les mariages précoces et les rites d'initiations dans des conditions inhumaines (mutilations et sévices psychosomatiques multiformes) qui font toujours partie des habitudes des populations, tandis qu'un peu partout dans le pays, les chefs étaient enterrés avec un nombre considérable de personnes vivantes, ceci disait-on, dans le but d'aller continuer de les servir dans le royaume de l'au-delà. Toutes ces pratiques déshonorantes amènent des gens à se révolter contre ces usages jugés obsolètes, périmés, et à se tourner vers les cultures occidentales beaucoup plus souples, libérées et émancipées.

---

19. Louis Jean Calvet, « L'avenir des langues africaines en liaison avec les problèmes de développement », in *Mondialisation, cultures et développement*, Paris, Maisonneuve et Larose, 2005, p. 232.

En dehors des pratiques désuètes, la cherté de la vie participe aussi des facteurs qui tirent les ressources identitaires du Cameroun par le bas. L'ère de la globalisation ayant pris le pas sur toutes les autres, les Camerounais aspirent à une vie meilleure, avec plus d'aisance, plus de facilité, plus de luxe et de confort. Pour ce faire, ils abandonnent les idées de polygamie et de famille élargie qui en leur temps étaient des traditions, pour se consacrer à la monogamie qui avec son noyau nucléaire, permettrait de vivre plus décemment et plus confortablement. En plus, les temps et les réalités du monde changent continuellement et la crise économique ne facilite pas les choses. Les prix de biens de consommation, d'équipement, etc., vont toujours plus exponentiels, qu'il s'agisse du loyer, des vêtements, de l'éducation, de la santé, de l'alimentation... À cela, il faut préciser que les achats des items qui servent de facilitateurs aux rites et autres formes d'incantations magico-religieuses et qui sont connus comme tels par tous et surtout les vendeurs véreux, se font à des prix prohibitifs. Voilà qui justifie aussi pourquoi actuellement, de moins en moins de personnes se consacrent aux pratiques culturelles du pays parce qu'ils sont plus occupés à s'arrimer aux nouvelles donnes du village planétaire qui ne cesse de se métamorphoser. Ce fait avait déjà été diagnostiqué par le groupe de chanteurs ivoirien Espoir 2000 qui dans une des chansons affirmait qu'en Afrique, « les gens deviennent chrétiens parce qu'ils n'ont pas d'argent pour acheter les moutons de sacrifice ».

Tel que le montrent les analyses, plusieurs facteurs contribuent à sonner le glas des langues, des traditions et des religions endogènes. Cet héritage se trouve en danger de disparition, d'où l'urgence de stratégies de revitalisation pour leur procurer de nouveau une place au soleil et par la même occasion les revivifier et poser les jalons d'un développement solide du pays.

4. De la faillite de l'État à la redécouverte de l'héritage culturel camerounais

À l'accession du Cameroun à l'indépendance en 1960, les puissances occidentales ont officiellement mis un terme à leurs manœuvres multiples de lavage de cerveau des Camerounais et sont retournés chez eux. Pourtant, ils ont officieusement continué de tirer les ficelles à distance. Aujourd'hui, il serait naïf de ne pas voir derrière l'effondrement des valeurs identitaires et bien plus la pauvreté, la main noire toujours aussi manipulatrice qu'avant des Occidentaux[20]. Si autrefois cela se faisait à découvert, cette fois c'est de manière interposée à travers des appâts qui ne relèvent pas toujours de la nécessité pour les Camerounais. De façon générale en effet, les groupes linguistiques les moins nantis comme ceux d'Afrique et du Cameroun en particulier subissent impuissamment un programme d'occidentalisation du monde mis en marche depuis des années et uniformisant les pratiques sociales et la pensée. À ce sujet, l'UNESCO ne dit pas autre chose lorsque les résultats de ses statistiques laissent entendre que 90% des langues et des cultures minoritaires pourraient avoir disparu d'ici le siècle prochain[21]. Cet état des choses rend à merveille l'option de dilution du divers dans le particulier qui se peaufine derrière la globalisation telle que vue par l'Occident. Pour ce qui est du Cameroun, sa fragilité culturelle continue de l'empêcher de réorienter le système des économies extraverties mis en place par les anciennes puissances coloniales. La situation semble même aller de mal en pis, si l'on se fie aux analyses de l'économiste égyptien Samir Amin :

> *Si les années 60 avaient été marquées par un grand espoir de voir amorcé un processus irréversible de développement à travers l'ensemble de ce qu'on appelait le tiers-monde, et singulièrement l'Afrique, notre époque est celle de la désillusion. Le développement est en panne, sa théorie en crise, son idéologie l'objet du doute. L'accord pour constater la faillite de l'Afrique est, hélas, général[22].*

Il apparaît donc de tout cela que le Cameroun, tout comme le reste de l'Afrique subsaharienne souffre d'une faillite à la fois sociale, politique et économique dont la principale cause se trouve dans le sabotage, la destruction et l'élimination planifiés de ses ressources identitaires afin de les attacher au piquet du besoin. Il s'agit en réalité d'une guerre culturelle parmi tant d'autres, dont le journaliste français Henri Gabord décrit les objectifs en préci-

---

20. Gisèle Piebop, « Langues nationales camerounaises et insécurité linguistique », op. cit., p. 333.

21. Stéphane Foucart, « Un comité d'experts s'alarme du nivellement linguistique mondial », in *Le Monde*, 02 avril 2003, p. 26.

22. Samir Amin, *La faillite du développement en Afrique et dans le Tiers-monde. Une analyse politique*, Paris, L'Harmattan, 1989, p. 5.

sant que la guerre classique visait le cœur des Africains pour conquérir, la guerre économique visait le ventre pour exploiter et s'enrichir, tandis que «la guerre culturelle vise la tête pour paralyser sans tuer, pour conquérir par le pourrissement et s'enrichir par la décomposition des cultures des peuples »[23].

Ces propos édifient sur les raisons pour lesquelles l'Afrique et le Cameroun restent toujours à la traîne, pourtant d'autres pays, à l'instar de ceux d'Asie qui ont pareillement subi les affres de la colonisation européenne se portent plutôt bien. Ces derniers méritent d'ailleurs qu'on s'attarde sur leurs exploits, afin de s'instruire sur les facteurs qui ont facilité leur rayonnement actuel sur l'échiquier international. Aux rangs de ces anciens pays colonisés aux prouesses actuellement remarquables, se démarquent l'Indochine, ancienne colonie des Pays-Bas, l'Union Indienne et le Pakistan fruits de la décolonisation de l'ancienne Inde britannique, de même que les Nouveaux Pays Industrialisés encore appelés dragons, constitués de la Malaise, Singapour, Taiwan, etc. A l'endroit de tous ces pays, la question demeure intacte; quelles stratégies ont-ils mis en place pour faire d'une pierre deux coups, c'est-à-dire arracher aux puissances coloniales leurs indépendances réelles d'une part, et mettre sur pied des économies conquérantes comme les leurs d'autre part ?

Les réflexions et inquisitions sur cette question ont conduit Kpwang à la réponse, mieux à la vérité simple selon laquelle :

> *Contrairement aux Négro-Africains qui ont commis l'erreur fatale de tomber dans le piège des sirènes hypocrites envoyées en avant-garde par les lobbies mercantiles et colonialistes, en l'occurrence les missionnaires dont on sait désormais que l'objectif premier de leur mission était d'enchaîner les consciences des forces intelligentes et productives du continent africain dans la raque de l'aliénation culturelle, les Asiatiques sont restés fidèles à leurs croyances ancestrales. Malgré les efforts titanesques déployés par les missionnaires coloniaux, en Asie pour déconnecter les populations de cette partie du monde de leurs socles culturel avec l'appui des administrateurs coloniaux,* [les Asiatiques] *furent presque*

23. Gabord, cité par A. Samir, Ibid.

insensibles et continuèrent à s'attacher à leurs traditions hindoues, bouddhistes et musulmanes[24].

Autrement dit, la protection des rites et rituels, des coutumes, des mythes… fondateurs des cosmogonies, de même que leurs traditions millénaires, boussole de cette étude, constitue la clef qui a permis aux peuples asiatiques de fermer définitivement les portes à l'exploitation occidentale et surtout d'ouvrir celles de la réussite, du développement. À titre de preuve, les pays asiatiques colonisés comme l'Indochine, l'Inde et l'Indonésie ont ignoré les croyances et l'ésotérisme occidentaux que tentaient de leur imposer les commerçants, les administrateurs coloniaux, les coopérants et les missionnaires. Ils sont restés très liés à leurs socles culturels desquels ils puisaient leurs forces avant-gardistes. Les leaders nationalistes comme Hô Chi Ming en Indo-chine, Nehru et Gandhi pour le Parti du Congrès, Ali Khan et Jinnah Mohammed pour la Ligue Musulmane en Inde et Ahmed Soekarno du Parti National en Indonésie en sont des illustrations éloquentes. Une fois les indépendances politiques acquises, ils se sont jetés dans de rudes batailles économiques, afin de sortir du cercle infernal de la détérioration des termes de l'échange en dotant leurs pays des infrastructures de transformation des matières premières dont ils étaient producteurs. Actuellement, ils jouissent des retombées de leurs politiques réalistes.

On ne saurait parler des peuples asiatiques sans mentionner la géante mondiale qu'est devenue la Chine qui bien que n'ayant pas subi de colonisation, a néanmoins été sujette à plusieurs tentatives sérieuses, mais vaines d'évangélisation. Contre vents et marées, elle est demeurée cramponnée aux savoirs et à la science de Confucius et Lao Tseu[25], leurs deux grands maîtres antiques. Pour davantage montrer leur ténacité face à l'adversité occidentale, des groupuscules secrets d'idéologie ultra nationalistes comme les "Boxers, "La Main Rouge" ou "La voix de l'empereur" n'ont pas hésité à violenter les missionnaires qui projetaient la mise en lambeaux de la grande Chine après lui avoir dicté les fameux "traités inégaux". Cette politique revêtit finalement le nom de "break up of China"[26]. Aujourd'hui, c'est un secret de polichinelle

---

24. Robert Kpwang-Kpwang, « La Jeunesse d'Afrique noire d'aujourd'hui et l'impératif de redécouverte et de la renaissance culturelles », in *Revue internationale des arts, lettres et sciences sociales (RIALSS)*, vol. 1, n°4, Africana Publications, 2011, p. 359.
25. « Religions chinoises », *Microsoft Encarta 2011*, Microsoft Corporation, 2011
26. URL : www.chine-informations.com/guide/chine-le-break-up-of-china_1398.html.

que la Chine se hisse parmi les plus grandes puissances du monde et qu'elle force l'admiration par ses exploits dans la médecine traditionnelle, etc.

Qui plus est, l'exemple du Japon qui, à l'instar de la Chine n'a pas fait l'objet de colonisation européenne, fait aussi école. Ce pays a pareillement contré les élans évangélisateurs occidentaux au lendemain de son ouverture, précisément à l'exorde de l'ère Meiji (1868) qui fut marquée par l'envoi de ses fils en Europe du Nord-Est et en Amérique du Nord pour acquérir la science et la technologie. Mais rassurés par leurs convictions culturelles et solidement ancrés dans leurs traditions shintoïstes, ils restèrent irréductibles face aux assauts du christianisme des Occidentaux et n'acceptèrent d'eux que la science et ses applications matérielles grâces auxquelles les peuples de ces régions du globe tirèrent profit de la révolution industrielle.

À l'opposé de l'Asie, l'Afrique et présentement le Cameroun ont plutôt été un terrain fertile à l'entreprise destructive des administrateurs coloniaux à tous points de vue. Ils ont mis leur machine en marche à travers la purge systématique des richesses politiques, économiques et exclusivement culturelles au moyen de l'évangélisation, du système éducatif négationniste des valeurs endogènes et du système administratif prébendier. Les âmes disposées à défendre ces richesses telles Um Nyobe, Felix Moumié ou Ernest Ouandié, Manga Bell... qui leur faisaient écran ont été rayés de la carte[27] pour ne laisser la vie sauve qu'aux marionnettes qui servaient de faire-valoir, aux lobbies mercantiles de l'Occident. Une atmosphère si polluée ne pouvait évidemment pas générer et entretenir une politique de développement à même de tirer le pays du cercle vicieux de la détérioration des termes de l'échange ; défit que l'Asie a pourtant relevé grâce à son assurance, la confiance en elle et en ses potentialités et ses valeurs culturelles. Abondant dans le même sens Kpwang, relève pour déplorer cette situation ; en précisant que lorsqu'est venue l'heure de la construction du pays,

> *les experts et coopérant auxquels ils [les Camerounais] avaient entièrement confiance, ne faisaient que les embobiner dans des projets gigantesques et des investissements prestigieux qui se sont révélés comme de simples "éléphants blancs". La Cellulose du*

---

27. Yves Benot, *Massacres coloniaux: 1944-1950: la IVe République et la mise au pas des colonies françaises*, Paris, La Découverte/Poches, 2005, p. 37.

Cameroun (CELLUCAM) et l'aéroport international de Yaoundé-Nsimalen [...] au Cameroun [...] sont autant des exemples parmi tant d'autres de ces projets qui ont engloutis des sommes pharaoniques mais qui, en fin de compte n'ont fait qu'accentuer le mal développement[28].

De ces propos, on comprend que la recette que le Cameroun, en un mot l'Afrique devrait appliquer à son mal-développement se trouve dans la confiance en soi et non aux autres, la confiance en ses valeurs endogènes qui sont lovées dans les croyances, pensées, habitudes, pratiques de ses aïeux. Pour mieux cerner cette notion de confiance en soi capitale au développement camerounais et africain en général, Obenga précise lors d'une conférence intitulée "La fin de l'Africanisme" tenue le 27 juillet 2002 à paris dans la salle de la "Maison des Mines" ce qui suit :

Avoir confiance, c'est se fier à soi-même, ne pas permettre à autrui de prendre soin de vos problèmes personnels ou communautaires. La confiance en soi est une espèce de sentiment de sécurité. Le manque de sécurité expose à tous les dangers, à tous les risques d'agression physique et psychologique, à tous les inconvénients, à tous les périls. Les individus ou les peuples qui n'ont pas grande confiance en eux-mêmes sont souvent fragiles, vulnérables, donnant facilement prise à des attaques, des agressions, des assauts. La conquête des esprits, des mentalités des individus ou des peuples qui ont perdu confiance en eux-mêmes est facile . développement[29].

Et l'observation du quotidien des Camerounais illustre avec brio ce manque de confiance en soi. Ils abandonnent par fantaisie leurs langues, leurs us et coutumes, leurs traditions et leurs croyances religieuses millénaires, pour se ruer vers ceux d'importation étrangère. Il leur paraît plus aisé de consommer des produits déjà finis et élaborés avec conviction par les autres peuples. Ce qui fait d'eux des éternels consommateurs à la merci des producteurs.

---

28. Robert Kpwang-Kpwang, « La Jeunesse d'Afrique noire d'aujourd'hui et l'impératif de redécouverte et de la renaissance culturelles », op. cit., pp. 361-362.
29. Obenga, cité par Kwpang, op. cit., p. 260.

Pourtant la solution du développement camerounais ne réside aucunement dans cette facilité. Elle consiste à avoir le courage de se débarrasser des toutes les formes de croyances imposées par les colonialistes européens et qui régissent actuellement les vies des populations. En tirant leçon de la situation chaotique de dépendance et du sous-développement dans lesquels baigne le pays comparé à la réussite économique de l'Asie, on peut théoriser qu'il n'existe pas d'issue favorable pour tout peuple qui bannit la prise en compte de ses ressources culturelles endogènes dans sa tactique de développement.

Pour convertir la théorie en pratique, les générations actuelles, puisque c'est dans leurs mains que repose désormais le sort du pays, ont l'ultime devoir d'opérer une révolution copernicienne afin de se ré-imprégner de leurs ressources culturelles précoloniales, que du reste la mondialisation ne cesse de diluer. Ils y puiseront la confiance et l'assurance dont ils ont besoin pour affronter les nouveaux défis de développement qui leur incombe.

Pour traduire ces paroles par quelques faits significatifs, il est par exemple question pour l'enseignement de devenir plus pragmatique en intégrant et a-daptant à parts équitables les valeurs et aspirations de la société tradition-nelle, dans ses objectifs, ses contenus et ses méthodes et ce, en dépit des insuffisances reconnues à ces sociétés traditionnelles, notamment dans le domaine de la technologie. Ce syncrétisme concret est d'autant plus pertinent et nécessaire pour le développement endogène qu'« autant l'endogénéité est synonyme d'enracinement de l'individu dans son patrimoine culturel, autant cet enracinement lui permet de prendre les distances requises pour mieux apprécier à la fois les valeurs de ce patrimoine et celles des cultures autres que les siennes »[30]. Ces explications de Mballa Owono[31] pourraient se tra-duire par l'introduction tiède dans les écoles des langues camerounaises, qui gagneraient à faire l'objet d'une attention particulière des pouvoirs publics, s'ils veulent remonter la pente et redorer le blason du niveau d'éducation et surtout des langues (y compris les langues officielles) des Camerounais qui va chaque jour diminuendo. En fait, les langues identitaires constituent le

---

30. Marie Madeleine Mbondji-Mouelle, « Plurilinguisme et partenariat linguistique en didactique du français langue seconde (FLS) au Cameroun », in *Syllabus Review*, vol. 3, n° 1, 2012, p. 150.
31. Rigobert, Mballa, Owono, *Éducation traditionnelle et développement endogène en Afrique centrale*, Yaoundé, Éditions, CEPER, 1990, p. 8.

premier vecteur de la culture d'un peuple. Les locuteurs qui maîtrisent l'organisation de leurs langues locales sont bien immergés dans leurs réalités socioculturelles et de fait possèdent les rudiments indispensables à la bonne maîtrise d'autres langues et cultures étrangères[32]. On devrait retrouver dans des établissements scolaires des apprenants qui inter-agissement efficacement dans les langues nationales, qui savent décrypter le langage du tam-tam, des animaux ou des odeurs, qui retracent comme par le passé leurs généalogies, qui maîtrisent les rituels des contes, proverbes, maximes, mythes, énigmes, l'art de l'éloquence oratoire traditionnelle... qui au finish mettent en valeur l'étonnant trésor dont jouit le peuple camerounais et lui permettent d'acquérir la confiance en lui, en ses immenses potentialités ; une assurance qui pourra lui permettre de considérer tout ce qui vient d'ailleurs avec plus de cartésianisme.

Pour plus de résultats, l'enracinement et la vulgarisation à travers les technologies numériques de l'information et de la communication dont Internet pourront leur permettre d'élargir leurs domaines d'action. Pour couronner le tout, l'arrimage aux canaux didactiques modernes comme l'enseignement à distance, de même que d'autres moyens plus à jour comme les CLOM, etc. constituera certainement une bouffée d'oxygène supplémentaire à la promotion des valeurs nationales. Cela évitera aux Camerounais de se laisser de nouveau emporter par le vent de l'acculturation au profit de celui de l'inculturation et leur fournira de ce fait un sous-bassement solide au développement. La faillite économique, politique et sociale dont fait actuellement l'objet le Cameroun constitue une occasion précieuse pour lui de prendre acte de l'échec des bases exogènes sur lesquelles ses politiques de développement reposaient jusque-là. Et ceci lui permettra de changer de stratégie et de repartir sur de nouvelles fondations qui cette fois lui donneront l'occasion de se réapproprier des connaissances scientifiques du terroir, désormais condition sine qua non du développement du Cameroun et du continent tout entier.

Pour ce faire, il faudrait davantage songer à conserver les traces écrites des religions et traditions dans des compilations semblables à la Bible ou le Coran, afin qu'elles orientent quiconque voudrait s'en approprier. A défaut

---

32. Ladislas Nzessé, « Politique linguistique et éducative au Cameroun et insécurité de la langue française », in *Francophonia*, n° 014 Universidad de Cadiz Espana, 2005, pp. 174-175.

de remplacer les fêtes religieuses importées (épiphanie, noël, fête du mouton, la fête du ramadan, vendredi saint, ascension, assomption…) par les fêtes traditionnelles endogènes telles le Ngondo, le nguon, le mangwa arts, ces dernières devraient également être officialisées, célébrées, faire l'objet de journées fériées chômées et payées[33]. De telles entreprises boosteront non seulement leur enracinement, mais également leur vulgari-sation à travers les nouveaux médias (Internet, tablettes, téléphones, …) et empêcheront ainsi que l'on retombe dans le gouffre où se trouvent les cultures pourtant très diverses et riches de l'Afrique en miniature que constitue le Cameroun.

Par ailleurs, les jeunes ne devraient plus s'éloigner des vieillards, véritables détenteurs des connaissances, mais sur qui les missionnaires coloniaux mal intentionnés ont fini par jeter l'opprobre et l'anathème en les taxant de sorciers. Ce qui a amené les populations à les placer au banc de la société, tels des parias.

En dehors des vieillards, il existe d'autres trésors ancestraux aux sources desquels les jeunes peuvent s'abreuver, à l'instar de la dématérialisation et de la téléportation qui, d'après Kpwang « ne relève ni de la fiction, ni de l'imagination fantasmagorique, mais des faits bien réels qui se déroulent chaque nuit dans les villages Ekang du Sud-Cameroun »[34]. Toujours dans cette localité, la pratique mystique du « Ngal Mveng » permet d'apprivoiser la foudre et d'en faire une arme redoutable capable d'atteindre des cibles, quels que soit l'endroit où elles se trouvent. Ces sciences détenues par les peuples initiés des forêts du Sud-Cameroun particulièrement contribuent à résoudre d'une autre façon les problèmes ponctuels qui nécessitent le déploiement d'énormes ressources financières, matérielles, humaines, logistiques… Cet art semble bien réel chez ces peuples de forêt et ce ne sont pas les actualités qui meublent le pays qui le démentiront. En fait, devant les exactions de plus en plus fréquentes, violentes et inhumaines du groupe terroriste Boko Haram dans la région de l'Extrême-Nord du Cameroun, un comité formé de 26 chefs traditionnels de la région de l'Est ont, dans un élan de solidarité, officiellement demandé au mois de juillet 2015 au Chef de l'État, l'autorisation

---

33. Gisèle Piebop « Langues nationales camerounaises et insécurité linguistique », op. cit., p. 351..

34. Robert Kpwang-Kpwang, « La Jeunesse d'Afrique noire d'aujourd'hui et l'impératif de redécouverte et de la renaissance culturelles », op. cit., p. 366.

d'user de la foudre pour en découdre avec cette organisation sans foi ni lois qui trouble la paix du pays sans raison.

Dans le même sillage, on peut relever pour le compte des forces de la tradition camerounaise à exploiter par les jeunes afin de s'instruire de leurs sagesses, les « Maîtres de la terre » des sociétés Kirdi, connus sous le nom de Wang-Siri chez les Toupouri. Il en est de même des initiés du Ngondo, qui pénètrent dans les eaux sacrées du *Nbanya* pour communiquer avec les ancêtres ou *Miengu*[35] et reviennent transmettre les messages de ces derniers aux vivants, ou encore les 7 notables bamoun qui constituent les bras séculiers du *Ngouon*. On pourrait aussi mentionner les vrais chefs bassa, à l'instar des Mbombog, de même que les grands notables et les maîtres des sociétés secrètes bamiléké de l'Ouest Cameroun dont la mission est d'initier les chefs La'akam... qui ne sont pas en reste, car ils possèdent pareillement des repères et des potentialités dont les générations actuelles gagneraient à s'approprier en héritage bien pesé à léguer à eux par les ancêtres. La possession et la maîtrise de tous ces atouts leur procureront la confiance en eux-mêmes, cet élément cardinal permettant de s'auto-valoriser, et de rompre avec les chaînes de la dépendance. Ils suivront ainsi les pas de la Grèce ou des pays émergents asiatiques dont les acquis grandioses devenus positifs dont ils ont joui et continuent de jouir passent pour être des productions de la confiance en eux-mêmes.

Conclusion

De la précédente analyse, il ressort que les langues, traditions et religions naturelles du peuple camerounais décrivent à merveille ce peuple qui du reste regorge de potentialités immenses. Malheureusement ces richesses restent inexploitées. Ces derniers demeurent attirés par les langues et cultures étrangères, fruits des stratégies savamment élaborées par les agents de la colonisation et qui reposent sur les avantages multiformes : Internet, allègement des mœurs, émancipation, opportunités de travail, rémunération importante... Pris dans ce piège de bâillonnement de leurs cultures, ils se laissent assimiler, perdent l'assurance en eux qui leur aurait permis de s'affirmer, de promouvoir les richesses endogènes et de contrer de ce fait l'hégémonie des

---

35. Valère Epée (Ebele Wei), *Le paradis tabou. Autopsie d'une culture assassinée*, Douala, Éditions CERAC, 2000.

Étrangers. Cette aliénation culturelle produit des conséquences néfastes sur l'avenir du pays et du continent, car contrairement à l'Asie qui a aussi connu la colonisation mais qui a trouvé sa voie, les Africains ne parviennent toujours pas non seulement à se libérer véritablement de l'Occident, mais également à engager une voie de développement des Etats. Les compagnons de déboire de colonisation du Cameroun d'hier (Inde et Pakistan, Indochine, Indonésie...) sont de nos jours devenus des Nouveaux Pays Industriels ou dragons ; parce qu'ils ont emprunté une démarche contraire à celle de l'Afrique en restant attachés à leurs valeurs ancestrales et en se dotant de solides bases arrières où ils ont puisé la force nécessaire leur permettant de devenir les maîtres des politiques nationales souveraines. Ils sont la preuve irréfutable de ce qu'il n'y a pas de développement sans sous bassement culturel. Les générations actuelles du Cameroun en particulier et d'Afrique en général gagneraient donc à s'inspirer de ces records en alliant à leur tour le cogito à l'ésotérisme ancestral. Et à cet effet, il faudrait qu'ils soient suffisamment initiés auprès des dépositaires et protecteurs des traditions africaines sub-sahariennes. Que perd-t-on à s'y mettre ? Le musicien camerounais Longue Longue ne déclare-t-il pas qu' « il ne faut jamais avoir honte d'imiter le bon exemple » ? Au regard des dégâts considérables dont font actuellement l'objet l'héritage culturel endogène, les résultats escomptés ne peuvent pas viser le court terme. Raison pour laquelle le Cameroun et l'Afrique doivent cultiver la patience et s'y mettre, s'ils veulent recouvrer leur dignité, se faire respecter et du même coup marquer en lettres d'or l'apport de la civilisation de l'oralité à l'édification de la civilisation de l'universel vers laquelle tendent tous les peuples depuis quelques décennies.

Gisèle PIEBOP, Ph.D

Bibliographie

BENOT, Yves, *Massacres coloniaux: 1944-1950: la IVe République et la mise au pas des colonies françaises*, Paris, La Découverte, 2005.

BITJA'A KODY, Denis, Zachée, « Émergence et survie des langues nationales au Cameroun », in *Trans*, n° 11, 2001 [en ligne], Internet-zeitschrift für Kulturwissen shaften-
URL : http: www.inst.at/trans/11Nr/kody11.htm

---, *La Dynamique des langues camerounaises en contact avec le français : Approche macrosociolinguitistique*, thèse de doctorat 3eme cycle, Yaoundé, Université de Yaoundé I, 2004.

CALAMÉ GRIAULE, Généviève, *Langage et cultures africaines, essai d'analyse ethno stylistique*, Paris, Maspero, 1977.

CALVET, Louis–Jean, « L'avenir des langues africaines en liaison avec les problèmes de développement », in I. Ndaywel E Nziem y J. Kilanga Musinde, (dir.), *Mondialisation, cultures et développement*, Paris, Maisonneuve et Larose, 2005, pp. 229-236.

CHINDJI, KOULEU, Ferdinand, *Négritude, philosophie et mondialisation*, Yaoundé, Éditions CLE, 2001.

EBELE WEI, Valère, Epée, *Le paradis tabou. Autopsie d'une culture assassinée*, Douala, Éditions CERAC, 2000.

FOUCART, Stéphane « Un comité d'experts s'alarme du nivellement linguistique mondial », *Le Monde* du 02 avril 2003, pp. 26-27.

HIMA, Mariama, *Sagesse africaine*, Paris, La Table Ronde, 2003.

KPWANG-KPWANG, Robert, « La Jeunesse d'Afrique noire d'aujourd'hui et l'impératif de redécouverte et de la renaissance culturelles », in *Revue internationale des arts, lettres et sciences sociales (RIALSS)*, vol. 1, n°4, Africana Publications, 2011, pp. 344-369.

Loi n° 98/94 du 14 avril 1998 d'orientation de l'éducation au Cameroun.

MBA, Gabriel, CHIAH, Blasius, «Current trends and perspectives for mother tongue education in Cameroon », *African Journal of Applied Linguistics (AJAL)*, n° 1, 2000, pp. 1-21.

MBALLA, OWONO, Rigobert, *Éducation traditionnelle et développement endogène en Afrique centrale*, Yaoundé, Éditions CEPER, 1990.

MBONDJI-MOUELLE, Marie-Madeleine, « Plurilinguisme et partenariat linguistique en didactique du français langue seconde (FLS) au Cameroun », in *Syllabus Review*, vol. 3, n° 1, 2012, pp. 127-152.

MICROSOFT CORPORATION, « Religions chinoises », in *Microsoft Encarta*, 2011.

MULAGO, Gwa Cikala Vincent, *La religion traditionnelle des bantu et leur vision du monde*, Kinshasa, FTC, 1980.

NZESSÉ, Ladislas, « Politique linguistique et éducative au Cameroun et insécurité de la langue française », *Francophonia*, n° 014, Universidad de Cadiz Espana, 2005, pp. 173-187.

PANOFF, Michel et PERRIN, Michel, *Dictionnaire de l'ethnologie*, Paris, Payot, 1973.

PIEBOP, Gisèle, « Commission nationale pour le bilinguisme et le multiculturalisme : un dérivatif ou une aubaine ? », *MASHAMBA, Linguistique, didactique en Afrique des grands lacs*, vol. 1, n° 1, 2020, pp. 35-62. URL : https://www.revues.scienceafrique.org/mashamba/texte/piebop2020

---, « Socio-pragmatique de la salutation en Mengaka A l'épreuve du temps », in *Revue Algérienne des Sciences du Langage (RASDL)*, vol. 4, n° 9, 2020, pp. 206-245.

---, « Correlats sociolinguistiques des emprunts anglais en Mengaka et en français », in *Variations et contacts dans l'espace francophone : perspectives linguistiques littéraires et didactiques. Revue romaine des études francophones*, n° 9-10, 2019, pp. 218-238.

---, « Langues nationales camerounaises et insécurité linguistique », in *L'Insécurité linguistique dans les communautés anglophones et francophones du Cameroun*, Paris, L'Harmattan, 2018, pp. 333-356.

---, *Contacts de langues et appropriation du français dans l'oeuvre Romanesque de Camille Nkoa Atenga*, Thèse de doctorat, Yaoundé, Université de Yaoundé I, 2014.

SAMIR, Amin, *La faillite du développement en Afrique et des le Tiers-monde. Une analyse politique*, Paris, L'Harmattan, 1989.

TADADJEU, Maurice, « Pour une politique d'intégration camerounaise. Le trilinguisme extensif », in *Actes du colloque sur l'identité culturelle camerounaise*, Yaoundé, MINFOC, 1985, pp 187-201.

TADADJEU, Maurice, GFELLER, E., MBA, Gabriel., *Manuel de formation pour l'enseignement des langues nationales dans les écoles primaires* (PROPELCA, 32), Yaoundé, Université de Yaoundé, 1988.

Wikipedia, Religion au Cameroun.
URL : https://fr.wikipedia.org/wiki/Religion_au_Cameroun

Pour citer cet article :

Gisèle PIEBOP, « Ressources traditionnelles et religieuses au secours d'une société camerounaise prise dans l'étau de l'aliénation », *Revue Legs et Littérature,* n° 17, vol. 2, 2021, pp. 53-81.

Mia Couto : un état des lieux de l'État postcolonial du Mozambique

Salima KHATTARI est professeure habilitée de l'enseignement supérieur à la Faculté des Sciences de l'éducation de Rabat en Études françaises et éducation au Maroc. L'ensemble de ses travaux porte sur la question de l'identité dans les littératures francophone, lusophone (traduite en français) et turque (en l'occurrence les auteurs turcs dont les textes sont traduits en français). Ses travaux ont fait l'objet de nombreuses publications au Maroc et à l'étranger.

Résumé

L'Afrique a toujours été vue comme l'antithèse sur fond duquel l'Occident se représente ses propres normes et élabore une image de lui-même. Le continent noir se trouve enfermé dans un ensemble de signifiants dont il ne fait pas partie et devient donc « ce quelque chose d'inventé ». Il s'agit de cette Afrique famélique et endettée, gangrenée par les épidémies et ruinée par des dictateurs corrompus. Dès lors, Achille Mbembe appelle à « rompre avec ces positions de facilité » et à penser autrement l'Afrique et à réfléchir sur « l'éco-nomie de la violence » qui est à l'origine du déclin de l'Afrique. Comment concevoir le pouvoir en Afrique ? Comment envisager les causalités entre pouvoir et production, sachant que les corrélats pouvoir, violence et accumulation caractérisent la notion de gouver-nance. Dans ce sens, nous avons choisi de nous pencher sur le roman de Mia Couto à savoir Le Dernier vol du Flamant.

Mots clés

Mozambique, post-colonialité, Afrique, violence, pouvoir

MIA COUTO : UN ÉTAT DES LIEUX DE L'ÉTAT POSTCOLONIAL DU MOZAMBIQUE

L'Afrique a toujours été vue comme l'antithèse sur fond duquel l'Occident se représente ses propres normes et élabore une image de lui-même. Le continent noir se trouve enfermé dans un ensemble de signifiants dont il ne fait pas partie et devient donc « ce quelque chose d'inventé »[1]. Il s'agit de cette Afrique famélique et endettée, gangrenée par les épidémies et ruinée par des dictateurs corrompus. Dès lors, Achille Mbembe appelle à « rompre avec ces positions de facilité »[2] et à penser autrement l'Afrique[3] et à réfléchir sur « l'économie de la violence » qui est à l'origine du déclin de l'Afrique. Comment concevoir le pouvoir en Afrique ? Comment envisager les causalités entre pouvoir et production, sachant que les corrélats pouvoir, violence et accumulation caractérisent la notion de gouvernance. Dans ce sens, nous avons choisi de nous pencher sur le roman de Mia Couto à savoir *Le dernier vol du Flamant*[4]. Rappelons que le Mozambique fut le théâtre, pendant seize ans, d'une sanglante guerre civile. Par la suite, le relai sera pris par un gouver-

1. Achille Mbembe, *De la postcolonie, essai sur l'imagination politique dans l'Afrique contemporaine*, Paris, Karthala, 2000, p. 9.
2. Ibid., p. 10.
3. La pensée d'Achille Mbembe se veut prophétique dans la mesure où, selon la judicieuse expression de Jean-François Bayart, « elle insiste sur l'humanité-à-venir », ne serait-ce que par l'abolition de la boulimie du pouvoir, de la misère et de l'humiliation.
4. Mia Couto, *Le dernier vol du flamant*, [Trad. Elisabeth Monteiro Rodrigues], Paris, Chandeigne, 2009.

nement, qui loin de faire de l'édification nationale et du développement ses priorités, perdure dans la violence et dans l'accumulation des richesses.

À Tizangara, petit village situé au Mozambique, les Casques bleus de l'ONU sont stationnés afin d'assurer le retour au calme après une longue période de turbulences ayant secoué le pays. Mais voici que d'étranges événements surviennent au cours des dernières semaines et viennent quelque part troubler la présence de l'étranger sur le sol mozambicain : les soldats onusiens explosent, seuls leur casque bleu et leur pénis sont retrouvés sur le lieu du crime. Ne s'agissant pas d'autochtones, comme le fait remarquer la prostituée Ana Deusqueira sollicitée pour l'identification du sexe qui sait de l'un de ces précédents clients, l'affaire fait couler beaucoup d'encre et arrive jusqu'aux Nations-unies qui décident de dépêcher sur place un enquêteur italien, Massimo Risi : « Des milliers de Mozambicains sont morts, jamais nous ne vous avons vus ici. Maintenant, cinq étrangers disparaissent et c'est déjà la fin du monde ? »[5].

Cela ne va pas sans inquiéter l'administrateur de Tizangara Jonas Estevaos, ancien révolutionnaire porté au pouvoir à l'issue des bouleversements politiques traversés par le pays, qui voit mal l'ingérence des étrangers dans les affaires politiques troubles de son village. Aussi décide-t-il de dépêcher à son tour un traducteur (le narrateur en l'occurrence) qui sera les yeux et les oreilles de l'envoyé onusien comme ceux de son peuple comme l'atteste ce dernier : « C'est que j'ai besoin de me débarrasser de ces souvenirs comme l'assassin se débarrasse du corps de sa victime »[6].

Cette confession du narrateur laisse présager les zones d'ombres du pouvoir local comme celles de l'organisme international qui se targue d'apporter aides et paix au pays et que le récit du narrateur, au fil des pages, éclairera. : « J'ai tout couché sur le papier sous la dictée de ma conscience »[7]. Ces nouveaux agents de l'empire, appelés aussi « étrangers de l'extérieur »[8] ne constituent-ils pas un pouvoir parallèle voire un prolongement du pouvoir colonial ? Leur présence ne laisse-t-elle pas lire la présence d'un nouvel ordre, l'ordre néoco-

---

5. Ibid., p. 31.
6. Ibid., p. 9.
7. Mia Couto, *Le dernier vol du flamant*, op.cit., p. 9.
8. Ibid., p. 149.

lonial qui vient confirmer derechef la dépendance culturelle, économique et politique de l'Afrique ?[9] Ces « étrangers de l'extérieur », afin d'asseoir leur pouvoir, font appel aux « étrangers de l'intérieur » ou encore « les colons de l'intérieur » qui ne sont autres que les gouvernants nationaux. La démarcation extranéité/ interne n'en est pas une étant donné que les intérêts des uns sont servis par ceux des autres et vice versa et démontre une nouvelle fois l'échec de tout mouvement de décolonisation effective auquel participe directement l'absence politique des autochtones. Dans le même ordre d'idées, ce paradigme néocolonial, selon Mamadou Kalidou Ba, « témoigne, d'un côté, de l'incapacité des gouvernants nationaux à prendre leur destin en main et d'un autre côté, de l'hypocrisie d'un Occident qui récupère par la main droite ce qu'il a « généreusement » offert par la main gauche »[10]. Si bien que le peuple mozambicain subit atrocement la misère et l'humiliation. De même, l'évocation du pénis devient, comme le suggère Achille Membe[11], l'effigie du pouvoir, qui revêt le visage de la virilité et dont la vie psychique se résume autour du gonflement de l'organe viril. Comme s'accorde à le reconnaître le sorcier Andorinho : « J'ai déjà vu un homme sans bite, mais maintenant une bite sans homme, excusez-moi ! »[12].

Ainsi le recours au chiasme (un homme sans bite, une bite sans homme) souligne aussi bien le parallélisme (l'ONU est un pouvoir parallèle à celui de Tizangara) que la confusion dans la mesure où l'absence d'identification sème le doute : qui sont les véritables acteurs de la gouvernance du village (rappelons que le village est un microcosme du Mozambique voire de l'Afrique) ? De là se présentent les difficultés de définir l'État en Afrique et cela nous pousse à nous interroger sur sa nature même.

L'État en Afrique : réalité ou fiction

Dans *Le dernier vol du flamant*, le narrateur établit implicitement une comparaison entre les hyènes et les dirigeants nationaux, voici un extrait révélateur

9. Comme le souligne Neil Lazarus (dir.) dans le deuxième chapitre du livre *Penser le postcolonial, une introduction critique* : « Les dirigeants de nombreux états postcoloniaux sont les jouets de forces et de puissances plus grandes au sein du système mondial ». (p. 80).

10. Mamadou Kalidou Ba, *Nouvelles tendances du roman africain francophone contemporain (1990-2000), de la narration de la violence à la violence narrative*, Paris, L'Harmattan, 2012, pp. 44-45.

11. Achille Membe, *De la postcolonie, essai sur l'imagination politique dans l'Afrique contemporaine*, Paris, Karthala, 2000.

12. Mia Couto, *Le dernier vol du flamant*, op.cit., p. 143.

sur l'état de gouvernance au Mozambique : « Non pas des hyènes à proprement parler, mais des hyènes inauthentiques, des bêtes métissées avec des hommes et dont les têtes étaient celles des chefs du village. Les dirigeants politiques défilaient là avec un corps de bête. Chacun tenait dans ses babines, des côtes, des vertèbres, des mâchoires »[13].

L'ensemble des synecdoques (têtes, corps, babines, côtes et mâchoires) contribue à mettre en relief la pratique générale du pouvoir. Mais encore, les dirigeants politiques sont animalisés, ce qui met en relief l'appétit insatiable de la classe dirigeante à s'enrichir au détriment du peuple. Cela ne va pas sans rappeler « le war- making, selon Mbembe, qui constitue le ressort même de la construction de l'État (« state formation »). En effet, l'amplification des inégalités participe en fait à l'expansion du pouvoir de l'État, qui est détourné, colonisé voire subverti de l'intérieur par ses agents. La répétition du verbe voler que nous relevons dans l'extrait suivant, « C'est que nous volons et revolons, (poursuivit l'hyène). Nous volons l'État, nous volons le pays jusqu'à ce que seuls subsistent les os », conforte cette thèse[14].

La construction anaphorique met l'accent sur le caractère prédateur de l'État. De même il conviendra de définir l'État prédateur comme un État qui « se nourrissant de la société, ne rend pas à cette dernière des services suffisants pour justifier son existence »[15]. Aussi l'État devient une prédation, à son tour, car les prédateurs y prélèvent de l'argent à leur profit personnel, sous prétexte que leur position les autoriserait à toute prébende.

Il appert que le schéma traditionnel de la communauté politique n'existe pas en Afrique, car la légitimité du pouvoir fait défaut vu l'absence d'une relation légitime entre dirigeants et dirigés. De plus le pouvoir appelle la production, or la mise en production dans le continent noir se fait à travers les inégalités économiques instaurées par la classe politique comme s'accorde à le reconnaître le narrateur dans *Le dernier vol du flamant* : « Ceux qui nous dirigeaient à Tizangara engraissaient à vue d'œil, volaient les terres aux paysans, se soûlaient sans respect. La convoitise était leur plus grand commandement »[16].

13. Ibid., p. 191.
14. Ibid., p. 191.
15. Jean-François Médard, « L'État patrimonialisé », *Politique africaine* n°39, septembre 1990, p. 25.
16. Mia Couto, *Le dernier vol du flamant*, op. cit., p. 105.

Dès lors, l'insolence affichée par la classe dirigeante met en valeur la violence du pouvoir, violence, comme le suggère Mbembe, utile pour sa pérennité et productive pour les agents de l'État[17]. Mais encore, ce dernier relève trois types de violence à savoir « la violence active » qui s'exprime à travers la répression, « la violence passive » qui révèle l'incapacité de l'État à gouverner efficacement et à gérer le patrimoine dont il possède le contrôle et enfin « la violence dégénérative » dans laquelle la violence devient une fin en soi. Pour en revenir au Mozambique, dans lequel se déroule l'histoire du roman, la violence dans laquelle règne le pays vient à la suite de la faillite du gouvernement Frelimo et à l'opposition paysanne au sein de laquelle naît la montée de l'action terroriste, la Renamo. Par ailleurs, cette escalade de la violence engendre la confusion rendue sensible par le chiasme suivant : « À Tizangara, tout se mélangeait : la guerre des affaires et les affaires de guerre »[18].

Par conséquent, cette confusion sert les intérêts du pouvoir, qui n'hésite pas à faire du peuple son bouc émissaire. Cependant, ce dernier n'est pas démuni de jugement critique et de clairvoyance comme le démontrera le chapitre « les révélations » dans lequel l'origine des explosions est connue :

> *À la fin de la guerre, il restait, oui un certain nombre de mines. Pas assez toutefois, pour prolonger longtemps les projets de déminages. L'argent détourné de ces projets était une source de recettes dont les seigneurs locaux ne pouvaient se passer (...) Ils plantaient et arrachaient les mines. Avec quelques morts au passage, qui tombaient bien d'ailleurs, pour donner davantage de crédit. Et puis c'étaient des anonymes au sein d'une nation africaine dont le monde connaissait à peine le nom. Qui s'en préoccuperait ?*[19]

L'ironie dont fait preuve le père Muhando dessine un pouvoir sans scrupule, qui n'hésite pas à sacrifier des vies humaines pour satisfaire sa soif d'argent et

17. importe de souligner que cette violence devient pour ainsi dire l'objet unique du désir, comme l'a déjà affirmé Hobbes : « L'objet du désir de l'homme n'est pas de jouir une seule fois et pendant un seul instant, mais de rendre à jamais sûre la route de son désir futur ». Cité par Charles Zarka, *La décision métaphysique de Hobbes*, Paris, Vrin, 1987, p. 32.

18. Mia Couto, *Le dernier vol du flamant*, op. cit., p. 174.

19. Ibid., p. 174.

par la même occasion qui n'hésite pas à convoquer l'irrationnel sous toutes ses formes pour oblitérer ses crimes. Comme le suggère la lecture du roman, l'État devient un système abstrait dans lequel chacun se crée une sphère privée lui nuisant. C'est ainsi que les frontières entre la sphère privée et politique s'effritent et donnent naissance, selon Max Weber, au « patrimonialisme ». « Le patrimonialisme » « est un type idéal de domination traditionnelle fondé sur l'absence de différenciation entre le public et le privé »[20]. Cet ensemble de pratiques caractéristiques de l'État africain engendre à son tour corruption, clientélisme et prébendalisme et s'oppose au développement institutionnel de l'État.

La politique du ventre ou le lexique de la dérision politique

La politique du ventre est une expression camerounaise, qui est une allégorie traduisant l'accumulation de richesses grâce à la détention d'une position de pouvoir politique ou de pouvoir symbolique (sorcellerie ou autre). La politique du ventre renvoie aux deux concepts vus ci-dessus développés par Max Weber et qui sont la prédation et le patrimonialisme. C'est ainsi qu'un vaste champ lexical de la nourriture se développe dans le texte entre autres :

> *Me serais-je mis à partager la marmite des gros bonnets, à*
> *bénéficier de leur cuisinière ?*[21]
> *L'appétit est grand et les yeux sont petits. Ou, comme on dit ici :*
> *l'âne mange des épines avec sa langue douce*[22].
> *La nuit, ils s'agenouillaient à leurs pieds, échangeant des faveurs*
> *contre des miettes*[23].

Le recours aux adages (nombreux dans le roman) est à lire comme un argument d'autorité qui n'est point réfutable et qui vient décrire l'état de l'État africain. De même, tout rapport à la bouche, au ventre ou au pénis est un discours sur le monde et sur la richesse. Le potentat est engagé dans une activité constante de production d'une image de lui-même et du monde qu'il présente comme une vérité incontestable devant être inculquée à ses sujets dans le but de les accoutumer à l'ordre et à l'obéissance. Néanmoins, c'est cet

---

20. Max Weber cité par Jean-François Médard, « L'Etat patrimonialisé », op. cit. p. 29.
21. Mia Couto, *Le dernier vol du flamant*, op. cit., p. 24.
22. Ibid., p. 160.
23. Ibid., p. 105.

ordre du monde que le rire populaire bouscule en empruntant des formalités ou des langages qui miment et amplifient l'obscénité et les excès officiels. C'est à travers les jeux carnavalesques que les cultures non officielles inversent les valeurs officielles et les profanent.

Mais encore parler de culture populaire revient à évincer la dimension de l'action avec ce que cela implique en matière de social, de politique et d'économique au profit d'une problématique neuve que Bayart nomme « le politique par le bas »[24]. Si le régime du parti unique doit l'essentiel de son intelligibilité au regard d'un processus appelé « recherche hégémonique » et qui se bâtit dans la construction d'un espace de domination et d'accumulation des richesses, le peuple, quant à lui, fabrique des modes populaires qui relèvent du non-dit et de l'insaisissable , car « le peuple ne leur pardonne pas de ne pas répartir les richesses »[25] et il peut « brusquement devenir le feu qui va nous brûler »[26] comme l'atteste Jonas Estevao l'administrateur du village.

Cette réflexion pourrait être développée à la lumière de la distinction opérée par Certeau entre « stratégies » et « tactiques »[27] :

> *J'appelle stratégie le calcul (ou la manipulation) des rapports de force qui devient possible à partir du moment où un sujet de vouloir et de pouvoir [...] est isolable [...] j'appelle tactique l'action calculée que détermine l'absence d'un propre [...] Elle n'a donc pas la possibilité de se donner un projet global ni de totaliser l'adversaire dans un espace distinct, visible et objectivable [...] Ce non-lieu lui permet sans doute la mobilité qu'offre un instant. Il lui faut utiliser, vigilante, les failles que les conjonctures particulières ouvrent dans la surveillance du pouvoir propriétaire. Elle y braconne [...] Elle est ruse. En somme, c'est un art du faible[28].*

Nous aurons compris que la tactique se caractérise par l'absence de pouvoir, contrairement à la stratégie qui est déterminée par la présence d'un lieu dans lequel s'exerce le pouvoir.

---

24. Jean-François Bayart, Achille Mbembe, Comi Toulabor, *Le politique par le bas en Afrique noire : contribution à une problématique de la démocratie*, Paris, Karthala, 1992.
25. Mia Couto, *Le dernier vol du flamant*, op. cit, p. 162.
26. Ibid., p. 91.
27. Certeau cité par Jean-François Bayart, Le politique par le bas en Afrique noire, op.cit., p. 10.
28. Ibid., p. 10.

Afin d'expliciter davantage cette idée, revenons sur le chapitre du roman intitulé « l'oisillon dans la bouche du crocodile ». Le titre suggère déjà le rapport conflictuel entre l'appareil étatique et le peuple, un conflit qui n'est pas égal étant donné que la balance penche du côté du plus fort, celui qui a su se créer un espace dans lequel s'exerce son pouvoir. Pour épouser la thèse de Certeau, l'oisillon va profiter d'un moment favorable pour échapper au méchant crocodile. Mais encore, l'image sera étoffée lorsque Ana Deusqueira évoquera : « ces petits oiseaux qui se posent sur le dos des hippopotames. Leur petite taille fait leur grandeur. C'est celui-là notre art, notre manière de nous rendre plus importants : épouiller le dos des puissants »[29].

L'antithèse petitesse/grandeur contribue à mettre en exergue la prise de revanche du peuple sur l'État mais aussi une manière de le tourner en dérision, ce à quoi réfère le verbe « épouiller » qu'il faudrait lire au deuxième degré : les poux suggèrent la saleté, si ce n'est les mains sales du pouvoir comme cet « homme visqueux, servile-lèche-bottes », allusion à Chupanga, l'adjoint administrateur du village.

Mais encore, la convocation des animaux dans le roman, même s'ils ne sont pas narrateurs, met en scène un art (« notre art, comme il question ci-dessus) de la remise en cause voire de la dénonciation. Le récit devient donc un véritable discours du décentrement où l'animal devient un être visible, un témoin et finit par s'inscrire dans un projet esthétique et politique susceptible de repenser l'histoire/l'Histoire. Par sa fonction testimoniale et idéologique, l'animal corrige le regard du lecteur en mettant l'accent sur la dimension animale de l'homme. Rappelons-nous le rapprochement, vu précédemment, que fait le narrateur entre les agents de l'État et les hyènes. La métaphore trahit d'une part, le côté bestial de l'homme qui échappe à toute police, et d'autre part fait miroiter la violence du pouvoir.

De même, dans le regard de l'animal se lit une vive volonté de souligner les dérèglements du pouvoir et ce à travers un vocabulaire dépréciatif (entre autre la politique du ventre évoquée antérieurement), les antithèses et les chiasmes relevés précédemment sans oublier les nombreux préfixes à connotation

---

29. Ibid., pp. 227–228.

négative qui jalonnent l'ensemble du roman : « déresponsabilisé »[30], « désillu-tionniste »[31], « désexistait »[32], « désévénement »[33]... Comme nous venons de le lire, certains termes n'existent pas dans la langue, une nouvelle preuve de distanciation du centre, en l'occurrence l'État. Ce décentrement peut égale-ment être interprété comme une volonté de sonner le glas des idées reçues comme celle de l'État-nation, comme un moyen aussi de délocaliser l'hégé-monie du pouvoir. Cependant cette déterritorialisation traduirait une volonté de repenser l'histoire en annonçant un futur meilleur : « la présence animale en littérature nous permet de refléter le passé, le présent, mais mieux d'ima-giner le futur, un futur inspiré que nous avons le pouvoir de transformer en présent »[34] auquel la fable laisse penser.

Le dernier vol du flamant, une fable politique

La fable du flamant raconte que le flamant est né là où n'existait ni le jour ni la nuit, un jour il décida de faire son dernier vol de ce monde pour se diriger vers les étoiles. Une fois dans les airs, son ombre devint lumière et le ciel épousa la couleur de l'oiseau : ce fut le premier coucher de soleil. Ainsi, la fable dans le roman ne joue pas sa fonction qui est celle d'apporter une morale à la fin du récit. Aussi, assistons-nous à un renouvellement de la fable qui vient défaire le conformisme des discours moraux en repensant l'his-toire/l'Histoire et en refondant le sujet postcolonial. En effet, la disparition apocalyptique et fantastique du Mozambique se produisit suite à la mauvaise gestion de « ces dégouvernants » qui « gouvernèrent comme des hyènes, pensant seulement à engraisser rapidement »[35], signale le rapport de l'envoyé onusien : « (...) Tout cet immense pays s'est éclipsé, comme par un coup de magie. Il n'y a plus ni territoire ni population, le sol lui-même s'est évaporé dans un immense abîme »[36].

---

30. Mia Couto, *Le dernier vol du flamant*, op. cit, p. 163.
31. Ibid., p. 43.
32. Ibid., p. 44.
33. Ibid., p. 46.
34. Lucille Desblache (dir.), *Écrire l'animal aujourd'hui*, Clermont-Ferrand, Presses univer-sitaires Blaise Pascal, 2006, p.11.
35. Mia Couto, *Le dernier vol du flamant*, op. cit, p. 195.
36. Ibid., p. 199.

Par ailleurs, le constat de Massimo Risi met la lumière essentiellement sur l'idée du territoire, cet espace fabriqué par les agents de l'État qui ne surent pas aimer leur terre et privilégièrent leur soif d'accumulation des richesses. Cette fin de récit a une connotation négative voire pessimiste, cependant le pessimisme est par la suite rattrapé par le conditionnel : « Dans cet endroit sans ombre, chaque pays resterait suspendu jusqu'à ce que des temps meilleurs lui permettent de regagner son propre sol. Ces territoires deviendraient, peut-être alors, des nations où planter le drapeau rêvé »[37].

La chute du pays laisse place cependant à l'espoir : la probabilité de voir dans le futur la création d'un véritable État africain suggérée par l'image du flamant qui s'envole en direction du soleil couchant en attendant un temps autre, celui où « les flamants repoussent le soleil de l'autre côté du monde »[38].

Au terme de cette étude, il apparaît clairement que le concept de l'État en Afrique relève de la fiction, car seules les stratégies des acteurs constituent un facteur de structuration politique. En effet, la mise en production en Afrique se fait à travers les inégalités économiques qui servent avant tout les tenants du pouvoir. Autant d'expressions caractérisent ce type de gouvernance entre autres la politique du ventre, l'État patrimonialisé, l'État prédateur, ces hyènes nationales, comme le souligne le vieux Sulplicio dans le roman, qui « vendraient ma chair aux lions venus de l'extérieur »[39]. Ce lexique, à connotation dépréciative, met en scène dans un premier temps, la violence d'un pouvoir, qui se distingue par son impuissance à mettre en oeuvre son travail, puis dans un second temps, l'incapacité de la société civile à préserver sa production des griffes des prédateurs.

Cependant la fin du roman *Le dernier vol du flamant* laisse percevoir le réveil du peuple, qui réussit à contrecarrer le plan de l'administrateur Jonas (fuit le village de Tizangara), qui décide de faire exploser le barrage pour engloutir le village. Une stratégie qui lui permettrait de nettoyer le village. Le verbe nettoyer est à appréhender de deux manières : faire disparaître les traces de son crime (il est à l'origine des explosions : « c'est toi qui donnes l'ordre de mettre des mines »[40] et faire un nettoyage ethnique. Le réveil est également

37. Ibid., p. 199.
38. Mia Couto, *Le dernier vol du flamant*, op. cit, p. 200.
39. Ibid., p. 191.
40. Ibid., p. 172.

suggéré par la convocation de la fable du flamant, qui suggère le renouveau : combattre le pouvoir local qui ne veut que perpétrer le cycle de dépendance déjà initié durant la période coloniale et repenser l'Afrique en décolonisant les savoirs.

Salima KHATTARI, Ph.D

Bibliographie

Corpus

COUTO, Mia, *Le dernier vol du flamant* [Traduit du portugais par Elisabeth Monteiro Rodrigues], Paris, Chandeigne, 2009.

Ouvrages théoriques et articles

BA, Mamadou Kalidou, *Nouvelles tendances du roman africain francophone contemporain (1990-2000), de la narration de la violence à la violence narrative*, Paris, L'Harmattan, 2012,

BASTO, Maria-Benedita, (textes réunis par) *Études littéraires africaines, Littératures de l'Angola, du Mozambique et du Cap Vert*, n°37, 2014.

BAYART, Jean François, MBEMBE, Achille, TOULABOR, Comi, *Le politique par le bas en Afrique noire : contribution à une problématique de la démocratie*, Paris, Karthala, coll. « Les Afriques », 1992.

DESBLACHE, Lucille (dir.), *Écrire l'animal aujourd'hui*, Clermont-Ferrand, Presses universitaires Blaise Pascal, 2006.

MBEMBE, Achille, *De la postcolonie, essai sur l'imagination politique dans l'Afrique contemporaine*, Paris, Karthala, 2000.

MÉDARD, Jean-François « L'État patrimonialisé », *Politique africaine*, n°39, septembre 1990, pp. -----.

LAZARUS, Neil (dir.), *Penser le postcolonial : une introduction critique*, Paris, Éditions Amsterdam, 2006.

TOULABOR, Comi, « jeu de mots, jeu de vilains : lexique de la dérision politique au Togo », *Politique africaine*, n°3, 1981, pp. 55-71.

ZARKA, Charles, *La décision métaphysique de Hobbes*, Paris, Vrin, 1987

Notre Librairie, revue des littératures Sud, Indispensables animaux, n°163, septembre-décembre 2006.

Revue de littérature comparée, vol. 12, n° 338, 2011.

Pour citer cet article :

Salima KHATTARI, « Mia couto : un état des lieux de l'état postcolonial du mozambique », *Revue Legs et Littérature*, n⁰ 17, vol. 2, 2021, pp. 83-97.

L'autochtonie africaine bafouée durant l'exploitation coloniale dans *La Carte d'identité* de Jean-Marie Adiaffi et *Les Soleils des indépendances* d'Ahmadou Kourouma

Victor ESSONO ELLA est Maître-assistant et Enseignant-chercheur au Département de Lettres Modernes à la Faculté des Lettres et Sciences Humaines de l'Université Omar Bongo-Libreville. Auteur de plusieurs articles scientifiques, ses recherches portent essentiellement sur l'esthétique, l'intertextualité et la polyphonie romanesque dans les littératures francophones subsahariennes. Il est préfacier d'un recueil de poèmes intitulé Cœur et Rancœur *publié à Nantes en 2007 aux éditions Amalthée. Depuis 2010, il est membre du laboratoire CERLIM (Centre d'Études et de Recherches Littéraires sur les Imaginaires et la Mémoire).*

Résumé

Cet article pose le problème de l'altérité et de la violence où les protagonistes romanesques se sentent étrangers à tout ce qui les entoure. Et pourtant, le lien qui les attache à leur terre natale est puissant. Cette appartenance à leur lieu de naissance est un thème qui parcourt assez largement les récits analysés, à savoir La Carte d'identité *de Jean-Marie Adiaffi et* Les Soleils des indépendances *d'Ahmadou Kourouma. Mais ce que ces derniers mettent surtout en évidence, c'est une profonde rupture dans ce schéma imaginaire. Le lien est rompu, les personnages ne sont nulle part en situation d'autochtonie, et vivent donc dans l'insécurité permanente. L'étranger, ce n'est plus l'autre, venu de l'extérieur, c'est l'autochtone qui se sent étranger chez lui. Il clame sans cesse son attachement à la terre natale, mais vit en étranger partout, à la ville comme au village.*

Mots clés

Autochtonie, colonisation psycho-lecture, violence, étrangeté

L'AUTOCHTONIE AFRICAINE BAFOUÉE DURANT L'EXPLOITATION COLONIALE DANS *LA CARTE D'IDENTITÉ* DE JEAN-MARIE ADIAFFI ET *LES SOLEILS DES INDÉPENDANCES* D'AHMADOU KOUROUMA

Introduction

Le regard inquisiteur jeté sur les exactions posées par la colonisation et souvent fictionalisées dans les sociétés romanesques de la seconde moitié du XXe siècle, permet de localiser la « défondamentalisation » des coutumes et valeurs traditionnelles africaines, où l'individu se sent traqué, incapable d'évasion et sans cesse confronté à des situations conflictuelles. J.ean-Marie Adiaffi a donné naissance à un roman simple mais significatif, qui retrace avec talent le drame d'un individu réduit à un état d'étouffement atroce. En effet, *La Carte d'identité* relate l'histoire d'un protagoniste, Mélédouman, confronté aux tracasseries violentes de l'administration coloniale. Au commandant qui lui réclame vainement ce document qui donne son titre au roman, le héros va répondre par l'énumération de ses prérogatives. Son identité, fait-il observer, n'est pas un simple morceau de papier, mais toute sa vie dont les racines s'enfoncent profondément dans la tradition du royaume de Bettié. De même, Ahmadou Kourouma dans *Les Soleils des indépendances* crée le personnage Fama qui symbolise, d'une certaine façon, le déclin irréversible de la tradition africaine et l'arrivée de nouveaux soleils et de nouvelles valeurs dont l'aspect positif n'est guère évident. A. Kourouma constate, impuissant, comment les valeurs traditionnelles ont périclité et quelles tragédies cette destruction entraîne. Une telle vision du monde extrêmement pessimiste entretient-elle une homologie quelconque avec certaines structures sociales, économiques, psychologiques des récits? Dans quelles mesures l'autochtonie des protagonistes peut-elle effectivement être bafouée ? *La Carte d'identité* et *Les Soleils des indépendances* tiennent-ils leur structure globale dans l'étouffement des protagonistes durant l'exploitation coloniale ? Ces deux romans obéissent à l'évolution de l'homme noir partant de l'ère coloniale jusqu'à la période actuelle. Une analyse de la structure interne des romans permet de répondre à ces interrogations à partir d'une lecture politique et esthétique telle que développée par J. Fame Ndongo dans *Le Prince et le scribe*. Il serait judicieux, à l'aide du structuralisme génétique de L. Goldmann et de la psychocritique de C. Mauron, de cerner les influences socioculturelles, historiques, économiques et psychologiques, qui autorisent la compréhension des textes adiaffien et kouroumaéen. Nous exploiterons aussi la dimension psychanalytique textuelle ou linguistique de M. Schneider qui est nécessairement à l'œuvre dans les romans, car la langue de la déchéance et du timbre-messe-noire, instruit aussi de façon particulière l'autochtonie ridiculisée à partir d'un univers infernal, de la macrostructure, de la violence contre soi et de l'étrangeté.

1. Un univers corrosif et infernal

Les populations de Bettié sont complètement déboussolées. Elles n'ont pas la possibilité de revendiquer ni jouir d'aucun droit. Dès l'arrivée des Colons dans ce royaume, Bettié vibre sous l'impitoyable et inévitable commandant Kakatika. Vu le rang social qu'occupe cet administrateur colonial, il remplit plusieurs fonctions allant de l'établissement de l'impôt de capitation qui frappe particulièrement les Noirs, jusqu'à l'instauration d'un pouvoir de police au rôle de juge. Ce qui contraint Mélédouman à faire l'aveu suivant : « De mon temps, il n'y avait pas encore une domination totale des Blancs sur les Noirs. Nous étions libres de parler nos langues, de danser nos danses, d'adorer nos dieux sans qu'on nous frappe, sans qu'on nous tire les oreilles jusqu'au sang […] Aujourd'hui tout a bien changé. Nous n'avons plus rien, nous ne sommes plus rien »[1].

Dans ce climat d'insécurité, les Agni pouvaient subir des arrestations arbitraires. Dans les prisons, les populations sont traitées dans les conditions inhumaines. De cette prison dénommée Ebissoa (maison des cacas) par les populations, se trouve détenu le prince Mélédouman. Ce traitement animalier

---

1. Jean-Marie Adiaffi, *La Carte d'identité*, Paris, Hatier, 1980, p. 20.

et violent infligé à Mélédouman par le Commandant du cercle prend une autre tournure avec l'introduction subversive des matières fécales. Or, Freud dans son *Introduction à la psychanalyse* instruit que la matière fécale expulsée par un individu contient une charge révolutionnaire. Celle-ci vise inconsciemment à indexer les valeurs humaines bafouées par l'inamovible et irascible Kakatika. De même, Fama, le protagoniste des *Soleils des indépendances*, est issu d'une lignée princière et se fait une haute idée de lui-même comme de son destin. Comme tout bon Malinké, il aimerait s'illustrer soit dans le « négoce », soit dans la « guerre »[2]. Le colonisateur français ayant mis fin aux guerres tribales, il restait à Fama la voie de l'enrichissement par le commerce. Mais les indépendances, en durcissant les frontières entre nouveaux « États », compromettent aussi cette voie. Déphasé par rapport aux nouvelles conditions politiques et économiques, Fama développe alors un discours aigri et une attitude d'échec. Ses activités militantes anticolonialistes ne lui ayant rien rapporté, il tentera en vain de retrouver, à travers la chefferie traditionnelle, sa dignité d'antan. Mais sa participation à des intrigues confuses lui vaudra d'être arrêté et emprisonné. Cette expérience négative de l'Histoire est accompagnée très tôt d'images explicites :

> *Comme une nuée de sauterelles les indépendances tombèrent sur l'Afrique à la suite des soleils de la politique. Fama avait comme le petit rat de marigot creusé le trou pour le serpent avaleur de rats, ses efforts étaient advenus la cause de sa perte car comme la feuille avec laquelle on a fini de se torcher, les indépendances une fois acquises, Fama fut oublié et jeté aux mouches[3].*

Cet échec peut sembler individuel, et le personnage, vaniteux et irréaliste, en est en partie responsable. Il n'est pas étonnant que Fama cesse de vivre à la frontière de la Côte d'Ebènes et du Nikinaï. Cette frontière montre que Fama meurt à l'étranger, entre deux mondes, dont ni l'un ni l'autre, ne lui offre une place satisfaisante. Signe des temps nouveaux, son désir obsessionnel de mourir sur la terre natale, échoue près du but. De la même façon, Kabalango, le héros de *Wirriyamu*, de William Sassine, ne rejoindra jamais son village et trouvera la mort à quelque distance de là. La réconciliation avec la terre natale

---

2. Ahmadou Kourouma, *Les Soleils des indépendances*, Paris, Seuil, 1970, p. 21.

3. Ibid., p. 23.

rendue plutôt impossible, à cause des nouvelles donnes coloniales, qui ont totalement démantelé les réalisations spatiales et identitaires passées. Aussi, ce récit d'A. Kourouma peut-il faire penser à certains détails du roman de Tchikaya U tam'si, *Les Phalènes*, où l'on assiste aux différents enjeux de la politique colonio-indépendantiste des dernières heures de l'empire français colonial en Afrique. Ici, l'intertextualité devient évidente comme l'affirme M. Riffaterre dans « la perception, par le lecteur, de rapports entre une œuvre et d'autres qui l'ont précédée ou suivie »[4]. Le régime chancelant du premier président Fulbert Youlou du Congo indépendant et dont Tchikaya fait mention dans sa fresque romanesque, l'appel de l'Abbé Lokou, acteur parmi tant d'autres de la scène politique congolaise, pour soutenir l'Union Démocratique de Défense des Intérêts Africains (UDDIA) contre le PPC de Prosper :

> *Ici la menace passe par ce Prosper, enfin, son parti. Savez-vous qu'ils sont pour le non à la communauté que De Gaulle leur a proposée ? [...] Dire non à la France ! Pour qui se prennent-ils ? [...] Leur non va les étouffer. Nous y pourvoirons. Ils ne seront pas assez forts pour déjouer le piège que nous allons leur mettre sous leurs pieds, ces enfants de salauds, ces ingrats[5].*

L'histoire politique du Congo est étroitement liée à ces faits qui sont rendus dans *Les Phalènes*. La conduite des affaires de la cité échappe aux Congolais. L'univers dans lequel ils vivent est soumis aux multitudes pérégrinations qui expriment la perte de repères d'une société, à un moment décisif de son histoire, en dépit du courage et de l'intelligence dont font preuve Prosper et ses amis. Mais au même titre que *Les Phalènes*, *La Carte d'identité* et *Les Soleils des indépendances* proposent une satire du régime issu des indépendances en « République des Ebènes », dans laquelle on peut lire le pouvoir transparent, le procès du pouvoir sous Houphouët-Boigny. Le romancier africain, qui s'est engagé contre les abus du colonisateur, doit désormais changer de cible. Il revient à Adiaffi et Kourouma d'opérer un recentrage, avec un fabuleux sens du burlesque. La révolte de Mélédouman de se soustraire à la puissance de l'autorité, de rompre avec ce système dictatorial se fait désormais sentir. La souillure anale dans *La Carte d'identité* est l'expression d'une sanction. Pour le narrateur du présent récit : « L'une des sanctions

---

4. Michaël Riffatere, *La Production du texte*, Paris, Seuil, 1979, p. 9.
5. Tchikaya U Tam'si, *Les Phalènes*, Paris, Albin Michel, 1984, p. 224.

prises contre ce mauvais génie, pour le mater, était de laisser pourrir son cagibi. Cet objectif était au-delà de tout espoir. Paradis des asticots gé-ants, des grosses mouches politiques aux ailes luisantes, qui faisaient un tapa-ge d'enfer, la cellule de la vérité est un réduit on ne peut plus repoussant »[6].

Ces mauvaises conditions hygiéniques sont inéluctables des violences corporelles dont le prince Mélédouman serait la principale victime. Pour faire avouer au prince de Bettié son forfait, les inamovibles gardes du Cercle, après avoir longuement malmené leur prisonnier, mettent sans coup férir du piment dans ses yeux. Cette violence corporelle entraîne la perte de vue chez Mélé-douman. De ce fait, le royaume Agni perd toutes les valeurs qui sont les siennes. Voici comment le narrateur rend l'état ambulant du protagoniste lors de sa sortie d'Ebissoa : « On voyait fourmiller dans le pagne de ce curieux condamné une armée révoltée de vermine : vers et poux, puces, cafards, blat-tes organisaient perpétuellement un joyeux défilé militaire, accompagné bien sûr par la fanfare de la colonie dynamique des mouches et des moustiques »[7].

Assurément, Mélédouman meurt, victime aussi bien de sa déchéance physique que de la puanteur morale qui constitue l'apanage de l'univers infernal dans lequel il évolue, un univers corrosif où les valeurs ancestrales tombent en dé-suétude, un univers où les âmes comme celle de Mélédouman ne trouvent pas leur compte. J. Fama Ndongo souligne à ce propos que « l'individu se sent traqué dans ce monde, incapable d'évasion et sans cesse confronté à des situa-tions conflictuelles où il est toujours perdant, à moins de se laisser aborder par cette masse informe qu'est la société, cette « boue » horrible et corruptrice »[8]. Toutes ces superstructures des deux récits ne sont pas prêtes à favoriser la liberté des protagonistes et encore moins la concrétisation de leurs rêves.

2. La macrostructure et l'autochtonie des protagonistes bafouée

Le processus évolutif prend source dans le respect des traditions en passant par la crise des valeurs anciennes (le contact de l'Afrique et de l'Occident) pour aboutir à l'épanouissement de l'individu, et finalement, au conflit exercé

---

6. Jean-Marie Adiaffi, *La Carte d'identité*, op. cit., p. 72.

7. Ibid. p. 72.

8. Jacques Fame Ndongo, *Le Prince et le scribe. Pour une lecture politique et esthétique du roman négro-africain postcolonial*, Paris, Berger-Levrault, 1992, p. 102.

par la nouvelle société romanesque sur l'individu. Mélédouman et Fama, par exemple, se trouvent humiliés dans leur propre fief en dépit de leur rang princier. La macrostructure des récits fait référence à nos deux héros qui semblent ratifier, à leur corps défendant, la défaite de la culture africaine. Les œuvres de Jean-Marie Adiaffi et d'Ahmadou Kourouma pourraient caractériser « l'histoire d'une recherche dégradée »[9], selon L. Goldman. Pour ce dernier, cette « recherche est celle des valeurs authentiques dans un monde dégradé lui aussi mais à nouveau autrement avancé et sur un monde différent »[10]. La valeur authentique permet de déceler les vertus qui sous-tendent et singularisent ces romans. *La Carte d'identité* et *Les Soleils des indépendances* s'intègrent dans l'analyse goldmanienne, parce qu'ils donnent à voir une « rupture insurmontable entre le héros et le monde »[11]. La rupture entre Mélédouman et le royaume Agni, ou encore celle de Fama et le royaume du Horodougou, semble plus évidente. Cette « vision du monde » montre que l'autochtonie des protagonistes est effectivement bafouée. Telle est la structure globale qui a donné naissance à la structure littéraire qui a été dégagée de la « compréhension » de nos deux récits qui mettent en lumière les aspirations et les rêves des individus dans leur société romanesque. La compréhension de ces romans permet d'aboutir, à une

> *structure cohérente et totalisante, à savoir la négation de par la « macrostructure » sociale qui englobe l'existence de deux jeunes gens, des aspirations profondes de ces êtres à la liberté et au bonheur, étant entendu, naturellement, que ces concepts ont ici une valeur relative et non absolue, en l'occurrence l'objectif que chaque individu voudrait atteindre[12].*

La description interne de *La Carte d'identité* et de *Les Soleils des indépendances*, présente les visages de l'Afrique sous l'ère coloniale, ce qui entraîne plusieurs anomalies qui rendent difficiles l'insertion des personnages dans la société romanesque. Ces phénomènes portent plusieurs noms parmi lesquels le viol, la corruption, la malhonnêteté, l'auto-embourgeoisement…

---

9. Lucien Goldman, *Pour une sociologie du roman*, Paris, Gallimard, 1964, p, 23.
10. Ibid., p. 23.
11. Ibid., p.24.
12. Jacques Fame Ndongo, *Le prince et le scribe*, op. cit., p. 103.

Autrement dit, il s'agit d'un espace faisandé de problèmes, de conflits et de crises qui revisitent la figure de l'exploitation coloniale du roman francophone subsaharien actuel, telle est la vision du monde « très pessimiste » qui se dégage de la « compréhension », de *La Carte d'identité* et de *Les Soleils des indépendances*. La structure globale unitaire de la société en crise que l'on décrypte à travers les romans de Jean-Marie Adiaffi et d'Ahmadou Kourouma se situe dans une structure plus vaste, une macrostructure. L'objectif consiste à voir si cette structure interne entretient des relations homologiques avec d'autres structures plus globales qui dégageraient une violence intérieure. Raison pour laquelle J. K. Bisanswa pense que « le scripteur, ne pouvant se reconnaître dans la ville réelle, est contraint, à son contact, de réviser la notion d'exil : l'exil n'est donc plus un problème de soi à la terre ou à la culture étrangère, mais de soi à soi »[13]. La notion d'altérité[14] est décisive pour mettre en place ce mouvement des textes, du langage qui se charge de mots autres, des mots des autres. La conscience est constamment remplie d'éléments extérieurs à elle, ingrédients apportés par autrui et nécessaires à son accomplissement comme l'affirme T. Todorov : « Constamment et intensément, nous surveillons et nous saisissons les reflets de notre vie dans le plan de conscience des autres hommes »[15]. Les protagonistes des romans de J. M. Adiaffi et d'A. Kourouma l'illustrent suffisamment. Le rattachement culturel à l'autre interdit à l'Afrique la reconnaissance d'une identité propre. Chez H. Lopes, V. Y. Mudimbe, G. Ngal et W. Sassine, l'Afrique se définit par l'étrangeté ; l'ici devient l'ailleurs : terre étrangère comme l'était la métropole, l'Afrique engendre le même désenchantement avec son coté dévorateur et énigmatique.

3. La violence contre soi

La violence du « moi autochtone » mais devenu étranger, allogène dans *La Carte d'identité* n'est pas un besoin volontaire que ressent périodiquement l'être humain, mais un sentiment pénible qui se traduit par l'abandon, la déréliction, la frustration, la singularité incomprise. La violence contre soi peut être, au plus bas degré, une situation de fait dont on présente les caractéristiques saillantes. En effet, la violence devient une des marques de la con-

---

13. Justin K. Bisanswa, « Dire et lire l'exil dans la littérature africaine », in *Tangence*, n° 71, hiver 2003, p. 30.

14. C'est selon Bakhtine, le mouvement même de la vie et de la conscience (Tzvetan Todorov le montre dans *Mikhaïl Bakhtine, le principe dialogique*, Paris, Seuil, 1981).

15. Tzvetan Todorov, « Bakhtine et l'altérité », *Poétique*, n° 40, 1979, p. 509.

dition humaine. Cette violence contre soi est fondée sur le sentiment de l'inexistence d'une solitude pleine de promesse. Mélédouman prend conscience que la réappropriation de la carte d'identité est une question de vie ou de mort et appelle à son secours son frère :

> *Mon frère André ASSEMAN*
> *Le blanc me demande ma carte d'identité*
> *Mon frère Anoh ASSEMAN.*
> *Il faut que je la retrouve.*
> *C'est question de vie ou de mort [...]*
> *Des menottes*
> *Des scies pestiférées*
> *À poignets sanglants*
> *À la recherche de ma carte d'identité perdue*[16].

Ennemi, insatisfaction, impuissance, complaisance narcissique, sentiment de frustration et d'inconnaissabilité ; autant de sentiments complexes dont l'analyse par la trajectoire romanesque ne pouvait se faire sans douleur et déchirement. Le personnage PK du romancier gabonais P. Ndemby dans *Les Oubliés de la forêt des abeilles*, vit ce déchirement par le rôle et l'objectif qu'il s'est fixé tout au long de la trame narrative : « J'erre à travers le temps pour retrouver l'espoir puisqu'il n'est plus de monde, mon espoir que les Ibidus de ce royaume des Oubliés ont brisés [...]. Ma hutte à moi pour la justice sociale est réintégration des Oubliés »[17].

Évoluant dans un espace chaotique, mais où les espoirs sont tout de même permis. Cette situation, loin de décourager le héros, l'incite plutôt à donner le maximum de lui-même. Il lutte pour le rétablissement d'un ordre social équitable pour tous. Par la portée de son nom qui signifie changement, il veut être le point de rupture entre l'ancienne et la nouvelle génération. On peut dire que le texte est fait, d'après M. Schneider, de « fragments originaux, assemblages singuliers, références, accidents, réminiscence, emprunts volontaires »[18]. L'écrivain joue ces mêmes jeux avec les mots de l'autre à travers le plagiat, le palimpseste, le pastiche et ce même rêve nostalgique des greffiers du déjà dit,

---

16. Jean-Marie Adiaffi, *La Carte d'identité*, op. cit., p. 62.
17. Peter Ndemby, *Les Oubliés de la forêt des abeilles*, Nantes, Amalthée, 2005, p. 22.
18. Michel Schneider, *Voleurs de mots. Essai sur le plagiat, la psychanalyse et la pensée*, Paris, Gallimard, 1985, p. 12.

« copier comme autrefois ». Au même titre que PK, et conscient de ce lourd fardeau qui pèse sur son cœur, Mélédouman tente, un tant soit peu, de retrouver sa demeure, sa propre image d'antan, comme l'insinue le narrateur dans une écriture poétique :

> *Sève, Mélédouman veut être sa propre vie*
> *Arbre, Mélédouman veut être son propre ombre...*
> *Qui donc l'aidera, le consolera ?*
> *Mélédouman veut être Mélédouman. Revenir de l'exil de lui-même,*
> *Rejoindre sa demeure. Quitter les marécages et les ordures*[19].

Difficile de déterminer une pratique à donner un sens à l'existence quand on est soi-même un mystère et une énigme d'autant que Mélédouman est « un prisonnier, un drôle de prisonnier aux chaînes invisibles, mais un prisonnier tout de même »[20]. Aussi, rejeté par les pouvoirs de l'ordre et de la société, le Moi ressent-il douloureusement cette rupture qui fait de lui un malade, voire un paria. Cette forme de violence intérieure est due à l'état pathologique d'un individu qualifié de sujet « névrotique et candidat à la schizophrénie » comme Nara, le héros-narrateur de V. Y. Mudimbe dans *L'Écart* où il dit dans une langue métaphorique : « Je suis le lieu d'une émeute... Et je marche dans le soleil couchant... L'air innocent... »[21]. On voit bien que pour nier le monde dépourvu de sens et déchu, Nara tout comme Mélédouman, optent pour un isolement et semblent assumer leur attitude face à l'existence.

4. L'étrangeté comme sujet de l'écriture

L'isolement ou la violence intérieure, renvoie aussi à une figure de l'étrangeté qui intrigue, et suscite de fait la crainte. Mélédouman est victime de cette violence intérieure. Celle-ci indique le fait de vivre en marge d'une société donnée, de manifester des attitudes ou des comportements qui s'écartent de ceux prônés par les normes de son milieu social. Qui peut savoir si Mélédouman et sa petite fille Ebah Ya seraient encore en mesure d'assouvir leurs besoins vitaux (manger et dormir). Le narrateur résume cette situation accablante du prince de Bettié en ces termes : « Mon Dieu ? Quel est ce monde

---

19. Jean-Marie Adiaffi, *La Carte d'identité*, op. cit., p. 180.
20. Ibid., p. 144.
21. Valentin Yves Mudimbe, *L'Écart*, Paris, Présence africaine, 1979, p. 53.

absurde dans lequel vient tomber Mélédouman ? »[22] La violence intérieure n'est pas dans l'homme ni dans le monde, mais plutôt dans l'ambiguïté du rapport qui les lie. Cette violence de soi surgit en effet d'une confrontation entre l'appel de l'homme et le silence du monde. Elle provoque un déchirement entre l'homme et sa vie, l'individu et ses idéaux. L'homme de tous les jours vit avec des buts, un souci d'avenir et des attentes. Il croit en des valeurs et s'efforce de donner un sens à sa vie. En fait, l'homme espère que tout ira pour le mieux. Mélédouman ne sera plus qu'une « ombre ambiguë », synonyme de l'étrangeté de son existence. L'existence est semblable à une chute du pur à l'impur, un supplice de tantale, un horrible cauchemar. Et au narrateur de Jean-Marie Adiaffi de préciser : « Las, je suis las […] Un monde où toutes les lois sont renversées, où tout est possible à chaque seconde. L'état zéro de la raison, de la vie. Un monde sans repère. On ne peut plus se repérer ni dans l'espace ni dans le temps »[23]. A ce propos, R. Jaccard met les hommes dos au mur dans cette figure tutélaire du nihilisme : « Chacun pense que la vie n'est qu'un partisan sur laquelle se joue la vaine ritournelle de mêmes souffrances : Vouloir sans motif, toujours souffrir, puis mourir, et ainsi de suite au siècle des siècles jusqu'à ce que notre planète s'écaille en petits morceaux »[24].

De même qu'une personne se constitue dans une très large relation à l'autre, de même qu'un texte n'existe pas tout seul, on sent, dans la perspective de S. Samoyault, que « les influences qui le sous-tendent, il semble toujours possible d'y déceler un sous-texte »[25], comment prétendre saisir l'étrangeté si elle se soustrait et se dérobe à toute expérience ? C'est ici que s'ouvre chez M. Weber, une vision de l'existence bien qu'inquiétante où :

> *L'homme civilisé au contraire, placé dans le mouvement d'une civilisation qui s'enrichit continuellement de pensées, de savoirs et de problèmes, peut se sentir « las » de la vie et non pas « comblé » par elle. En effet, il ne peut jamais saisir qu'une infime partie de tout ce que la vie de l'esprit produit sans cesse de nouveau, il ne saisit que du provisoire et jamais du définitif. C'est pourquoi la mort est à ses yeux un événement qui n'a pas*

---

22. Jean-Marie Adiaffi, *La Carte d'identité*, op. cit., p. 119.
23. Ibid., p. 122.
24. René Jaccard, *La Tentative nihiliste*, Paris, PUF, 1989, p. 132.
25. Tiphaine Samoyault, *L'Intertextualité. Mémoire de la littérature*, Paris, Nathan, 2001, p. 29.

de sens, la vie du civilisé comme telle n'en a pas non plus,
puisque du fait de sa « progressivité » dénuée de signification
elle fait également de la vie un événement sans signification[26].

À partir de cet instant, le prince de Bettié prend conscience de la mesure pesant sur sa tête. Il semble avoir perdu une part non négligeable de lui-même. Son devoir consiste à rechercher, non pas un simple document comme l'exige le commandant, mais plutôt, son identité culturelle. Mélédouman précise lui-même qu': « aujourd'hui une menace pèse sur moi. Il m'est enjoint de la retrouver. Question de force majeure. Il faut la retrouver dans n'importe quel cas »[27]. Pour Mélédouman, l'acquisition de cette carte d'identité n'est possible qu'en faisant un recours au passé, suivre à l'envers le cours sinueux de sa mémoire. Il doit affirmer son être au monde à travers les facteurs culturels qui lui permettent de se réapproprier d'une identité fondamentale que la situation coloniale a niée pendant plusieurs décennies. L'acquisition du bonheur dans le présent, doit se faire par une relative violence de soi, due à la rupture des habitudes passées et à l'acquisition des habitudes nouvelles pour se libérer de ses chaines quotidiennes. L'existence coloniale est devenue insipide, sans saveur pour les protagonistes. Ce recours des héros vers le passé est plus saisissable à travers le personnage de Fama. Dans le passé, Fama est d'abord un homme et son statut de prince le place comme une personne privilégiée. On sait qu'il est « né dans l'or » et pouvait choisir alors sa favorite parmi cent épouses. Alors que dans le présent, il s'est avili. Il a perdu cette humanité et de surcroît son statut préférentiel. De ce fait, il s'écrase sous un soleil cuisant, alors que des haies d'honneur à son passage devaient lui être faites, Fama est obligé de se faufiler parmi une foule bigarrée traduisant son état d'étrangeté. Aussi, lorsqu'il arrive à la cérémonie, loin d'être accueilli en tant que personnalité, un homme d'exception, il est moqué, ridiculisé : « Le prince du Horodougou, le dernier légitime Doumbouya, s'ajoute à nous… quelque peu tard. Yeux et sourires narquois se lèvent. Que voulez-vous, un prince presque mendiant, c'est grotesque sous tous les soleils. Mais Fama n'usa pas sa colère à injurier tous ces moqueurs de bâtard de fils de chiens »[28]. Une situation qui contraste avec l'influence que Djigui par exemple peut avoir sur sa population de Soba lors de ses déplacements. Pourtant considérée comme un acte

26. Max Weber, *Le Savant et le politique*, Paris, Hatier, 1940, p. 71.
27. Jean-Marie Adiaffi, *La Carte d'identité*, op. cit., p. 67.
28. Ahmadou Kourouma, *Les Soleils des indépendances*, op. cit., p. 13.

d'allégeance à l'endroit du colonisateur, la visite du vendredi au poste administratif était effectuée dans une profonde admiration et un profond respect du roi conquis :

> *Tous les habitants sont-ils réunis sur les places publiques ou alignés le long de mon passage ? – Oui, Djigui Keita, roi de Soba, totem hippopotame, plus un poussin dans les cases. Du Bolloda à la mosquée et de la mosquée au Kébi le peuple danse et chante et vous célèbre, vous adore, j'ai enfourché mon cheval Sogbê [...] Suivis par toute la cour en tenue d'apparat, nous avons traversé une foule criarde, colorée, dansante. Plusieurs fois j'ai été obligé de m'arrêter ; il fallait relever et éloigner les exaltés qui s'étaient couchés à travers mon chemin pour mourir écrasés sous les sabots de ma monture. [...] J'ai levé les yeux et ai vu le nouveau ciel de mon pays ; il s'ouvrait limpide et profond, débarrassé des charognards qui depuis la défaite le hantaient. J'ai été descendu par mille mains de mon cheval et installé à ma place*[29].

Cette gloire, Fama n'a pas pu en bénéficier, en raison de sa déposition. On lui préféra le cousin Lacina. À l'origine de cette déposition, l'attitude que Fama affichait à l'endroit de l'administrateur en charge du Horodougou. Contrairement à Djigui qui a fini par accepter l'autorité coloniale, grâce à quoi il obtient des prérogatives qui lui permirent de garder sa place de roi. Statut par lequel il obtient de l'administration le rôle d'interlocuteur ou d'exécutant. Néanmoins, il s'en satisfaisait et gardait à l'endroit des villageois quelque autorité qu'il exerce pendant un long moment avant que son fils Béma ne lui succède. Fama entreprit une autre démarche, il se montra méprisant, ce qui lui valut d'être préféré à son cousin Lacina. Ce caractère méprisant est un signe de son étrangeté. Le personnage romanesque s'inscrit dans un genre étroitement lié à l'évolution des sociétés, notamment à leurs évolutions sociales et économiques. À cet effet, on a vu avec L. Goldman que la forme romanesque est la transposition sur le plan littéraire de la vie quotidienne dans la société individualiste, née de la production pour le marché. D'où, dans les littératures africaines francophones subsahariennes, les romans de la première génération,

---

29. Ibid., p. 13.

sont orientés vers le respect des valeurs traditionnelles érigées comme authentiques qui deviendront plus tard des valeurs d'échec. Dans *L'Enfant noir* de C. Laye, pour le respect qu'il doit aux génies, le père de Laye exerce efficacement le travail de la forge : « L'opération qui se poursuivait sous mes yeux, n'était qu'une simple fusion d'or qu'en apparence ; c'était une fusion d'or, assurément c'était cela, mais c'était bien autre chose encore : une opération magique que les génies pouvaient accorder ou refuser ; et c'est pourquoi, autour de mon père, il y avait ce silence absolu et cette attente anxieuse »[30].

Ce respect définit l'essentiel dans les rapports avec la communauté, une idéologie et fournissait des attitudes exemplaires. Avec la crise que traversent plusieurs pays africains, les romanciers du continent mettent en place des personnages troublés, représentant des aspirations de tout un groupe ou de toute une communauté à un moment donné de l'histoire. Des personnages comme Mélédouman, ou encore Fama, n'hésitent pas à s'offrir en sacrifice pour le bien de leur peuple. Malheureusement, le peuple n'a pas les mêmes convictions qu'eux. On constate souvent après la mort de ces agneaux des temps modernes, une insensibilité de la communauté quant à la poursuite de leur combat. Juste pour montrer que devant telle ou telle autre éventualité, on n'a pas la même sensibilité. De ce fait, le personnage du roman se définit dans un système de relation, dans un jeu de force dont il est l'élément moteur. On a coutume de l'appeler héros lorsqu'il occupe une place centrale dans le récit : ce sera le plus souvent le premier nommé, le premier vu ou décrit.

Ainsi, la genèse des structures littéraires de *La Carte d'identité* et de *Les Soleils des indépendances*, s'identifient dans une société close et sécrétant « des individus médiocres ». Si l'on procède à une psycho-lecture cursive des textes qui nous servent de corpus, on aboutit nécessairement à la constitution des réseaux d'associations d'idées involontaires et de « métaphores obsédantes » liées à la personnalité inconsciente de chaque auteur comme le propose C. Mauron[31]. Incontestablement, Adiaffi et Kourouma privilégient, dans leurs œuvres romanesques les mêmes métaphores qui reviennent par là même « obsédantes » : « la mendicité, la bâtardise, l'humiliation, la stérilité, le viol, le

---

30. Camara Laye, *L'Enfant noir*, Paris, Hatier, 1980, p. 29.
31. « Dès l'instant où nous admettons que toute personnalité comporte un inconvénient, celui de l'écrivain doit être compté comme une source hautement probable de l'œuvre. Nous cessons d'utiliser une relation à deux termes (l'écrivain et son milieu) pour en adopter une à trois termes : l'inconscient de l'écrivain, son moi conscient, son milieu » (Charles Mauron, *Les métaphores obsédantes au mythe personnel*, Paris, Silex, 1984, p. 31).

colonialisme, l'impérialisme ». Ces métaphores renvoient à un code précis, celui de l'oppresseur et de l'opprimé. Aussi, surpris de rencontrer dans la psychanalyse comme chez les écrivains M. Schneider dans son ouvrage, *Voleurs de mots. Essai sur le plagiat, la psychanalyse et la pensée*, dévoile que le propre des mots est d'être impropres ; leur destin, d'être volés susceptibles de déposer à vous-mêmes, des pensées insues, des réminiscences involontaires. Sur la carte, des mots sans pays ; on laisse derrière soi la propriété psychique, elle aussi faite de colonies, de reconquêtes. C'est ainsi que nos deux récits occultent les nécessaires violences perpétuées par la colonisation. Celle-ci est fondée sur l'assujettissement du royaume Agni de Mélédouman et celui du Horodougou de Fama par la France, convaincue du bien-fondé de sa mission. La langue de la déchéance utilisée par les romanciers atteste l'autochtonie rabaissée des protagonistes. L'exil intérieur est désormais avéré dans l'optique de J. K. Bisanswa : « La notion d'exil est intériorisée et devient le sujet même de l'écriture »[32]. L'intériorité et l'affirmation de soi sont rendues possibles par l'extériorité du regard de qui vient d'ailleurs. Les personnages sont donc victimes de cette routine, de la répétition, de l'anonymat, de l'absence d'originalité, de la grégarité, du conformisme irréfléchi, du « milieu » parce que vivant dans un milieu. Ce code participe dans une certaine mesure à une structure idéologique coloniale relevant du système politique mis en place.

Conclusion

Jean-Marie Adiaffi et Ahmadou Kourouma nous semblent décrire la tradition africaine dans la crise où la colonisation l'a brutalement précipitée. Kourouma est un « griot de l'indicible », à la fois poète érudit, historien, ethnologue, sociologue et juriste des temps anciens. Malheureusement, ce sont la nouvelle culture et pratique étatique occidentale et française qui apparaissent comme un boulet pour les autochtones autrefois de rangs supérieurs, dans la pratique et la culture politique d'antan, la traditionnelle. De même, Adiaffi feint de décrire son personnage à la recherche non point d'une carte d'identité telle qu'exigée par les colons, mais plutôt celle de son identité culturelle. A. Kourouma et J. M. Adiaffi convergent, en ce sens que chacun doit affirmer son être au monde par le biais de la tradition qui lui permet de se réapproprier

---

32. Justin K. Bisanswa, « Dire et lire l'exil dans la littérature africaine », op. cit., p. 31.

d'une identité fondamentale, que l'exploitation coloniale a niée pendant plusieurs décennies. En fin de compte, l'analyse des structures littéraires de *La Carte d'identité* et de *Les Soleils des indépendances* révèle une scission, la rupture du lien ombilical et l'égarement d'un être dans un monde qu'il ne considère plus comme sien, et qui le rejette. Étranger à son temps, aux nouvelles règles du jeu socio-politique, l'individu est un déraciné, un inadapté à partir de son univers diégétique et de son for intérieur. Loin des concepts d'errance, de rhizome, de nomadisme, c'est plutôt l'idée de traversée qui se fait jour.

Victor ESSONO, Ph.D

Bibliographie

Corpus principaux

ADIAFFI, Jean-Marie, *La Carte d'identité*, Paris, Hatier, 1980.

KOUROUMA, Ahmadou, *Les Soleil des indépendances*, Paris, Seuil, 1970.

Corpus secondaires

LAYE, Camara, *L'Enfant noir*, Paris, Hatier, 1980.

MUDIMBE, Valentin Yves, *L'Écart*, Paris, Présence africaine, 1979.

NDEMBY, Peter, *Les Oubliés de la forêt des abeilles*, Nantes, Amalthée, 2005.

U TAM'SI, Tchikaya, *Les Phalènes*, Paris, Albin Michel, 1984.

Ouvrages théoriques et critiques

FAME NDONGO, Jacques, *Le prince et le scribe. Pour une lecture politique et esthétique du roman négro-africain postcolonial*, Paris, Berger-levrault, 1992.

FREUD, Sigmund, *Introduction à la psychanalyse*, Paris, Payot, 1921.

GOLDMAN, Lucien, *Pour une sociologie du roman*, Paris, Gallimard, 1964.

JACCARD, René, *La Tentative nihiliste*, Paris, PUF, 1989.

MAURON, Charles, *Les métaphores obsédantes au mythe personnel. Introduction à la psychocritique*, Paris, Silex, 1984.

RIFFATERE, Michaël, *La production du texte*, Paris, Seuil, 1979.

SAMOYAULT, Tiphaine, *L'intertextualité. Mémoire de la littérature*, Paris, Nathan, 2001.

SCHNEIDER, Michel, *Voleurs de mots. Essai sur le plagiat, la psychanalyse et la pensée*, Paris, Gallimard, 1985.

TODOROV, Tzvetan, *Mikhaïl Bakhtine, le principe dialogique*, Paris, Seuil, 1981.

WEBER, Max, *Le Savant et le politique*, Paris, UGE, 1963.

Revues et Articles

BISANSWA, K. Justin, « Dire et lire l'exil dans la littérature africaine », in *Tangence*, n° 71, hiver 2003, pp. 27-39.

TODOROV, Tzvetan, « Bakhtine et l'altérité », *Poétique*, n° 40,1979.

Pour citer cet article :

Victor ESSONO ELLA, « L'autochtonie africaine bafouée durant l'exploitation coloniale dans *La Carte d'identité* de Jean-Marie Adiaffi et *Les Soleils des indépendances* d'Ahmadou Kourouma », *Revue Legs et Littérature*, n° 17, vol. 2, 2021, pp. 99-117.

De l'ivoirité à l'ivoironie chez Eugène Dervain

Adou BOUATENIN est docteur en poésie francophone. Ses travaux s'articulent autour de quatre éléments. Il s'intéresse à la poésie, aux concepts identitaires, à la psychocritique et à la francophonie. Ses axes de recherches sont les suivants : le rapport des poètes au cadre épistémologique rattaché à la francophonie et L'étude des concepts identitaires. Il est également auteur de plusieurs articles et deux ouvrages s'inscrivant dans le champ de ses recherches.

Résumé

À l'instar des grandes nations où prolifèrent toutes sortes de concepts littéraires, culturels, politiques et identitaires, la Côte d'Ivoire est également le théâtre de deux concepts : l'ivoirité et l'ivoironie. Ceux-ci dénotent, en effet, un imaginaire collectif et commun d'une identité exprimée par toutes les couches sociales de la Côte d'Ivoire. Cette étude veut fournir des outils commodes pour une meilleure compréhension de ces concepts, et ce, à travers l'œuvre poétique d'Eugène Dervain, Une vie lisse et cruelle.

Mots clés

Côte d'Ivoire, ivoirité, ivoironie, identité, Eugène Dervain

DE L'IVOIRITÉ À L'IVOIRONIE CHEZ EUGÈNE DERVAIN

Introduction

Comme dans toutes les grandes nations, les concepts littéraires, culturels, politiques et identitaires naissent, s'affrontent, s'opposent, meurent (disparaissent) ou s'imposent dans le vécu quotidien des citoyens. La Côte d'Ivoire n'est pas en marge de ce tourbillonnement des concepts. Elle est le théâtre de deux concepts ayant le même radical « ivoir ». Il s'agit de « l'ivoirité » et de « l'ivoironie ». Ceux-ci se veulent des concepts à la fois culturels, littéraires et identitaires. À travers ces deux concepts, on lit la grande soif de recherche d'identité nationale inclusive des Ivoiriens. Cette recherche ineffable et identitaire est devenue une dimension réelle chez les poètes ivoiriens, voire chez tout Ivoirien : « Mais on ne va pas quand même rester orphelin quant à notre identité. Il y a actuellement un vide qu'il faudrait urgemment combler, surtout que notre pays aspire à l'émergence et qu'il est d'une richesse culturelle indéniable »[1]. Afin de ne pas rester orphelins quant à leur identité, les

---

1. Emmanuel B. Toh, « Manifeste de l'ivoironie », *Le Pan poétique des muses|Revue féministe, internationale&multilingue de poésie entre théories&pratiques* : Lettre n°12, mis en ligne le 26 novembre 2017. Consulté le 21 décembre.
 Url : http://www.pandesmuses.fr/2017/11/ivoironie.html

Ivoiriens proposent alors l'ivoirité et l'ivoironie. La première est considérée comme l'identité culturelle ivoirienne[2] et la seconde comme l'identité méliorative de l'Ivoirien[3]. Ces deux concepts, de par leur conceptualisation, entretiennent une confusion idéologique, et instaurent une opposition et un doute qui ne doivent pas exister à proprement parler. Pour que l'Ivoirien le plus sensible n'y voie pas une parodie[4] de l'ivoirité, nous devons dire ce qui les différencie et identifier leurs caractéristiques.

L'ivoirité est un concept polémique[5], parce qu'on l'a réduit uniquement à son acceptation politique, dans l'oubli de sa source culturelle étant la mieux élaborée[6]. La mort de l'ivoirité ayant été proclamée par les politiciens d'horizon divers, relayée par les médias (pro) partisans comme un instrument de discrimination, d'exclusion, de xénophobie, d'allophobie[7], l'ivoironie voit le jour comme une notion culturelle et apolitique[8]. De l'ivoirité l'on est donc passé à l'ivoironie. À ce propos, il est pertinent de s'interroger sur le processus du passage de l'une à l'autre, et découvrir si l'une n'est pas l'avatar de l'autre. À propos de l'ivoirité, Adou Bouatenin dit qu'elle « est ce légitime besoin de l'Ivoirien ou de l'étranger vivant en Côte d'Ivoire de se référer à une identité collective et de vivre dans un sentiment d'appartenance qui lie à une terre, à un peuple, à un État, à une patrie et à une culture »[9]. Cette manière d'appréhender l'ivoirité n'est pas différente de celle de Toh Bi Emmanuel, quant à l'ivoironie. En fait, il laisse entendre que « l'ivoironie se propose de préserver vertueusement, peut-être, ce sentiment d'appartenance commune au nom des valeurs naturelles, infrastructurelles, humaines, culturelles dont les Ivoiriens disposent et sur lesquelles, aussi triste que cela puisse paraître, les consciences, à l'usure des événements vécus, semblent s'éteindre »[10]. L'ivoirité ou l'ivoironie, c'est d'abord un sentiment d'appartenance selon Adou Bouatenin

2. L. Ramsès Thiémelé Boa, « Ivoirité, identité culturelle et intégration africaine : logique de dédramatisation d'un concept », *Synergies Afrique Centrale et de l'Ouest*, n°3, 2009, p. 81.

3. Emmanuel B. Toh, « Manifeste de l'ivoironie », op. cit.

4. Ibid.

5. Adou Bouatenin, « L'ivoirité, un humanisme chez Eugène Dervain », *Langues et Usages*, n° 4, 2020, p. 528, [En ligne], consulté le décembre 2020. URL : http://www.univ-bejaia.dz/leu/

6. Assouman Bamba, « L'ivoirité comme intention d'unité », *Éthiopiques*, n°93, 2014, p. 151

7. Adou Bouatenin, « L'ivoirité, un humanisme chez Eugène Dervain », Op.cit., p. 528

8. Emmanuel B. Toh, « Manifeste de l'ivoironie », op. cit.

9. Adou Bouatenin, « L'ivoirité, un humanisme chez Eugène Dervain », op. cit., p. 530.

10. Emmanuel B. Toh, « L'ivoironie ou la francophonie made in Côte d'Ivoire », *Ivoire intellect. Mondoblog RFI,* 2017. Consulté le 21 décembre 2020.
URL : http://www.ivoireintellect.mondoblog.org/un-mot-sur-l-ivoironie/

et Toh Bi Emmanuel. Au lieu de tergiverser ou de transiger sur ces deux concepts, nous devons nous accorder sur ce que sont vraiment ces concepts afin de les mettre à l'abri des querelles partisanes. Quelles sont leurs aspirations générales ? Leurs soubassements idéologiques, culturels et identitaires ? Quels sont les moyens utilisés pour les exprimer ? L'ivoironie est-elle le prolongement ou le substitut idéologique de l'ivoirité ? Ne prétend-t-elle pas accomplir mieux la mission assignée à l'ivoirité ? Toutes ces questions sont légitimes dans la compréhension de l'ivoirité et de l'ivoironie, afin de dissiper le doute qui s'installe dans l'esprit des Ivoiriens. De ce fait, nous procédons à une analyse épistémologique de ces concepts avant de les étudier dans l'œuvre poétique d'un poète ivoirien, en occurrence Eugène Dervain, au travers de son œuvre *Une vie lisse et cruelle*. Partant de ce postulat, le plan du travail se décline en trois axes. Il s'agit donc de faire une délimitation conceptuelle, puis de relever leur manifestation, et enfin de les mettre en exergue chez Eugène Dervain.

1. Délimitation conceptuelle

La question légitime qu'on peut se poser est celle de savoir ce que c'est l'ivoirité ou l'ivoironie. La constitution des concepts « Ivoirité » et « Ivoironie » montre qu'ils ont la même racine « Ivoir ». À ce radical, on n'a fait qu'ajouter les suffises « ité » pour « Ivoirité » et « onie » pour « Ivoironie ». On peut dès lors dire que la différence entre ces deux réside dans leurs suffixes respectifs.

1.1. L'ivoirité

L'ivoirité ne cesse de délier les langues et de faire couler les encres. Si aujourd'hui elle intéresse les critiques, c'est parce qu'elle n'a pas été totalement comprise et qu'elle a été précipitée très vite à la nécropole des concepts, puisque son destin semblait être celui « d'une idée mal comprise, mal présentée et nécessairement mal critiquée »[11]. Étant née au Sénégal en 1945 par la volonté des étudiants Ivoiriens d'exprimer leur culture et leur identité[12] afin de se démarquer des autres étudiants de la sous-région, elle a été utilisée par Niangoranh Porquet et Pierre Niava, considérés comme les vrais concepteurs

---

11. L. Ramsès Thiémelé Boa, « Ivoirité, identité culturelle et intégration africaine : logique de dédramatisation d'un concept », op. cit., p. 75.

12. Adou Bouatenin, « L'ivoirité, un humanisme chez Eugène Dervain », op. cit., p. 528.

du mot selon Ramsès Thiémelé Boa, en 1974[13]. Bien avant 1974, précisément en 1971, à l'amphithéâtre Léon Robert de l'Université d'Abidjan d'alors (aujourd'hui Université Félix Houphouët-Boigny), Léopold Sédar Senghor l'avait employée pour louer le brassage culturel de la Côte d'Ivoire. Puis, elle a été réemployée par Henri Konan Bédié en 1995[14], qui est considéré à tort comme son concepteur. Comme l'a-t-on exposé, l'ivoirité a parcouru un long chemin avant de s'imposer dans le vécu quotidien de l'Ivoirien, puis d'être une récupération politicienne et d'être taxée de concept de discrimination. « Comme la Francité est à la France, l'ivoirité est à la Côte d'Ivoire vantant les valeurs culturelles et humaines ivoiriennes »[15], telle est la définition qui sera proposée ci-dessous dans le but de mieux connaître l'ivoirité.

Selon Henri Konan Bédié, « l'ivoirité, c'est justement cette mosaïque des peuples, sa culture, son identité. Pas autre chose »[16]. En 1995, il disait : « Ce que nous poursuivons, c'est bien évidemment l'affirmation de notre personnalité culturelle, l'épanouissement de l'homme ivoirien dans ce qui fait sa spécificité, ce que l'on peut appeler son Ivoirité »[17]. Quatre ans plus tard, c'est-à-dire en 1999, il laisse entendre que « l'ivoirité concerne en premier lieu les peuples enracinés en Côte d'Ivoire mais aussi ceux qui y vivent en partageant nos valeurs »[18].

Dans la revue, destinée à la promotion de la politique d'Henri Konan Bédié, *Ethics*, les différents auteurs ont essayé de définir l'ivoirité. Nous verrons quelques-unes des définitions données. Benoît Sacanoud y affirme que « l'ivoirité est ce lien essentiel qui se tisse au fil du temps entre notre pays et la manière dont chacun y vit et travaille, mais aussi un message de fraternité et de progrès pour réussir une intégration profondément humaine »[19]. Un peu loin dans la même revue, on lit que « l'ivoirité est, [...], une exigence de souveraineté, d'identité, de créativité »[20]. Bien avant ces définitions, les auteurs

13. L. Ramsès Thiémelé Boa, « Ivoirité, identité culturelle et intégration africaine : logique de dédramatisation d'un concept », op. cit., p. 75.
14. Henri Konan Bédié, *Le progrès pour tous, le bonheur pour chacun. Oui nous le pouvons*, Discours-programme 1995, Abidjan, sne, 1995, p. 38.
15. Adou Bouatenin, « L'ivoirité, un humanisme chez Eugène Dervain », op. cit., p. 534.
16. Henri Konan Bédié, à la une du journal *Le Nouveau Réveil*, n°5235 du 03 août 2019, p. 1.
17. Ibid., p. 38.
18. Henri Konan Bédié, *Les chemins de ma vie*, Paris, Plon, 1999, p. 44.
19. Benoît Sacanoud, « L'ivoirité, ou l'esprit du nouveau contrat social du Président H. K. Bédié », *Ethics*, n°1, Abidjan, PUCI, 1996, p. 16
20. Ibid., p. 16.

ont tenu à nous dire ce qui ne relève pas de l'ivoirité : « Contrairement à certaines opinions, la notion d'ivoirité n'est ni sectarisme étroit, ni expression d'une quelconque xénophobie, elle est la synthèse parfaite de notre histoire, l'affirmation d'une manière d'être originale, bref, un concept fédérateur de nos différences »[21]. Or, « [malgré] ce que l'on tente de faire croire, l'ivoirité n'est pas et ne sera pas un courant égoïste qui nourrirait d'un complaisant repli sur soi, terreau de l'exclusion et de la xénophobie »[22]. C'est sans doute ce qui pousse Thiémelé Ramsès Boa à dire que « l'ivoirité [est] une symbiose harmonieuse et un brassage »[23]. Quant à Adou Bouatenin, il affirme que « l'enracinement dans la culture ivoirienne et la valorisation de cette culture sont l'ivoirité »[24], avant d'ajouter que « l'ivoirité n'est pas une loi ni un concept politique, mais une nature et une qualité au cœur de la fraternité et de l'humanisme, un comportement, une attitude qui caractérise toutes ces personnes qui se considèrent Ivoiriens »[25].

Quelles que soient les définitions allouées à l'ivoirité, elles contribueront toutes à montrer qu'elle est un acte d'ouverture à l'autre, de fraternisation et d'identité culturelle. Cependant, l'usage de ce concept l'a fait sortir de son cadre culturel, et ce, par des détracteurs aux intentions malsaines, et l'ivoirité qui devrait rassembler les Ivoiriens, et les étrangers, les a au contraire divisés, puisqu'elle n'a pas réussi à concrétiser les intentions bienveillantes de ses concepteurs, partisans et adeptes. Après le soi-disant déclin de l'ivoirité, un autre concept voit le jour avec la même résonance : c'est l'ivoironie.

1.2. L'ivoironie

L'ivoironie voit le jour en 2017 à Bouaké à l'université Alassane Ouattara. Son concepteur Toh Bi Tié Emmanuel, enseignant-chercheur et poète, le révèle dans le Manifeste de l'ivoironie et en fera la médiatisation ; il est le seul actuellement à défendre l'ivoironie. De quoi s'agit-il exactement ? Toh Bi Tié Emmanuel la présente « comme le désir zélé de connaissance profonde du pays, le connaître pour mieux l'aimer »[26]. De ce fait, on peut dire que

---

21. Ibid., p. 12.
22. Ibid., p. 14.
23. L. Ramsès Thiémelé Boa, « Ivoirité, identité culturelle et intégration africaine : logique de dédramatisation d'un concept », op. cit., p. 77.
24. Adou Bouatenin, « L'ivoirité, un humanisme chez Eugène Dervain », op. cit., p. 530.
25. Ibid., pp. 532-533.
26. Emmanuel B. Toh, « Manifeste de l'ivoironie », op. cit.

l'ivoironie est la connaissance parfaite et intégrale de la Côte d'Ivoire. À ce propos, il ajoute :

> *L'ivoironie, donc, parce qu'elle désigne un état d'esprit et un vécu et qu'elle est culturo-identitairement marquée, elle est une spiritualité. C'est la spiritualité des Ivoiriens, peuple qui se veut uni, philosophe et artiste. Ainsi l'Ivoironie est un concept fédérateur de tous les indices et éléments référentiels de l'Ivoirien, de son pays et de son état d'esprit. Ce concept est le sommet des réalités d'ordre culturel, artistique, urbain, langagier, touristique, infrastructurel, sportif et économique de la Côte d'Ivoire[27].*

Ce concept, selon lui, est le vécu même de l'Ivoirien. En fait, « par Ivoironie, il faut entendre un concept moteur, fédérateur de tous les ingrédients de divers ordres importants à la Côte d'Ivoire et à l'Ivoirien. [...] Pour lui, l'ivoironie est la conceptualisation de la naturelle poésie de la Côte d'Ivoire et la logique de l'unité des différences tant ethniques, religieuses que politiques »[28], peut-on lire sur le site Internet de la Radio-Télévision Ivoirienne (RTI). Pour terminer sa série de définitions, il laisse entendre que

> *L'ivoironie se proposerait être un outil de sensibilisation à la réconciliation. [...] L'Ivoironie est donc un pacte consensuel qui s'érigerait en label psychisme de l'Ivoirien nouveau [...]. L'Ivoironie concernerait, et les Ivoiriens naturalisés de la Côte d'Ivoire et ceux d'origines, et même les amis de la Côte d'Ivoire. [...] L'Ivoironie, donc, est une universalité ayant pour épicentre la Côte d'Ivoire[29].*

Au travers de ces définitions, on appréhende l'ivoironie comme un pacte que les Ivoiriens doivent signer pour se réconcilier et se rapprocher davantage. De ce fait, l'ivoironie est le concept de l'Ivoirien nouveau qui serait celui là-même qui a la facilité de se confondre en l'autre, d'accepter la différence, de travailler avec l'autre dans le but de construire la nation ivoirienne : « Au mi-

---

27. Ibid.
28. Emmanuel B. Toh, « Les Ivoiriens doivent être une unité des différences politiques et religieuses », *RTI*, 2018. Consulté le 21 décembre 2020 URL: http://www.rti.ci/infos-/nterviews_22548_emmanuel-toh-bi-enseignant-chercheur-les-ivoiriens-doivent-etre-une-unite-des-differences-politiques-religueuses.html
29. Emmanuel B. Toh, « L'ivoironie ou la Francophonie made in Côte d'Ivoire », op. cit.

lieu de nos différences, soyons d'accord sur ce qui ne nous différencie pas »[30], tel est le slogan de l'ivoironie.

2. La manifestation de ces deux concepts

L'ivoirité et l'ivoironie sont présentées comme des notions fédératrices des différences basées sur la coexistence culturelle qui se repose sur un processus de participation mutuelle des expériences culturelles témoignant une identité collective. L'Ivoirité doit être défendue, aux dires de Ramsès Thiémelé Boa, autant que l'a été la Francité ou la Sénégalité[31], parce qu'elle indique les qualités spécifiques de la Côte d'Ivoire. Quant à l'Ivoironie, selon Toh Bi Emmanuel, elle est une déclinaison de la Francophonie à l'ivoirienne se voulant la voix concordante et consensuelle des Ivoiriens. Cependant, dans les faits, Ivoironie[32] fait penser à Ivoirité , parce qu'elles sont en réalité une composante naturelle de la diversité culturelle. En observant les aspirations générales de ces concepts, on constate qu'ils convergent, toutefois ils ont des divergences en ce qui concerne les soubassements idéologiques et les moyens utilisés. Néanmoins, on essayera d'établir leurs convergences ainsi que leurs divergences en vue d'une lecture meilleure et approfondie.

2.1. Au niveau thématique

Au niveau thématique, l'ivoirité et l'ivoironie se rejoignent. Saliou Touré ne dit-il pas de l'ivoirité qu'elle est « la synthèse parfaite de notre histoire, l'affirmation d'une manière originale, bref, un concept fédérateur de nos différence ? »[33]. Quant à l'ivoironie, son concepteur la présente comme étant « un concept culturel fédérateur de tous les indices et éléments référentiels de l'Ivoirien, de son pays et de son état d'esprit »[34]. Ces deux appréhensions se rejoignent également sur le fait qu'elles disent toutes deux l'expression de l'hospitalité ivoirienne. À propos de l'ivoirité, Adou Bouatenin affirme que « la

---

30. Emmanuel B. Toh, « Manifeste de l'ivoironie », op. cit.

31. L. Ramsès Thiémelé Boa, « Ivoirité, identité culturelle et intégration africaine : logique de dédramatisation d'un concept », op. cit., p. 78.

32. KOACI, « L'ivoirité, un humanisme chez Eugène Dervain », *Koaci*, 2006. Consulté le 20 décembre 2020.
URL : https://www.koaci.com/archive/2017/05/06/cote-divoire/culture/cote-divoire-litterature-apres-la-mort-de-livoirite-livoironie-voit-le-jour_109070.html

33. Saliou Touré, Saliou Touré, in Curdiphe, « L'ivoirité, ou l'esprit du nouveau contrat social du Président H. K. Bédié », op. cit., pp. 11-12.

34. Emmanuel B. Toh, « Manifeste de l'ivoironie », op. cit.

spécificité de la Côte d'Ivoire est d'être un pays de l'hospitalité. Ce qui suppose que l'ivoirité [...] est également l'expression de l'hospitalité »[35]. S'agissant de l'ivoironie, Emmanuel B. Toh montre que « l'hospitalité jouit d'une lucarne de rayonnement lustral dans l'exégèse du concept de l'Ivoironie »[36]. L'ivoirité et l'ivoironie prônant l'hospitalité se présentent également comme des concepts d'ouverture à l'autre, ici, à l'étranger. Elles expriment aussi l'appartenance à la Côte d'Ivoire. En effet, l'ivoirité est la fierté légitime que les Ivoiriens éprouvent d'être citoyens d'un pays qui s'appelle la Côte d'Ivoire. De ce fait, l'ivoirité ne diffère point de l'ivoironie qui indique plutôt un état d'esprit culturel, celui de l'Ivoirien, citoyen de la Côte d'Ivoire. Comme on le voit, l'ivoirité et l'ivoironie sont semblables du point de vue thématique.

2.2. Au niveau idéologique, culturel et identitaire

Au niveau idéologique, culturel et identitaire, ivoirité et ivoironie divergent. Sur leurs divergences, Emmanuel Bi Toh tient le propos suivant : « L'ivoironie à la différence de l'ivoirité ne se limite pas à la promotion des ressources, des valeurs culturelles seulement mais fait aussi la promotion des ressources économiques, c'est-à-dire les éléments référentiels qui renvoient à l'esprit humain et à tout ce qui est propre à l'Ivoirien »[37]. À vrai dire, les soubassements idéologiques, culturels et identitaires de ces concepts s'opposent diamétralement. L'ivoirité, se voulant une imitation de la francité ou de la sénégalité, prône une intégration régionale, un apport à la construction de l'unité africaine, la promotion et le partage des valeurs culturelles ivoiriennes. Elle est un humanisme. L'être humain est la valeur et la préoccupation centrale de l'ivoirité[38]. Quant à l'ivoironie, en tant qu'une déclinaison de la Francophonie, elle se veut participation à la vaste civilisation qu'instaure la Francophonie, valorisation du patrimoine ivoirien et les valeurs culturelles, artistiques et économiques. Elle se veut être une spiritualité des Ivoiriens et un apport à la construction de l'universalité : « L'ivoironie, donc, est une universalité ayant pour épicentre la Côte d'Ivoire [...] un ferme engagement des

---

35. Adou Bouatenin, « L'ivoirité, un humanisme chez Eugène Dervain », op. cit., p. 530

36. Emmanuel B. Toh, « Manifeste de l'ivoironie », op. cit.

37. Abidjan TV, « Côte d'Ivoire : après la mort de l'ivoirité, l'ivoironie voit le jour/ce qui se passe... », *Abidjan Tv*, consulté le 20 décembre 2020. URL: http://www.abidjantv.net/art-et-culture/cote-divoire-apres-la-mort-de-livoirite-livoironie-voit-le-jource-qui-sepasse/

38. Adou Bouatenin, « L'ivoirité, un humanisme chez Eugène Dervain », op. cit., p. 532.

Ivoiriens à participer à la vaste civilisation qu'inscrit la Francophonie »[39]. Comme la Francophonie défendant le français, l'Ivoironie a un penchant pour le nouchi, un apprivoisement du français par l'Ivoirien : « J'entends par Ivoironie, l'état d'esprit de l'Ivoirien qui apprivoise le français et qui en fait le petit espace de son état d'esprit »[40], souligne Emmanuel Bi Toh. Cet apprivoisement du français doit être visible tant chez le citoyen Ivoirien que chez ses écrivains et poètes. De ce fait, l'ivoironie apparaît en tant que concept littéraire, comme le dit son concepteur, une abstraite littérature embêtante[41].

2.3. Récapitulons

En somme, si les discours sur l'ivoirité et ceux d'Emmanuel Bi Toh, en ce qui concerne l'ivoironie, se rejoignent parfois, les fondements idéologiques, culturels et identitaires comme on les a exposés, et les moyens à mettre en œuvre pour y parvenir divergent fondamentalement. Le tableau ci-dessous illustre et résume notre propos :

	Ivoirité	Ivoironie
	Même racine « ivoir »	
	Suffixe « ité » désignant un nom abstrait de qualité.	Suffixe « onie » renvoyant à l'expressivité (la voix).
Aspirations générales (Point de vue thématique)	- Concept fédérateur des différences - Appartenance à la Côte d'Ivoire - Expression de l'hospitalité ivoirienne - Ouverture à l'autre et acceptation de l'autre (l'étranger) - Rassembler les Ivoiriens autour d'un même idéal - L'unité de tous les Ivoiriens - Cohésion sociale - Nationalisme/Patriotisme	
Soubassements idéologiques/Culturels et identitaires	- Partager des valeurs culturelles et humaines - Apport à la construction de l'unité africaine - Intégration régionale - Imitation de la francité et de la sénégalité - Concept culturel, politique et identitaire (et littéraire selon Adou Bousatenin) - Humanisme et nationalisme	- Valoriser le patrimoine ivoirien (culture, économie, sport, infrastructure…) - Apport à la construction de l'universalité - Participation à la vaste civilisation qu'inscrit la francophonie - Une déclinaison de la francophonie - Concept littéraire, cultuel, identitaire et apolitique - Une spiritualité des Ivoiriens - Nationalisme et Patriotisme
Moyens	- Arguments culturels, politiques - Ressources humaines, culturelles et politiques - (jugée) exclusive	- Arguments culturels - Ressources humaines, culturelles, économiques, littéraires, artistiques, linguistiques et politiques - (se veut) inclusive

Selon le tableau, on voit qu'il n'y a pas de grandes différences entre l'ivoirité et l'ivoironie. Il faut comprendre l'ivoironie comme un concept voulant redorer le blason de l'ivoirité terni par des individus aux intentions diverses dans un milieu malsain. Ces individus l'ont réduit en un outil de destruction

39. Emmanuel B. Toh, « L'ivoironie ou la Francophonie made in Côte d'Ivoire », op. cit.
40. KOACI, « L'ivoironie voit le jour », op. cit.
41. Emmanuel B. Toh, « Manifeste de l'ivoironie », op. cit.

condamnant ainsi les Ivoiriens à l'errance identitaire. Ils les ont spoliés de l'idée nationaliste et consciente d'appartenir à une communauté d'idéal, d'intérêt et de travail, de se sentir Ivoirien, la fierté d'être Ivoirien.

Le comportement, la façon des Ivoiriens de s'habiller, de manger, de danser, de vivre, de construire, de se divertir, de faire leur littérature…et tout ce qui fait que l'Ivoirien est Ivoirien, c'est l'ivoirité ou l'ivoironie. Cela dépend de ce que l'on entend par ces concepts. L'étranger qui s'y retrouve exprime soit son ivoirité soit son ivoironie. Nier une identité à tout un peuple, c'est le considérer comme un sous-peuple sans histoire, sans humanité. De l'ivoirité à l'ivoironie, on voit au-delà de toutes ces considérations un processus identitaire d'un peuple cherchant voies et moyens des repères pour se situer dans la Civilisation de l'Universel, véhiculée par le concept de la Francophonie, ainsi que dans la diversité culturelle sans perdre ce qui lui est spécifique tout en apportant leur touche à l'unité africaine. Mieux, elles sont l'expression de ce que les Ivoiriens devraient apporter comme valeurs spécifiques à la construction de leur unité et de leur identité, à l'affirmation de leur personnalité, à la formation d'un Ivoirien nouveau.

Les conditions dans lesquelles voient le jour l'Ivoirité et l'Ivoironie sont si bouillantes que les concepteurs et les adeptes ont du mal à donner une définition propre et qui sied au contenu de leurs concepts. Ils se perdent ou se mélangent dans les définitions qu'ils émettent, parfois ces définitions sont si confuses, philosophiques et contradictoires. Le malheur de ces concepts est d'être avant tout des mots, proposés trop tôt, dans l'euphorie et dans un bouillonnement d'idées, de passions politiques et aspirations confuses, et maniés par des tempéraments très différents, dans des situations tout aussi différentes avec une récupération politique malsaine. Par ailleurs, ces positionnements proliférants, parfois complémentaires, parfois incompatibles, rendent la notification de ces concepts flottante qui finissent par devenir un courant nationaliste. En effet, le nationalisme s'attache à défendre l'héritage intellectuel, moral, politique, religieux, culturel et artistique, qui définit le génie national et fait qu'une nation est différente de toute autre, de même qu'un individu est différent de tout autre, avec sa personnalité propre. C'est ce que prétendent l'ivoirité et l'ivoironie, puisque ces notions traduisent ce sentiment national d'appartenance culturelle, religieuse, politique, artistique, ethnique à la Côte d'Ivoire. En passant au peigne fin leurs convergences et leurs divergences, on voit qu'ils prônent l'unité de la communauté nationale en fonction d'un ou plusieurs critères objectifs et subjectifs. Comme on le souligne, il n'existe pas, à vrai dire, de divergences en tant que telles entre les deux. Comme l'ivoirité n'a pas mis les Ivoiriens d'accord, il faut bien lui trouver un palliatif réconciliateur avec une envergure plus étendue, en occurrence l'ivoironie, selon Emmanuel Bi Toh[42]. Dans tous les cas, il y a un lien étroit entre l'ivoirité et l'ivoironie, et cela semble dire que l'ivoironie vient accomplir la mission réconciliatrice de l'ivoirité. Nous allons mettre en exergue ce processus chez un poète Ivoirien, Eugène Dervain, dans son œuvre *Une vie lisse et cruelle*.

3. De l'ivoirité à l'ivoironie chez Eugène Dervain

Les études menées[43] sur le recueil de poèmes *Une vie lisse et cruelle* d'Eugène Dervain tentent toutes de montrer que celui-ci exprime son ivoirité. L'ivoirité comme étant sa nouvelle identité puisqu'il adopte les valeurs culturelles ivoiriennes. Parmi les caractéristiques que ces études ont révélées, l'on cite, à titre d'exemple, l'écriture de la négation de soi et l'écriture de l'autre. Elle est aussi l'expression de l'hospitalité, de l'amour de l'Ivoirien pour l'étranger. Elle se veut également la fraternité entre l'autochtone et l'étranger (l'allogène), mais aussi entre les autochtones eux-mêmes. C'est la raison pour laquelle, Adou Bouatenin affirme :

Si nous tenons compte des caractéristiques de l'ivoirité chez lui, nous pouvons affirmer que l'ivoirité est un humanisme, parce que les valeurs humaines qui peuvent en déterminer l'humanisme sont notamment l'acceptation (l'hospitalité), l'affection, l'empathie, l'amour envers l'autre et la fraternisation. Autrement dit, l'être humain est la valeur et la préoccupation centrale de l'ivoirité. C'est en ce sens que nous pouvons dire que chez Eugène Dervain, l'ivoirité n'est pas une loi ni un concept politique, mais une nature et une qualité au cœur de la fraternité et de l'humanisme, un compor-

---

42. Emmanuel B. Toh, « Manifeste de l'ivoironie », op. cit.

43. Adou Bouatenin, « La négritude dervainienne : L'écriture de la négation de soi et l'écriture de l'autre », *Romanica Olomuciasia*, vol. 2 n°29, 2017, pp. 177-186 ; « L'ivoirité, un humanisme chez Eugène Dervain », *Langues et usages*, n° 4, 2020, pp. 528-535 ; « Eugène Dervain vu par Eugène Dervain », *Revue de Philologie et de Communication Interculturelle*, vol. 5, n°1, 2021, pp. 125-131.

tement, une attitude qui caractérise toutes ces personnes qui se considèrent Ivoiriens[44].

Mieux, dit-il : « L'ivoirité devient humanisme chez Dervain lorsque l'étranger et l'autochtone s'acceptent comme des frères pour vivre ensemble, et partager également, et ensemble, les valeurs culturelles propres à la Côte d'Ivoire en exprimant ainsi une identité commune enrichie de leurs différences »[45]. Partant de ces études déjà faites, nous ferons une simple lecture explicative de *Une vie lisse et cruelle* pour mieux saisir la quintessence de l'ivoirité et le processus de passage à l'ivoironie.

3.1. De l'ivoirité...

D'origine martiniquaise, Eugène Dervain renonce aux valeurs culturelles de son pays pour s'octroyer celles de l'Afrique, et particulièrement celles de la Côte d'Ivoire en s'y enracinant. Cela se lit très bien dans l'extrait ci-dessous :

GRAND-BASSAM, COCODY, ANOUMABO, BLOKOSS
Nous sommes différents et cependant semblables
[...]
FANTI, BETE, GUERE, NIABOUA, SENOUFO
Personne n'a jamais dit que ce pays est nôtre
[...]
Étranger qui n'est pas sur la terre étrangère
Le hasard des courants a dilué ma peau
Si je suis né loin d'elle cette terre m'est chère[46].

Le texte est clair. Ce sont des villes, des quartiers et des ethnies ivoiriens qu'Eugène Dervain présente pour justifier sa connaissance de la Côte d'Ivoire. Les expressions telles que « nous sommes différents et cependant semblables », « personne n'a jamais dit que ce pays est nôtre », « étranger qui n'est pas sur une terre étrangère », « le hasard des courants a dilué ma peau », « si je suis né loin d'elle cette terre m'est chère » justifient l'identité d'Eugène Dervain. Il se dit Ivoirien puisqu'il n'est pas étranger :

---

44. Adou Bouatenin, « L'ivoirité, un humanisme chez Eugène Dervain », op. cit., pp. 532-533.
45. Ibid., p. 533.
46. Eugène Dervain, « À ma tante qui découvrit l'Afrique en 1965 », *Une vie lisse et cruelle*, Abidjan, Edilis, 1999, p. 26.

je ne suis pas étranger à l'enivrement de ce matin
Alors je reconnais le son de mon tambour
Comme le son du tien[47].

On voit bien que notre auteur « [...] a choisi de vivre en Côte d'Ivoire et de se laisser façonner par elle »[48]. Si on observe bien, on voit qu'il ne se reconnaît pas étranger, qu'il (se) refuse de l'être : « le hasard des courants a dilué ma peau »[49]. Il renonce à lui-même pour être l'autre, ici, Ivoirien. Il souligne son appartenance à la Côte d'Ivoire. C'est dans cette optique que Bouatenin estime que « [...] l'humanisme de l'ivoirité, chez Dervain, est ce sentiment de vouloir nous effacer afin de laisser la place à l'autre afin que celui-ci habite en nous pour mieux nous connaître, et vivre en parfaite harmonie avec les autres »[50]. Il n'y a donc plus de doute, Eugène Dervain est le frère de l'Ivoirien avec qui il partage les mêmes valeurs culturelles, humaines, sociales et historiques : le son du tambour, le souvenir, l'histoire, l'unité, la fraternité, puisque : « La vraie la seule noblesse est dans le geste sûr/Et fraternel de la cola partagée »[51]. Il épouse ici l'idéologie de l'ivoironie : « Au milieu de nos différences, soyons d'accord sur ce qui ne nous différencie pas »[52]. Il prône donc son enracinement en Côte d'Ivoire, l'unité et sa fierté d'être Ivoirien. Il dit son ivoirité.

3.2. ...à l'ivoironie

De l'ivoirité chez Eugène Dervain, on sous-entend ivoironie. En effet, du partage des valeurs culturelles, humaines, sociales et historiques, nous arrivons à la valorisation (la promotion) de ces valeurs et du patrimoine ivoirien. En d'autres mots, de l'ivoirité, on passe à l'ivoironie chez Eugène Dervain. Celle-ci se perçoit lorsqu'il dit :

Sa voix nous accompagne avec les mots
en forme de masque DAN

---

47. Eugène Dervain, « Duekoué », op. cit., p. 32.
48. Adou Bouatenin, « La négritude dervainienne : L'écriture de la négation de soi et l'écriture de l'autre », op. cit., p. 183.
49. Eugène Dervain, « A ma tante qui découvris l'Afrique en 1965 », op. cit., p. 26.
50. Adou Bouatenin, « La négritude dervainienne : L'écriture de la négation de soi et l'écriture de l'autre », op. cit., p. 533.
51. Eugène Dervain, « Odienné », op. cit., p. 50.
52. Emmanuel B. Toh, « Manifeste de l'ivoironie », op. cit.

Sa voix de jus de mangue aux comiques des lèvres
Sa voix d'igname cuite et de sang de poulet sur les pierres sacrées
Sa voix de manioc bleue et verte objective comme un rang de
perles[53].

Dans l'extrait ci-dessus, c'est le patrimoine culturel de la Côte d'Ivoire qu'il expose : le masque Dan (Ouest), le jus de mangue (Nord), l'igname cuite et le sang de poulet (fête des ignames à l'Est), le manioc (Ouest). Par ceci, on voit bien qu'il est enraciné dans la culture ivoirienne, mais c'est la valorisation de cette culture qu'il met en scène. En faisant cela, il clame donc son ivoironie. Or, l'individu qui revendique son ivoironie est supposé avoir pour pays, pour patrie la Côte d'Ivoire, être né de parents ivoiriens appartenant à une ethnie autochtone de la Côte d'Ivoire ou s'il est étranger d'avoir la nationalité ivoirienne grâce à une demande spéciale[54] : « Si je suis né loin d'elle cette terre m'est chère//De me dire, […] que tu es ma patrie »[55]. En fait, Eugène Dervain est Ivoirien par naturalisation et par situation matrimoniale[56]. De ce fait, on peut affirmer avec certitude que l'ivoironie peut se lire aussi dans la poésie dervainienne.

3.3. Ivoirité et Ivoironie : deux concepts complémentaires chez Dervain

Comme nous l'avons déjà souligné, par enracinement, Eugène Dervain clame son ivoirité, et par valorisation, il dit son ivoironie. En fait, dans sa poésie, ces deux concepts sont complémentaires pour dire une et une seule réalité qui est l'identité culturelle ivoirienne. Chez celui-ci, l'ivoirité est enracinement dans les valeurs culturelles de la Côte d'Ivoire tandis que l'ivoironie se veut valorisation de ces cultures. Avec ces deux concepts, ce sont l'adaptation aux réalités de la Côte d'Ivoire et l'intégration dans le tissu social ivoirien qui sont arborées. Partant de cela, nous pouvons dire qu'Eugène Dervain est l'exemple palpable et illustratif de ces deux concepts complémentaires, puisque l'ivoirité et l'ivoironie concernent tant l'Ivoirien que l'étranger. Il a compris que ce n'est pas seulement la couleur de la peau qui détermine l'identité, mais aussi la manière d'être, de vivre, de se sentir comme l'autre ou parler comme Paul Ricœur, d'être soi-même comme un autre[57]. C'est également la rencontre effectivement avec l'autre en interagissant avec lui et en ayant quelque chose de commun. Eugène Dervain et l'Ivoirien ont donc en commun la Côte d'I-

---

57. Paul Ricœur, *Soi-même comme un autre*, Seuil, Paris, 1990.

voire, le son du tambour, le masque Dan, le Yohouli, le jus de mangue, le manioc, la fête d'igname, le comoé…et bien d'autres choses encore. Dans un accord harmonieux, l'étranger (naturalisé) et l'autochtone doivent œuvrer ensemble « dans la pure perfection »[58] pour que « toute la floraison des songes s'anime »[59]. Dans un « rendez-vous d'amour »[60], l'autochtone ne méprend pas l'étranger, et celui-ci sait que la Côte d'Ivoire est son pays d'accueil « fraternel de la cola partagée »[61], parce qu'elle « […] n'est que fécondité, terre amoureuse »[62] pour s'épanouir culturellement, économiquement.

Au-delà de ces considérations, on constate que l'ivoirité et l'ivoironie semblent se confondre dans l'œuvre Une vie lisse et cruelle d'Eugène Dervain, parce qu'étant indissociables. En réalité, l'ivoirité et l'ivoironie sont les deux faces d'une même médaille qui relève d'un imaginaire collectif, commun et identitaire.

Conclusion

Les mutations sociales font de la quête de l'identité un processus ininterrompu. Après avoir expérimenté l'ivoirité pour témoigner de leur identité socio-culturelle, les Ivoiriens proposent l'ivoironie, un autre concept identitaire. Ces deux concepts dénotent, en effet, un imaginaire collectif et commun d'une identité exprimée par toutes les couches sociales de la Côte d'Ivoire. Cet imaginaire se veut un facteur fédérateur de la diversité et des différences qui permettra aux Ivoiriens d'être unanimes sur ce qui leur est propre, intrinsèque et unificateur dans leur culture que dans leur manière d'être, de s'affirmer, de vivre et de s'exprimer. Ayant donc expérimenté l'ivoirité qui était exclusivement destinée à la défense de tout ce qui était ivoirien au point d'être taxée d'un concept xénophobe et égoïste, une nouvelle conception de l'identité, liée à une nouvelle idéologie et à une nouvelle situation sociopolitique, avait de quoi interroger la pertinence de la question identitaire en Côte d'Ivoire. L'ivoironie, en tant qu'elle inclut toutes les différences et nécessite une parti-cipation de tous, y compris l'étranger vivant en Côte d'Ivoire, à la valorisation des richesses culturelles, infrastructurelles…, se

58. Eugène Dervain, « Douékoué », op. cit., p. 31.
59. Ibid., p. 31.
60. Eugène Dervain, « À ma tante qui découvrit l'Afrique en 1965 », op. cit., p. 27.
61. Eugène Dervain, « Odienné », op. cit., p. 50.
62. Eugène Dervain, « Douékoué », op. cit., p. 31.

propose être ce nouveau concept identitaire. À proprement parler, entre l'ivoirité et l'ivoironie, il n'y a pas une grande différence. Elles ont toutes deux les mêmes aspirations, même si les moyens utilisés pour les exprimer divergent fondamentalement.

L'ivoirité et l'ivoironie chez Eugène Dervain sont complémentaires au risque de se confondre non pas dans le sens d'une détermination spéculative, mais dans le sens de partage des valeurs intrinsèques et communes aux Ivoiriens prônant l'unité, l'hospitalité et la fraternité. Ivoirité et Ivoironie témoignent donc de ce que les Ivoiriens devraient apporter comme valeurs spécifiques à la construction de leur unité et de leur identité, à l'affirmation de leur personnalité, à la formation d'un Ivoirien nouveau. De l'ivoirité à l'ivoironie, c'est le passage ou le processus identitaire ininterrompu du partage des valeurs culturelles et humaines à la valorisation de ces cultures. C'est donc aux Ivoiriens de taire leurs querelles partisanes pour défendre leur ivoirité ou leur ivoironie, puisqu'il s'agit de leur identité et de leur survie, et qu'un peuple sans identité est un peuple sans humanité. Dans le cas contraire, l'ivoirité et l'ivoironie seront stigmatisées d'énoncés totalement dépourvus de sens.

Adou BOUATENIN, Ph.D

Bibliographie

ABIDJAN TV, « Côte d'Ivoire : après la mort de l'ivoirité, l'ivoironie voit le jour/ce qui se passe… », *Abidjan Tv*, consulté le 20 décembre 2020. URL : http://www.abidjantv.net/art-et-culture/cote-divoire-apres-la-mort-de-livoirite-livoironie-voit-le-jource-qui-sepasse/

ASSOUMAN, Bamba, « De la négritude senghorienne à l'ivoirité : les louvoiements inquiétant d'une identité inquiète », *Éthiopiques*, n°89, 2ème semestre 2012, pp. 165-190.

---, « L'ivoirité comme intention d'unité », *Éthiopiques*, n°93, 2ème semestre 2014, pp. 151-172.

BÉDIÉ, Konan Henri, *Les chemins de ma vie*, Paris, Plon, 1999.

---, *Le progrès pour tous, le bonheur pour chacun. Oui nous le pouvons, discours programmes 1995*, [Abidjan, sne], 1995.

BOA, Thiémelé, L., Ramsès, *L'ivoirité entre culture et politique*, Paris, L'Harmattan, 2003.

---, « Ivoirité, identité culturelle et intégration africaine : logique de dédramatisation d'un concept », *Synergies Afrique Centrale et de l'Ouest*, n°3, 2009, pp. 75-83.

BOUATENIN, Adou, « La Négritude dervainienne : L'écriture de la négation de soi et l'écriture de l'autre », *Romanica Olomucensia*, vol. 2, n° 29, 2017, pp. 177-186.

---, « L'ivoirité, un humanisme chez Eugène Dervain », *Langues et Usages*, n° 4, 2020, pp. 528-535.

---, « Eugène Dervain vu par Eugène Dervain », *Revue de Philologie et de Communication Interculturelle*, vol. 5, n°1, 2021, pp. 125-131.

CURDIPHE, « L'ivoirité, ou l'esprit du nouveau contrat social du Président H. K. Bédié », *Ethics*, n°1, Abidjan, PUCI, 1996.

DERVAIN, Eugène, *Une vie lisse et cruelle*, Abidjan, Edilis, 1999.

KOACI, « L'ivoironie voit le jour ». *Koaci*, 2017. Consulté le 20 décembre 2020.
URL: https://www.koaci.com/archive/2017/05/06/cote-divoire/culture/cote-divoire-litterature-apres-la-mort-de-livoirite-livoironie-voit-le-jour_109070.html

RICŒUR, Paul, *Soi-même comme un autre*, Paris, Seuil, 1990.

SACANOUD, Benoît, « L'ivoirité, ou l'esprit du nouveau contrat social du Président H. K. Bédié », Ethics, n°1, Abidjan, PUCI, 1996.

TOH, Bi, T., Emmanuel, « Manifeste de l'ivoironie », *le Pan poétique des muses|Revue féministe, internationale &multilingue de poésie entre théories&pratiques* : Lettre, n°12, mise en ligne le 26 novembre 2017.
URL : http://www.pandesmuses.fr/2017/11/ivoironie.html

---, « Les Ivoiriens doivent être une unité des différences politiques et religieuses », *RTI*, consulté le 21 décembre 2020.
URL: http://www.rti.ci/infos-/nterviews_22548_emmanuel-toh-bi-enseignant-chercheur-les-ivoiriens-doivent-etre-une-unite-des-differences-politiques-religueuses.html

---, « L'ivoironie ou la francophonie made in Côte d'Ivoire », *Ivoire intellect. Mondoblog*, 2020. consulté le 21 décembre 2020.
URL: http://www.ivoireintellect.mondoblog.org/un-mot-sur-l-ivoironie/

TOURÉ, Saliou, « L'ivoirité, ou l'esprit du nouveau contrat social du Président H. K. Bédié », *Ethics*, n°1, Abidjan, PUCI, 1996, pp. 11-12.

Pour citer cet article :

Adou BOUATENIN, « De l'ivoirité À l'ivoironie chez Eugène Dervain », *Revue Legs et Littérature*, n° 17, vol. 2, pp. 119-138.

Analyse néo-romanesque d'*Antibes* de Corinne d'Almeida

Komi Seexonam AMEWU est de nationalité togolaise. Il a fait ses études universitaires sanctionnées par un Doctorat ès-Lettres en 2013, option Littérature africaine, à l'université de Lomé. Il est depuis mai 2014 Enseignant-chercheur au département de Lettres modernes de la même université. Ses recherches et travaux lui ont permis d'obtenir le grade de Maître-Assistant au concours de CAMES de 2018.

Résumé

Dans la seconde moitié du XXᵉ siècle, le monde littéraire français a connu une révolution caractérisée par la remise en cause de l'art romanesque tel qu'hérité du XIXᵉ siècle. Les œuvres de cette tendance révolutionnaire dénommée « Nouveau roman » ont la particularité de présenter des récits dans lesquels on note une intrigue déstructurée, la primauté de la description sur la narration et des personnages quasi anonymes qui jouent des rôles de comparses. Notre lecture du roman Antibes *de la Togolaise Corinne d'Almeida nous a permis de constater des similitudes entre son œuvre et celles des nouveaux romanciers français du XXᵉ siècle tels qu'Alain Robbe-Grillet et Michel Butor. Le présent article analyse l'œuvre de la romancière togolaise en se référant à la manière d'écrire de ces nouveaux.*

Mots clés

Antibes, Nouveau roman, similitude, intrigue incohérente, personnages déchus

ANALYSE NÉO-ROMANESQUE D'*ANTIBES* DE CORINNE D'ALMEIDA

Introduction

Sous l'angle esthétique, la littérature africaine francophone a pour premier modèle la littérature française. Cela ne pourrait d'ailleurs en être autrement, puisque les premiers intellectuels de l'espace francophone de l'Afrique, qui ont pris sur eux d'écrire des romans, des pièces de théâtre et des poèmes, sont ceux formés dans les écoles coloniales ou qui ont eu l'opportunité de séjourner en France et d'y faire leurs études. Ils ont ainsi eu à s'abreuver abondamment de cette littérature française qui a connu une longue histoire depuis le moyen-âge jusqu'à nos jours et qui est marquée par plusieurs tendances. Nous voulons, dans le domaine spécifiquement romanesque, évoquer des pionniers de la littérature africaine francophone tels que Mapaté Diagne[1], Félix Couchoro[2], Ousmane Socé[3] et Camara Laye[4] sur qui l'influence des tendances romancières françaises du XIXe siècle et du début du XXe siècle (réalisme, romantisme, symbolisme, surréalisme, etc.) est indéniable. Même si par la suite, certains romanciers africains ont pu œuvrer pour sortir

---

1. Mapaté Diagne, *Les Trois volontés de Malick*, Paris, Larousse, 1920.
2. Félix Couchoro, *L'Esclave*, Paris, Editions de La Dépêche, 1929.
3. Ousmane Socé, *Karim*, Paris, Nouvelles éditions latines, 1935.
4. Camara Laye, *L'Enfant noir*, Paris, Plon,1953.

de ce carcan des normes occidentales en matière d'écriture, il n'en demeure pas moins vrai que la littérature française continue d'étendre son influence sur les écrivains de cette partie de l'Afrique.

Le cas qui nous intéresse particulièrement dans cette étude est celui de la Togolaise Corinne d'Almeida avec son roman *Antibes* (2010) dont l'organisation esthétique nous fait penser à la manière d'écrire des nouveaux romanciers français de la seconde moitié du XXe siècle, à l'instar d'Alain Robbe-Grillet et de Michel Butor. Ceux-ci, comme l'indique Alain Robbe-Grillet dans son essai *Pour un nouveau roman*5, ont eu pour aspiration majeure de renouveler les techniques romanesques en se démarquant de la tradition balzacienne de l'intrigue et des personnages héritée du XIXe siècle. Dans cette logique, ils proposent aux lecteurs des narrations insolites dans lesquelles il est à constater le rejet de la notion du héros, de la cohérence psychologique des personnages et de la vraisemblance ; le renoncement au déroulement linéaire du temps et la remise en question de l'intrigue traditionnelle. Dans leurs œuvres, l'histoire et l'espace subissent le même traitement réservé au temps. L'imaginaire prend le pas sur la réalité qui subit des transformations à partir d'interminables descriptions. On a pu alors parler de la crise du roman au XXe siècle. La similitude frappante entre leur manière d'écrire et celle de la romancière togolaise nous amène à intituler notre étude « Analyse néo-romanesque d'*Antibes* de Corinne Almeida ». Il s'agit donc pour nous d'examiner le roman de l'auteure togolaise à l'aune de la théorie littéraire de ces nouveaux romanciers du XXe siècle.

Cette analyse, qui répond ainsi à la question fondamentale de savoir quels sont les éléments d'appréciation qui poussent à faire le parallèle entre ces nouveaux romans français du XXe siècle et *Antibes*, se structure en deux grandes parties : les personnages et l'intrigue.

1. Les personnages et leur déchéance dans le roman *Antibes*

Le roman est généralement défini comme un « récit de fiction en prose, relativement long, qui présente comme réels des personnages dont il décrit les aventures, le milieu social, la psychologie »[6]. Les personnages romanesques,

---

5. Alain Robbe-Grillet, *Pour un nouveau roman*, Paris, Gallimard, 1970.
6. Michel Guillou et Marc Moingeon, *Dictionnaire Universel*, Paris, Hachette/EDICEF, 1995, p. 1060.

particulièrement, sont habituellement un calque des êtres réels. Ils ont une identité, une ascendance, des caractéristiques physiques et psychologiques et évoluent dans un milieu social. Ils agissent, parlent, souffrent et meurent comme les humains. Ils peuvent défendre une cause ou être victimes d'une situation. Leurs actions sont admirables ou détestables comme chez les humains. Ils s'apparentent à de véritables individus, mais restent des créations de l'auteur. Ainsi, lorsque le lecteur ouvre un roman, il s'attend à y retrouver ces éléments. Mais, comme chez les nouveaux romanciers, cet horizon d'attente est loin d'être satisfait en lisant *Antibes* de Corinne d'Almeida. Ce personnage-type du roman traditionnel , qui captive l'attention du lecteur pour lui permettre de vivre l'histoire, y est inexistant[7]. À la lecture de ce roman, trois aspects retiennent l'attention en ce qui concerne les personnages : l'absence d'un héros, le refus de nommer les personnages et la dérive dont ils font l'objet.

1.1. L'absence d'un héros

Dans la plupart des récits, le lecteur découvre un personnage central autour duquel se construisent les actions principales. Ledit personnage, nommé héros, s'entoure d'adjuvants[8] qui l'aident dans sa mission, au moment où d'autres personnages qui lui sont défavorables, nommés opposants, l'empêchent d'atteindre ses objectifs. Ce dispositif habituel est introuvable dans le roman de l'auteure togolaise. Il est difficile de dire que tel actant de son œuvre est le personnage principal. La narratrice qui est visible de bout en bout dans l'œuvre et qui pourrait être perçue comme l'héroïne n'a, en réalité, jamais su peser sur les événements. Elle les subit plutôt. Elle s'apparente à une marionnette puisque dans les situations où elle devrait réagir, elle se laisse à la merci des autres personnages. Elle constitue une sorte de jouet entre les mains de personnages tels que l'homme au peignoir blanc et l'albinos, tous deux

---

7. Le roman à caractère traditionnel dont il s'agit est le roman à la balzacienne (celui du XIXe siècle). C'est avec ce type de roman que les Nouveaux romanciers français du XXe siècle ont marqué leur rupture. Quelques-uns des enjeux essentiels de cette entreprise de rupture ont été exposés par Nathalie Sarraute et Alain Robbe-Grillet dans leurs essais respectifs *L'ère du soupçon* (1956) et *Pour un nouveau roman* (1963). D'autres études ultérieures mettant en relief les caractéristiques du Nouveau roman opposées à celles du roman à la balzacienne ont été effectuées par des critiques tels que Jean Ricardou (*Problèmes du Nouveau roman*, 1967 et *Pour une théorie du Nouveau Roman*, 1971), Roger-Michel Allemand (*Le Nouveau Roman*, 1996) et Francine Dugast-Portes (*Le Nouveau Roman : une césure dans l'histoire du récit*, 2005).

8. Cf. Le schéma actantiel d'Algirdas Julien Greimas, *Sémantique structurale : recherche de méthode*, Paris, Larousse, 1966.

amants de sa sœur mais qui éprouvent du plaisir à abuser d'elle sans qu'elle ne bronche. Le comportement de cette narratrice ressemble, sous un autre angle, à celui du mouton de Panurge, étant donné qu'elle a l'habitude d'imiter les actes de sa sœur sans se poser de questions sur leurs conséquences. Il convient alors de dire que ce personnage si amorphe et dénué d'esprit critique ne peut se vêtir des attributs du héros. Dans la même logique, les autres personnages sont loin d'être qualifiés de héros puisqu'ils n'apparaissent dans l'œuvre que de façon sporadique. L'homme au peignoir blanc et l'albinos, par exemples, n'interviennent dans le récit que pour entretenir des relations sexuelles avec la narratrice et sa sœur. Les parents de ces dernières, en ce qui les concerne, ont très tôt disparu dans le récit. Le père se suicide à l'étranger tandis que la mère, sans prévenir, quitte ses enfants peu de temps après. La sœur de la narratrice imite plus tard le père en se suicidant à son tour.

En somme, aucun héros ne s'est dégagé de cette œuvre parmi les personnages qui, selon les desiderata de la romancière, sont astreints à des rôles de comparse. Il faut ajouter que l'auteure togolaise, dans sa volonté d'accorder peu d'importance aux personnages, montre une sorte de réticence à les nommer.

1.2. Le refus de nommer les personnages

La façon dont Corinne d'Almeida désigne ses personnages constitue une preuve de sa volonté de les « faire tomber du piédestal »[9] où on les avait placés dans le roman traditionnel. Il est à constater chez l'auteure togolaise une propension à refuser d'attribuer des noms propres à ses personnages. Ainsi, la majeure partie des noms des personnages de son roman est formée de syntagmes nominaux, comme le montrent les exemples suivants : l'homme au peignoir blanc, l'albinos, la fille maigre, le général, la vieille, Ma dame, etc. Ces appellations, pour reprendre les mots de Mann François Noubel, constituent « un mirage verbal, une entité sonore qui se dépose aléatoirement sur un individu »[10]. Les personnages se présentent alors comme des entités

9. Alain Robbe-Grillet, *Pour un nouveau roman*, op. cit., p. 31.
10. François Mann Noubel, *Beckett ou la scène du pire, études de En attendant Godot et Fin de partie*, Paris, Champion, 1998, p. 94.

impersonnelles, des intervenants anonymes et anodins qui ne peuvent qu'avoir peu de prégnance sur le lecteur. Outre le cas de ces syntagmes nominaux, le refus de nommer les personnages s'est remarqué par la situation dans laquelle la narratrice et sa sœur se sont retrouvées dans le récit. N'ayant pas de noms, celles-ci en sont arrivées à s'attribuer un nom qu'elles auraient découvert à travers la lecture de l'histoire de "Barbe-Bleue", une auto-nomination comme alternative :

> *Anne, entendis-je, Anne. Je n'ouvris pas les yeux. [...] Anne, entendis-je encore, on m'appelait. Mon nom n'était pas Anne, mais j'étais Anne, je le savais. Je le sus dès que j'entendis la voix, je sus que ma sœur m'appelait et que quelque chose qui n'était pas la fraternité nous reliait désormais. Une main se posa sur mon visage. Anne, dis-je à mon tour, Anne. Le nom de ma sœur n'était pas Anne, mais elle était Anne, je le savais, et me vinrent à l'esprit en même temps qu'à la bouche les mots que cria à sa sœur la femme de Barbe-Bleue[11].*

Tout indique que la romancière n'accorde pas d'importance aux noms. Elle l'exprime d'ailleurs nettement à travers les propos de la narratrice qui évoque l'attitude de l'homme au peignoir blanc à son égard lorsqu'ils se sont rencontrés pour la première fois :

> *Il ne me demanda rien sur moi. Il ne me demanda pas mon nom – de quelle utilité lui eût-il été ? – et ne me donna pas le sien. Je ne le lui demandai pas, je ne voulais pas le savoir, je voulais continuer à le désigner dans mon esprit sous le vocable l'homme au peignoir blanc qui pour moi le résumait on ne peut mieux[12].*

Cette façon de procéder n'est pas sans rappeler les Nouveaux romanciers du XXe siècle qui, dans leurs romans, désignaient leurs personnages par des initiales, des prénoms banals ou des pronoms personnels. Il suffirait de se référer aux œuvres romanesques de cette époque telles que *Le Voyeur* (1955) d'Alain Robbe-Grillet et *La Modification* (1957) de Michel Butor pour s'en

---

11. Corinne d'Almeida, *Antibes*, Paris, Gallimard, 2010, pp. 136-137.
12. Ibid., p. 88.

convaincre. Dans la première œuvre, en dehors du personnage Mathias dont on sait peu de choses, d'autres personnages se présentent sans identité. Ils ont pour noms : le garagiste, le buraliste, la fille au visage apeuré de chien battu, la très jeune femme sans identité, etc. Ainsi, comme c'est aussi le cas chez l'auteure togolaise, le personnage du *Voyeur* ne trouve un nom que grâce à sa profession, à son sexe, à sa corpulence ou grâce à d'autres aspects physiques. Dans la seconde œuvre (*La Modification*), le nom du personnage qu'on peut qualifier de principal (Léon Delmon) est mué rapidement en pronom personnel « vous », ce qui donne l'impression au lecteur que le récit tourne autour de sa propre histoire. Dans la même logique, Corinne d'Almeida fait dans son récit un usage abondant de pronoms personnels au point d'embrouiller, par endroits, le lecteur qui assiste à une sorte de jeu, comme cela apparaît dans le passage suivant : « Il était en retard. Un *il* bien sûr et non un *elle*. Pourquoi aurait-elle attendu un elle ? Tous les *elles* qu'elle connaissait (et même celles qu'elle ne connaissait pas) l'auraient tuée si elles avaient pu »[13].

Il faut ajouter, au-delà de cette banalisation des noms, que la romancière togolaise s'est évertuée à enlever la substance de ses personnages en les réduisant presque en coquilles vides. Ils partent alors à la dérive dans le roman.

1.3. Les personnages à la dérive

Comme cela est souvent perceptible dans les nouveaux romans du XXe siècle, les personnages d'*Antibes* sont eux aussi loin d'être des êtres conquérants que le lecteur rencontre dans les romans à caractère traditionnel. Les personnages de la romancière togolaise, pour la plupart, ne présentent aucune densité. Ils sont en marge de la société ou sous l'effet de forces qui les dépassent. Le monde qui les entoure leur paraît étranger. Cette situation est matérialisée dans l'œuvre par, entre autres, les cas de suicide. Le père de la narratrice, à l'issue d'une vie d'errance, se donne la mort par pendaison. Sa fille (la sœur de la narratrice), après le départ inopiné de leur mère et à la suite des aventures amoureuses ponctuées de déception, passe de vie à trépas en buvant une coupe de poison. « Puis la chambre d'hôpital, l'attente, la poitrine de ma sœur qui se soulève, le poison dans son ventre qui continue d'œuvrer, de dissoudre ses viscères, provoquant d'insoutenables borborygmes »[14], souligne

---

13. Corinne d'Almeida, *Antibes*, op. cit., p. 103.
14. Ibid., pp. 138-139.

la narratrice à propos des derniers moments de sa sœur. La narratrice, elle-même, s'apparente à une girouette à la merci du vent. Elle agit par imitation des actes de sa sœur et accepte presque tout sans récriminer. En dehors du rôle de domestique qu'elle joue en aidant Ma dame percluse, ses actions les plus illustres dans l'œuvre consistent à céder aux désirs sexuels des hommes tels que l'homme au peignoir blanc et surtout l'albinos connu pour son donjuanisme. C'est d'ailleurs ce dernier qui aurait causé la déception et la mort de la sœur de la narratrice par son attitude de séducteur insatiable.

Un autre aspect remarquable concernant les personnages d'*Antibes* est que l'auteure les présente, pour la plupart, sans fonction et sans domicile fixe. Des personnages comme l'homme au peignoir blanc et l'albinos se promènent au gré des circonstances et agissent sans tenir compte des normes sociales. Cela ne les gêne pas, en effet, d'entretenir des relations sexuelles concomitamment avec les deux sœurs du récit. Le général de l'œuvre n'est général que de nom. Aucune activité militaire n'est signalée en ce qui le concerne, comme le lecteur devrait s'y attendre normalement. À la place des conquêtes militaires, il s'est illustré plutôt dans les conquêtes visant l'assouvissement de ses appétits charnels. Il s'apprête d'ailleurs, dans l'œuvre, à se rendre à Antibes (une commune française, située dans les Alpes-Maritimes) pour d'autres aventures libidineuses, comme l'illustre la conversation entre lui et la narratrice :

> *Je vis une valise dans un coin. « Vous partez ? », dis-je au*
> *général. « Oui », répondit-il. « Où allez-vous ? » Il ne me ré-*
> *pondit pas tout de suite. Il prit son temps pour me répondre. « A*
> *Antibes. » [...]. « Est-ce l'endroit où votre femme part en va-*
> *cances ? » [...] J'ajoutai : « Elle y est peut-être en ce moment*
> *même et vous partez la rejoindre ? » Le général sourit : « Non.*
> *Ma femme part dans un endroit qui est l'opposé d'Antibes »*
> *Oh... », dis-je et je le regardai ...*[15].

La fille maigre, mariée à un "homme de bonne famille", n'a d'autre fonction que de se préoccuper de son aspect physique et du regard des autres ou de leurs opinions sur elle : « Cela lui arrivait constamment parce que sa laideur gênait les gens, instaurait entre elle et eux un fossé que ses interlocuteurs ne

---

15. Ibid., p. 272.

voyaient pas, mais qu'elle voyait très bien. Elle se voyait d'un côté et les voyait de l'autre, indécis, cherchant rarement un passage, tâtonnant un peu et renonçant sans insister »[16]. Pour une raison non élucidée dans le roman, elle finit par tirer sur son mari qui n'a pas succombé à ses blessures. C'est lui qui présente les faits à Azul, un autre personnage du récit qui, voyant la photo de la fille maigre, dit d'elle qu'elle apparaît gentille. Cette observation fait réagir vivement le mari : « Gentille ? [...]Toi, Azul, es-tu gentille ? [...] Sais-tu ce que font les femmes gentilles ? [...] Elles prennent un fusil. Elles attendent, embusquées, que leur mari passe à cheval et elles tirent »[17]. Bref, les ressemblances sont frappantes entre la conception des personnages de Corinne d'Almeida et celle des Nouveaux romanciers. Chez la romancière togolaise, comme chez ses prédécesseurs Nouveaux romanciers, il est à remarquer fondamentalement la banalisation des personnages qui apparaissent dans le récit comme des fantoches. Le lecteur assiste, à son corps défendant, à l'absence notoire d'un héros auquel il pourrait s'identifier. Il ne peut que s'interroger sur cette conception singulière des personnages qui évoluent d'ailleurs dans une intrigue énigmatique.

2. L'intrigue et ses méandres dans le roman *Antibes*

L'intrigue est généralement définie comme la « combinaison des différents incidents qui forment la matière d'une pièce, d'un roman, d'un film »[18]. Dans le roman traditionnel, où il est visé la création d'un univers stable, déchiffrable et lisible, elle est structurée et progressive (situation initiale, perturbation, péripéties, élément équilibrant, situation finale). L'intrigue du roman *Antibes*, en revanche et comme la concevaient les Nouveaux romanciers du XXe siècle, est déstructurée. En effet, dans l'œuvre de la romancière togolaise, l'intrigue est marquée par le refus du déroulement chronologique des événements, l'incohérence et la primauté de la description sur la narration. Les thèmes, centrés sur la vie quotidienne, qui y sont développés sont banals et l'action est limitée à des événements sans importance. Ainsi, avec *Antibes*, le lecteur a affaire à un roman volontairement confus qui exprime une vie psychique décousue et irrationnelle. Trois éléments attirent particulièrement notre attention en ce qui concerne l'intrigue de ce roman : l'envahissement du récit par la description, son incohérence et les fragments obsédants qui l'émaillent.

---

16. Ibid., p. 160.
17. Ibid., pp. 184-185.
18. Michel Guillou et Marc Moingeon, *Dictionnaire Universel* op. cit., p. 630.

2.1. Une description envahissante

Dans *Antibes*, les descriptions occupent une très grande place. On dirait que les objets et les choses sont même plus importants que les personnages réduits à l'insignifiance. Chaque geste, chaque objet ou élément de la nature est décrit avec minutie. Cette primauté de la description sur la narration n'est pas fortuite. Elle contribue à brouiller les pistes et à déstructurer le récit. Il faut noter que le roman traditionnel à la balzacienne n'est pas dénué de descriptions. Toutefois, il y a une différence notable entre la description dans ce type de roman et celle relevée dans le Nouveau roman qui influence certainement l'écriture romanesque de Corinne d'Almeida. Dans une analyse comparatiste impliquant les deux types de roman, Wistiti dévoile cette différence :

> *Dans le roman traditionnel (Balzac par exemple) on trouve de nombreuses descriptions : descriptions dont le but est de faire voir (il fallait planter un décor, définir le cadre de l'action, présenter l'apparence physique des personnages, etc.). Ces descriptions constituent un univers stable et sûr qui, par sa ressemblance avec le monde réel, garantit l'authenticité des événements, des paroles, des gestes qui surviennent dans ce cadre. [...] Le lecteur pressé de connaître l'histoire peut même sauter les descriptions qui ne constituent que le cadre d'un tableau. Dans le Nouveau Roman il est impossible de passer les descriptions qui constituent un des tableaux essentiels du livre. À la limite l'on pourrait dire que ces descriptions constituent la fiction partielle de chaque Nouveau Roman. Sauter les descriptions du Nouveau Roman reviendrait à ne plus rien comprendre aux aspects fictionnels du récit ! Le Nouveau Roman décrit des objets insignifiants (le roman traditionnel insistait sur des éléments révélateurs). Le Nouveau Roman affirme la fonction créatrice de la description (le roman traditionnel prétend reproduire une réalité préexistante). Le Nouveau Roman semble vouloir détruire les choses à force d'en parler (le roman traditionnel fait voir les choses)...*[19]

19. Wistiti, « Le Nouveau Roman », *Le cours de français*, 17 août 2011, en ligne, Consulté le 17 janvier 2021. URL: http://frandidac.over-blog.com/article-le-nouveau-roman-81767509.html.

Les aspects de la description dans le Nouveau roman dévoilés par Wistiti sont analogues aux caractéristiques descriptives d'*Antibes*. En effet, les descriptions, qui constituent une partie non négligeable du roman, portent souvent sur des objets et des choses insignifiants. C'est le cas dans le passage suivant où un barman présente de son amante quelques aspects physiques dont il tire le motif de sa séparation avec elle :

> *Ses doigts passent dans sa chevelure, glissent et s'arrêtent : le nœud est là, elle pousse un cri. Je voyais mille choses. Ses gros doigts. Je n'avais jamais vu que ses doigts étaient si gros. Elle lève le bras. Elle a une ombre dans l'aisselle, son aisselle épilée, des poils qui repoussent peut-être, [...], ils forment un talus de stricts bâtonnets noirs. [...]. Elle met des sandales de cuir tressé. Je remarque ses pieds, des pieds si grands que cela m'étonne, cela me vexe presque. Tout ce temps avec elle sans savoir qu'elle avait de si grandes extrémités. Je me sens contrarié et je prends la décision de la quitter[20].*

Les éléments mis en relief dans cette description, notamment les poils des aisselles et la grosseur des doigts et des pieds, portent la marque de cette insignifiance. Et dire que c'est à cause de ces détails que le barman se sépare de son amante revient à démontrer l'étrangeté qui caractérise souvent les descriptions qui truffent le texte de l'auteure togolaise. Peu avant ce passage descriptif, l'auteure s'attarde sur un « meuble aux pieds arqués [qui] était caparaçonné de plaques dorées, [...] »[21]. Plus loin, ce sont les yeux de la narratrice qui « dérivent des papilles décrassées, devenues blanches et roses, d'une langue de bœuf au sentier de graisse traversant une entrecôte, d'un impressionnant dôme d'escalopes panées à une chaîne mollasse de saucisses, [...] »[22]. Ces interminables descriptions constituent, dans le roman, d'énormes pauses pouvant avoir pour conséquence la perte du fil de l'histoire racontée. Celle-ci paraît d'ailleurs décousue et difficilement cernable par le lecteur à cause de l'incohérence qui la caractérise.

---

20. Corinne d'Almeida, *Antibes*, op. cit., p. 84.
21. Ibid., p. 26.
22. Ibid., p. 117.

2.2. L'incohérence dans le récit

Le roman *Antibes* laisse apparaître, sur le plan structurel, un désordre patent. Le lecteur non averti, en ce qui concerne cette forme d'écriture, se trouve perdu devant un texte rébarbatif et déconcertant. Il est amené à s'interroger sur le sujet de l'œuvre et les intentions qui guident la romancière dans sa conception. Il faut dire que le récit de Corinne d'Almeida paraît décousu. Les événements qui y sont développés ne s'enchaînent pas dans une cohérence donnée. Une histoire commence, la narratrice ne la laisse pas s'achever avant qu'une autre intervienne brusquement et ainsi de suite jusqu'à la fin de l'œuvre. Le lecteur a l'impression d'avoir affaire à des morceaux d'un puzzle qu'il doit recoller avec dextérité avant d'avoir l'image complète. Il a, en réalité, affaire à une narration éclatée. Ainsi, devant des idées disparates se déployant par bribes, sans aucun ordre précis, il est obligé de se poser des questions de compréhension à chaque étape de l'œuvre sans avoir des réponses concrètes. C'est peut-être à la fin de l'œuvre qu'il pourra avoir quelques certitudes. Au niveau des trente premières pages du roman, par exemple, le lecteur découvre tantôt l'histoire des Noirs qui satisfont la libido des vieilles femmes blanches pour avoir des papiers ou trouver de quoi vivre, tantôt une allusion à l'histoire du Togo, tantôt un quartier malfamé où il y a les flaques d'eau, tantôt un chien errant, tantôt une femme qui s'était tuée. Ces genres de situation étant abondants dans le texte de Corinne d'Almeida, son lecteur aura l'impression d'être en présence d'une radio qui change fréquemment et intempestivement de stations.

La manière de construire les phrases contribue aussi, à divers endroits du texte, à cette impression d'incohérence. Le lecteur a affaire à des phrases très longues (20 à 25 lignes), des phrases qu'on peut qualifier de kilométriques, à l'instar de celle-ci :

> *Et, je le confesse, c'était ma faute, ma très grande faute, si j'avais oublié que dans son ventre rempli d'une eau allant d'elle à moi et de moi à elle, en un cycle fermé, une mère m'avait portée, qu'elle m'avait expulsée, moi, part d'elle-même, moi, plus que sa côte, dans une débauche de sang, de cris et de matières, puis qu'elle m'avait nourrie de la substance aqueuse par elle-même produite et qui n'était rien d'autre qu'un travestissement de sa propre chair et de son propre sang ;*

c'était ma faute si j'avais oublié les soins qu'elle m'avait prodigués, l'eau froide et l'eau chaude patiemment mélangées pour obtenir des bains aux températures différentes où elle me plongeait successivement, si j'avais oublié que lorsque j'avais le hoquet elle détachait un fil de mon vêtement pour le poser sur ma fontanelle, qu'elle me modela la tête pour la conformer aux canons de beauté d'un temps révolu et que pour me consoler, lorsque enfant je pleurais, elle me chantait cette berceuse connue de toutes les mères, Tu es mon enfant chéri, bon ou mauvais, tu es mon enfant chéri, ne pleure pas dans la nuit ou tu attireras le monstre qui vole les voix d'enfants ; c'était ma faute, de moi seule la faute, car je ne doutais pas que ma mère l'eût fait, suivre les règles et les traditions jusque dans ce qu'elles avaient de plus suranné était son style, sa marque de fabrique[23].

L'incohérence et le flou sont entretenus grâce aussi à certains procédés atypiques utilisés par l'auteure. A titre illustratif, elle mélange, à certains endroits du texte, le récit et le discours sans utiliser les outils qu'il faut à cet effet. Le cas suivant est tel que le lecteur aura de la peine à distinguer les interlocuteurs qui s'expriment :

Hem. Qu'est-ce que c'était Mémé ? Tu t'en souviens ? Ha. Ils l'avaient l'un et l'autre sur le bout de la langue. Une. Un. Qu'est-ce que c'était ? Ils le savaient. Ils le lui avaient déjà montré. Non ? Nous ne vous l'avons pas montré ? A qui l'avons-nous montré ? Nous l'avons montré à quelqu'un[24].

La difficulté majeure en lisant ce passage est de savoir exactement quels sont les personnages représentés par les pronoms tu, ils, lui et nous qui le jalonnent. À certains niveaux du récit, comme dans le cas suivant, on assiste à un mélange des personnes grammaticales : le "je" devient subitement le "tu". Il y a une forme de dialogue sans annonce avec les deux points, les guillemets et les verbes déclaratifs :

Je me sens presque libre, obligée de rien. Onze ans trois quarts, obligée de me couvrir la poitrine parce qu'un sein m'a poussé.

---

23. Ibid., pp. 212-213.
24. Ibid., p. 117.

Une pousse de un centimètre et demi, rien d'alarmant, mais désolé, tu ne vas plus aller dehors le torse nu, tu ne vas plus pouvoir courir dans les rues le torse nu, tu ne vas plus pouvoir aller et venir dans ta maison le torse nu, les seuls endroits de ta maison où tu pourras être nue sont les w-c et la salle de bains et cela n'est que la face visible de l'iceberg[25].

Dans ce passage, il s'agit en réalité d'une alternance entre le discours direct et le discours indirect au sein d'une même occurrence textuelle. L'absence de guillemets observée ne peut que désorienter le lecteur. Un peu plus loin et dans la même logique, on peut lire : « Elle ne s'arrête pas pour leur parler ou pour écouter ce qu'ils ont à lui dire. Ils n'ont rien à lui dire. Surtout pas Tu es belle, tu ressembles à Noami Campbell. Qui est Noami Campbell ? Dieu ! Tu ne sais pas qui c'est ? Viens chez moi, je te montrerai les photos d'elle »[26]. On note une scène similaire à un autre endroit du texte où plusieurs voix se font entendre dans un passage, sans qu'il y ait des signes orthographiques et des outils langagiers appropriés pour les distinguer :

Je ne savais rien des fleurs pâlissantes, rien des fleurs mourantes. Oh menteuse, tu ne lui répondis pas parce que tu en savais quelque chose, parce que, quand tu entendis sa phrase, quelque chose te happa, quelque chose te mordit, te mordit bel et bien et tu baissais la tête, ta bouche s'ouvrit, mais rien n'en sortit, voilà menteuse pourquoi tu ne lui répondis pas[27].

Outre ces aspects, le texte est émaillé de banalités, de flashs back incessants. Tous ces artifices inhabituels le rendent difficilement lisible et compréhensible. Sachant elle-même que son texte peut s'avérer incompréhensible, l'auteure togolaise prend sur elle de produire, à divers endroits, des explications qui sont visibles par les longues parenthèses et les notes de bas de page qui le truffent. C'est le cas de l'histoire d' « un enfant qui se mettait à perdre de l'eau par son oreille » nécessitant une précision de l'auteure par une note de bas de page dont voici la teneur : « Voilà le genre d'histoires que le dernier amant de la sœur collectait là où il travaillait et qu'il racontait sans plaisir, qu'il se serait même abstenu de raconter si la sœur de la femme avec laquelle

25. Ibid., pp.60-61.
26. Ibid., p.61.
27. Ibid., p.88.

il couchait et qui devait elle-même devenir la femme avec laquelle il couchait ne le lui avait demandé avec insistance, [...] »[28]. Au total 39 notes de bas de page recensées sans compter les nombreuses précisions, explications et autres détails entre parenthèses.

Un autre aspect qu'il importe de relever et qui concourt à montrer la volonté de Corinne d'Almeida de rompre avec les conventions romanesques, de déconstruire le genre comme ses prédécesseurs nouveaux romanciers, est l'abondance des fragments obsédants.

2.3. Les fragments obsédants

Les fragments obsédants dont il s'agit sont les répétitions de mêmes événements, de mêmes faits, de mêmes mots ou phrases dans le récit. La présence de ces fragments répétitifs constitue l'une des caractéristiques des nouveaux romans à l'instar de *Degrés* (1960) de Michel Butor et des œuvres *Dans le labyrinthe* (1959) et *La Maison de rendez-vous* (1965) d'Alain Robbe-Grillet. Tandis que *Degrés* fait décrire inlassablement par trois personnages différents la même expérience humaine, celle de quelques semaines d'une classe de seconde dans un lycée, *Dans le labyrinthe* présente dans une logique répétitive l'aventure d'un soldat chargé d'une commission urgente pendant une déroute. Le roman *La Maison de rendez-vous*, en ce qui le concerne, décrit plusieurs fois la soirée chez Lady Ava avec la présentation des mêmes scènes éroticosadiques.

Antibes de Corinne d'Almeida s'inscrit dans la même logique. Dans cette œuvre, les mêmes types d'événements sont répétés de façon obsessionnelle par l'auteur. C'est le cas des suicides qui reviennent par intermittence dans le récit. Si ce n'est pas le père de la narratrice qui se donne la mort par pendaison, c'est sa sœur et une autre femme qui décident d'en finir avec leur vie en buvant du poison. Il faut dire que le suicide de la sœur de la narratrice a été précédé de l'intention obsessionnelle de mourir exprimée plusieurs fois par celle-ci avant l'acte fatal. Cette obsession se traduit par la répétition de « Moi morte » telle que perceptible dans le passage suivant :

> De temps en temps, ma sœur se dit : Moi morte. C'est tout. Moi morte. Deux mots qui s'agrègent et une sensation : le cœur qui

---

28. Ibid., p. 268.

bondit. C'est tout. Après, elle pense à autre chose. Les jours
passent. L'idée revient, plusieurs fois dans la même journée.
Moi morte. Le même bond du cœur, mais il n'est plus anodin, il
a du sens, il dit : Moi morte c'est faisable, et une nouvelle fois
l'idée s'arrête. Pourquoi ? C'est qu'il y a tant à vivre quand
même[29].

Outre le suicide, le lecteur a droit à la présentation répétitive des histoires
d'actes sexuels ou de scènes érotiques, un peu à la manière des personnages
de *La maison de rendez-vous*, entre la narratrice et les amants de sa sœur ou
entre elle et d'autres hommes. Tour à tour, l'homme au peignoir blanc, l'albinos et le photographe K. M. John ont bénéficié des largesses érotico-sexuelles
de la narratrice. Même au cimetière, à l'enterrement de sa sœur, la narratrice
subit une scène érotique initiée par l'albinos :

L'un de ses doigts s'était frayé un chemin entre deux boutons de
ma robe, avait écarté ma culotte et trouvé un autre chemin, un
noir chemin, raviné et boursouflé de molles dénivellations,
tendres et plus douces que l'intérieur d'une joue et, me
demandais-je, si le doigt de l'albinos avait été long, long, un
doigt démesuré, aurait-il pu remonter sans encombre jusqu'à
ma bouche et en émerger, ongle en avant, peut-être en deuil, tête
plate de serpent ?[30].

Ces genres de scènes abondent dans le texte à tel point que le lecteur ne peut
que s'interroger sur l'objectif visé par la romancière. Il aura à se poser la
même question lorsqu'il aura à découvrir le développement abondant et répé-
titif de l'histoire de *Nuit de rêve* (le nom d'un parfum) à divers endroits du
récit. En dehors de ces scènes répétitives de suicide, de sexe et de parfum, il
est à remarquer la répétition de certaines phrases dans le récit. C'est le cas de
la phrase « Souffre, tu en as le droit, mais ne souffre pas plus qu'il n'est permis »[31]. Selon la narratrice, cette phrase est dite aux volailles quand on s'apprête à les tuer ou à ceux qui sont endeuillés. Ainsi, la même phrase est dite
par les amies d'école de la narratrice lorsque celle-ci pleurait la mort de son
père. Elle est aussi prononcée par ceux qui sont venus pour présenter leurs

---

29. Ibid., p. 173.
30/ Ibid., pp. 211-212.
31. Ibid., p. 56.

condoléances à la même narratrice à la mort de sa sœur. De façon générale, avec ces fragments obsédants, le lecteur a l'impression d'assister à plusieurs représentations d'une même pièce, même si chaque représentation diffère un tout petit peu de l'autre. Tout semble indiquer que l'auteur, tel un sculpteur, revient sur les mêmes scènes pour les retravailler en vue d'atteindre une minutie ou de produire un effet d'écriture qui pourrait s'inscrire dans une perspective multiple et donc conduire à une lecture plurielle. Ainsi, comme l'a souligné Jean Ricardou à propos des Nouveaux romanciers du XXe siècle, on pourrait affirmer que le roman *Antibes* « est moins l'écriture d'une aventure que l'aventure d'une écriture »[32].

Conclusion

Il ressort de ce qui précède que les procédés stylistiques et narratifs utilisés par Corinne d'Almeida apparaissent déconcertants. Dans son roman *Antibes* on note, en effet, des personnages amorphes et presque anonymes, l'abolition de toute chronologie, le mélange des diverses phases de l'action et une description envahissante qui prend le plus souvent le pas sur la narration. Cette façon d'organiser le récit ne peut que dérouter tout lecteur non averti au préalable de l'existence d'une telle forme d'écriture. Celui-ci, habitué à une certaine forme de roman, se retrouvera brusquement en face d'une écriture romanesque totalement différente, un roman déroutant par son contenu et surtout par sa forme. En réalité, le rapport de confiance et d'identification au personnage qui existait traditionnellement devient impossible avec cette forme romanesque, puisque le monde y est représenté de manière plus incertaine, les repères habituels du lecteur paraissent brouillés. Mais celui-ci, au lieu de se sentir exclu, doit plutôt adopter une attitude critique. Ce que la romancière togolaise semble lui demander, c'est une collaboration active et non passive.

Il faut toutefois souligner que cette forme d'écriture romanesque ne constitue pas une nouveauté dans le monde littéraire francophone. Elle nous rappelle plutôt les Nouveaux romanciers français de la seconde moitié du XXe siècle qui ont en commun le refus du roman à la balzacienne et la rupture avec la figure sartrienne de l'écrivain engagé.

Komi Seexonam AMEWU, Ph.D

32. Jean Ricardou cité par Pierre-Louis Rey, « Roman - Le nouveau roman », *Encyclopædia Universalis* [en ligne], Consulté le 07 novembre 2020.
URL: https://www.universalis.fr/encyclopedie/roman-le-nouveau-roman/.

Bibliographie

ALLAIRE, Suzanne, « Roman et nouveau roman en France », *Le Français dans le monde*, vol. 27, n°212, 1987, pp. 48-53.

ALLEMAND, Roger-Michel, *Le Nouveau Roman*, Paris, Ellipses, 1996.

ARGUEDAS Rojas César, AGUILAR Renato Ulloa, « Qu'est-ce que le Nouveau Roman? », *Revista de Lenguas Modernas*, N° 18, 2013, pp. 169-174.

ARON Paul, SAINT-JACQUES Denis, VIALA Alain, *Le Dictionnaire du littéraire*, Paris, PUF, 2010.

BARTHES, Roland, *Essais critiques*, Paris, Seuil, 1964.

BUTOR, Michel, *La Modification*, Paris, Minuit, 1957.

---, *Degrés*, Paris, Gallimard, 1960.

---, *Essais sur le roman*, Paris, Gallimard, 1969.

CHAMPIGNY, Robert, *Pour une esthétique de l'essai: analyses critiques (Breton, Sartre, Robbe-Grillet)*, Paris, Lettres modernes, 1967.

COMBIS, Hélène, « Le nouveau roman en 5 grands principes », *France Culture*, 3 août 2016. Consulté le 20 décembre 2020. URL: https://www.franceculture.fr/litterature/le-nouveau-roman-en-5-grands-principes

D'ALMEIDA, Corinne, *Antibes*, Paris, Gallimard, 2010.

DUGAST-PORTES, Francine, *Le Nouveau Roman : une césure dans l'histoire du récit*, Paris, Armand Colin, 2005.

GREIMAS, Algirdas Julien, *Sémantique structurale : recherche de méthode*, Paris, Larousse, 1966.

GUILLOU Michel, MOINGEON Marc, *Dictionnaire Universel*, Paris, Hachette/EDICEF, 1995.

JANVIER, Ludovic, *Une parole exigeante : le nouveau roman*, Paris, Minuit, 1964.

NOUBEL, Mann François, *Beckett ou la scène du pire, études de En attendant Godot et Fin de partie*, Paris, Honoré Champion, 1998.

REY, Pierre-Louis, « Roman - Le nouveau roman », *Encyclopædia Universalis* [en ligne]. Consulté le 07 novembre 2020. URL: https://www.universalis.fr/encyclopedie/roman-le-nouveau-roman/

RICARDOU, Jean, *Problèmes du Nouveau Roman*, Paris, Seuil, 1967.

----, *Pour une théorie du Nouveau Roman*, Paris, Seuil, 1971.

RICARDOU Jean, ROSSUM-GUYON Van (éd.), *Nouveau Roman: hier, aujourd'hui* (colloque de Cerisy, 1971), U. G. E. « 10/18 », 2 vol, 1972.

ROBBE-GRILLET, Alain, *Dans le labyrinthe*, Paris, Minuit, 1959.

---, *Pour un Nouveau Roman*, Paris, Minuit, 1963.

---, *La Maison de rendez-vous*, Paris, Minuit, 1965.

SIMONIN, Anne, *Les Editions de Minuit 1942-1955 : le devoir d'insoumission*, Paris, IMEC, 1994.

WISTITIT, « Le Nouveau Roman », *Le cours de français*, 17 août 2011, en ligne, Consulté le 17 janvier 2021. URL: http://frandidac.over-blog.com/article-le-nouveau-roman-81767509.html

WOLF, Nelly, *Une littérature sans histoire : essai sur le Nouveau Roman*, Genève, Droz, 1995.

YANOSHEVSKY, Galia, « De L'ère du soupçon à Pour un nouveau roman. De la rhétorique des profondeurs à la rhétorique des surfaces », *Revue Études littéraires*, vol. 37, n°1, Laval, Université de Laval, 2005, pp. 67-80.

Pour citer cet article :

Komi Seexonam AMEWU, « Analyse néo-romanesque d'*Antibes* de Corinne d'Almeida », *Revue Legs et Littérature*, 2021 | n° 17, vol. 2, pp. 139-158.

Les représentations de la femme dans *Le Chercheur d'Afriques* (1990) et *Dossier classé* (2002) d'Henri Lopes

Dr Ndèye Maty PAYE est actuellement enseignante-chercheure sénégalaise, au département de français de l'Université de la Gambie (Afrique de l'ouest). Elle dispense des cours de sociolinguistique, des cours de langue (FOS/FLE). Titulaire d'une licence en Langue et Littérature françaises et d'un master en Linguistique Française à l'Université de Fès – Maroc en 2005, elle obtient aussi un Master 2 en Didactique des Langues-Cultures puis un doctorat en Sciences du Langage option Sociolinguistique à l'université de Montpellier 3 – France. Elle est l'auteure de quatre ouvrages et d'une dizaine d'articles.

Résumé

L'écrivain congolais Henri Lopes est un auteur prolifique. En effet, avec une rare fécondité intellectuelle, il fait de la femme, un personnage central de sa production littéraire. L'image de celle-ci y est affirmée avec récurrence. Dans ses deux romans, Dossier classé *(2002) et* Le Chercheur d'Afriques *(1990), la représentation de la femme est plurielle. Ce faisant, elle vit dans une phallocratie et un parage évidents, victime de la guerre des sexes. Fragilisée, sans voix dans certains contrées ; la femme peut paraître pourtant, dans d'autres sphères, émancipée, porteuse d'une mission éducative en inculquant les valeurs traditionnelles du clan familial. Le corps de la femme noire est sublimé, sans fausse pudeur, révélant sa beauté. Une dichotomie entre femme Blanche et Noire est construite autour des travaux domestiques. Enfin, une opposition entre les femmes fidèles, mariées, légitimes d'une part ; et d'autre part, des femmes libres, amantes, illégitimes se dessine. Nous proposons dans cette présente contribution, d'examiner avec minutie le portrait féminin chez l'auteur.*

Mots clés

Genre, sexe, représentation, femme, littérature

LES REPRÉSENTATIONS DE LA FEMME DANS *LE CHERCHEUR D'AFRIQUES* (1990) ET *DOSSIER CLASSÉ* (2002) D'HENRI LOPES

Introduction

Henri Lopes est né en 1937 à Léopoldville au Kinshasa. Après des études primaires et secondaires dans son pays natal, il obtient en 1962, une licence en Lettres. En 1963, il a un DESS en histoire à l'université de Paris Sorbonne. Homme politique avéré, il occupe plusieurs portefeuilles ministériels dans le gouvernement congolais, dont celui de premier ministre de 1973 à 1975. De 1998 à 2015, il est ambassadeur du Congo en France. Henri Lopes est direc-teur des journaux *Mweti* et *Etumba*. Il a aussi exercé les fonctions de sous-directeur de l'UNESCO. Ce riche parcours lui vaut sa renommée interna-tionale. Il est l'un des ténors de la littérature africaine francophone. Son style d'écriture est assez particulier. Il fait usage d'un français *congolisé* marqué par l'hybridité. En effet, nous y trouvons le métissage entre deux cultures : celle africaine et celle occidentale. Il affirme : « Je vivais dans plusieurs lan-gues. Je devais constamment sauter d'une culture à l'autre. J'ai souvent dit que le français est devenu une langue congolaise, une langue africaine »[1]. Ce qui rend son discours original, d'une créativité lexicale imposante. Beaucoup

---

1. Extrait de l'entretien avec Henri Lopes paru dans la revue *Parlements et Francophonie*, n° 3, novembre 2012. Consulté le 12 novembre. URL: https://apf.francophonie.org/Entretien-Henri-Lopes-ecrivain.html

d'emprunts, de néologismes et de calques des langues africaines vers le français marquent le style de l'écrivain. Lors d'un entretien en 2012, lorsqu'on lui demande de définir la francophonie, il répond en ces termes : « Être francophone, c'est parler plusieurs langues - deux, quatre, dix si l'on en est capable – pourvu que le français soit parmi ces langues »[2]. Son écriture est aussi imprégnée par des marques d'oralité. Nous allons analyser tout au long de notre développement, la vision plurielle de la femme chez Henri Lopes. Pour ce faire, nous travaillerons avec le concept de *représentation*. Nous pourrons cerner les différentes perceptions de la gent féminine en fonction de sa couleur, de son statut social, de son corps, de sa provenance géographique.

1. Les représentations de la femme dans les romans d'Henri Lopes

Le visage de la femme n'est pas homogène dans les deux romans soumis à notre appréciation à savoir : *Dossier classé* (2002) et *Le Chercheur d'Afriques* (1990). Comme le concède, Philipe Hamon , *la littérature est un magasin d'images*[3]. La littérature permet de saisir le sens des représentations sociales, voire les perceptions, jugements, évaluations que les sociétés ont des objets. En partant de ce postulat, nous voulons analyser tout au long de notre contribution, les représentations de la femme chez Henri Lopes. Tantôt valorisée tantôt dévalorisée, la femme a plusieurs représentations dans l'œuvre lopésienne. Elle est l'épouse, la mère biologique, la mère adoptive, la maîtresse, la prostituée, la servante, la serveuse parmi d'autres catégorisations. Les perceptions de la femme s'articulent autour des axes que nous développerons ci-dessous.

1.1. La soumission : la femme-Objet

Si, dans *Dossier classé*, la femme a constamment la parole ; il n'en est pas de même dans *Le Chercheur d'Afriques*. Ngalaha obéit aux ordres du commandant Leclerc. « Alors même ses siestes lui sont dictées, le commandant impose toujours qu'elle dorme en même tant que lui »[4]. Lorsque le nouveau

---

2. Ibid.
3. Hamon, Philippe. « La littérature, un « magasin d'images » », Sociétés & Représentations, vol. 25, n°. 1, 2008, p. 221.
4. Henri Lopes, *Le Chercheur d'Afriques*, Paris, Seuil, 1990, p. 13.

commandant arrive en remplacement de Leclerc, c'est l'oncle de Ngalaha qui se fait porte-parole pour négocier la dot. *Ngalaha*, « la tête couverte d'un pagne dans l'attitude de la Vierge meurtrie, se taisait »[5]. Dans ce contexte, ce sont des hommes qui négocient l'union et la femme n'a pas droit à la parole. Ses sentiments ne sont pas considérés. Ce qui rend les mariages arrangés, conditionnés et contractuels. Dans les deux romans, nous nous rendons compte, que l'union n'est pas une affaire de sentiments ni d'amour. La relation est plutôt basée sur la valeur marchande de la femme. La femme est un objet. Ainsi, Venter C.-M affirme que « Dans les sociétés traditionnelles, la communauté est perçue comme ayant des droits et les rôles attribués aux femmes sont supposés d'assurer qu'elles se soumettront aux besoins de cette communauté plutôt qu'aux besoins d'elles-mêmes »[6]. Dans *Le chercheur d'Afriques*, Ngalaha est échangée contre une malle contenant des richesses, « le commandant a remis une malle à ma mère »[7]. Dans *Dossier classé*, Tantine Elodie propose une coépouse à Lazare, en considérant cette future union comme « une belle affaire »[8]. Les sentiments de la femme sont bafoués, incompris et non pris en compte dans les mariages. Elle n'a pas son mot à dire. Car, la femme est la propriété naturelle de l'homme, « elle t'appartient, dit tante Elodie »[9]. Elle est une marchandise donnée au plus offrant.

1.2. La procréation : la femme source de vie

Pour Bc. K. Opltová « la capacité de la femme d'accoucher, d'avoir une progéniture était vraiment primordiale dans les sociétés traditionnelles africaines et dans le cas de stérilité, la féminité de l'épouse en question était réduite au minimum »[10]. La femme dans, *Le chercheur d'Afriques*, est avant tout présentée comme celle qui engendre et donne la vie. Un lien indescriptible lie Ngalaha à son enfant André. Cette relation fusionnelle marque une connexion entre la mère et son enfant : « ma mère prenait plaisir à me caresser la tête... Elle me serrait contre sa poitrine et me berçait... Rien ne pouvait m'arriver quand je la sentais si proche »[11]. L'attachement d'André à sa mère, apporte à ce dernier, sérénité, sécurité, tendresse, affection et confort. C'est vers Ngalaha que se tourne André face au désarroi pour trouver refuge : « m'avait rassuré maman dès qu'elle avait lu le désarroi dans mon regard »[12]. Ngalaha

---

10. Ibid., p. 85.
11. Henri Lopes, *Le Chercheur d'Afriques*, op. cit., p. 55.
12. Henri Lopes, *Le Chercheur d'Afriques*, op. cit., p. 16.

prend soin de son fils. Son attachement à ce dernier se manifeste par les gestes de tendresse, les regards, les chants et les berceuses qui les prolongent dans une proximité, une réciprocité. C'est ainsi qu'elle prend la fuite lorsque la couleur de peau de son fils métis dérange les colons roupéens. Ngantsiala comprend alors sa détresse en y répondant par une métaphore, « qui séparerait l'ongle du doigt ? »[13]. Ngalaha, mère biologique inculque des valeurs occidentales à son enfant, fils de blanc, « eux, ce sont des sauvages ! Toi, tu es un fils de blanc »[14].

1.3. La transmission de la culture et de la tradition par la femme

Dans *Dossier classé*, Mama Motema est avant tout, celle qui entretient le souvenir de son défunt mari, « elle me contait le départ de mon père »[15]… Elle m'a élevé dans le culte de mes deux parents disparus»[16]. Mère adoptive de Lazare, elle est un temple du savoir, qui lutte contre le déracinement de Lazare et l'oubli de l'héritage culturel des ancêtres. En exil, à Paris depuis l'assassinat de Bossuet, loin de l'Afrique, du Mossika, Mama Motema veille à défendre et préserver les valeurs africaines, « avec obstination, elle me donnait des cours, rue Renaudot, afin que je n'oublie pas la race »[17]. Elle transmet avec assiduité ce legs (langue, symboles, musique, principes, mode de vie du Mossika....) à Lazare pour éviter sa déperdition, son errance et son éloignement du clan ancestral. Elle entretient ainsi la mémoire collective du groupe. En décodant, les rituels, la langue, les principes, Mama Motema devient un pilier qui relie Lazare à son pays d'origine. En effet, Elle en est le trait d'union. Son fils adoptif, ayant quitté très jeune le Mossika, en a une connaissance limitée, « le reste de mes connaissances sur le Mossika est livresque »[18], éparse risquant de s'effacer, au fil du temps, si la mémoire collective n'est pas entretenue, « je lui dois le peu que je connais de l'Afrique »[19]. Il en ainsi quand elle apprend à Lazare sa langue maternelle, si je ne les comprenais pas, c'était à cause de ma maîtrise insuffisante de la langue du pays… J'en ai une

---

13. Henri Lopes, *Le Chercheur d'Afriques*, op. cit., p. 178.
14. Henri Lopes, *Dossier classé*, Paris, Seuil, 2002, p. 197.
15. Ibid., p. 36.
16. Ibid., p. 116.
17. Ibid. p. 112.
18. Ibid., p. 116.
19. Ibid., p. 116.

connaissance passive que je dois à Maman Motema »[20], p.112. Dans le roman, plusieurs verbes à charge connotative rappelle que Mama Motema est la préceptrice de Lazare : *expliquer*[21], *inculquer*[22], *répéter*[23], *insuffler*[24], *conter*[25].

Au Mossika, Tantine Elodie remplace Mama Motema dans le rappel de la culture, de la coutume et de la tradition. Elle propose à Lazare de devenir sa *maman-maman*[26]. Elle incite Lazare Mayélé à un retour aux racines, à une renaissance et une imprégnation dans : « la culture mossikanaise, elle a parlé de coutume, de traditions, de valeurs anciennes ». Elle reste convaincue que le retour de Lazare n'est pas anodin, « si ton idée t'a dit de revenir au pays… c'est la puissance du sang… elle savait que j'avais été élevé… dans un autre système mais persuadée de ma réceptivité au souffle des ancêtres. Il s'agissait maintenant de le consolider pour ne jamais perdre le lien avec Bossuet, mon père…»[28]. Pour purifier le sang et effacer toute trace occidentale, selon elle, suivre la voie des ancêtres, revient absolument à renouer avec le Mossika : « Pour cela, il faut te baigner à nouveau dans notre fleuve … Laisse-moi t'expliquer et te conduire vers le Jourdain »[29]. Ainsi, Tante Elodie sert de guide en orientant Lazare vers ses origines. Dans ce rôle, c'est sans gêne et naturellement qu'elle devient une entremetteuse et une marieuse. En effet, elle est l'autorité qui ose avouer l'indicible avec franchise, sans détour, souvent avec un manque de tact, « mon fils,… je dois te parler franchement »[30]. Elle est convaincue que Lazare renouera avec sa tradition par le mariage et la femme. Son ton reste prescriptif, il faut[31]. Se marier avec une deuxième femme, cette fois-ci, noire, de son ethnie, est un devoir pour Lazare, une obligation, pour sauver et préserver sa part mossikanaise, selon tantine Elodie. Cette dernière n'est pas très à l'aise avec la couleur de peau très claire de Lazare et ne veut pas qu'elle soit transmise aux enfants de Lazare. Alors, Lazare a la charge de

20. Ibid., p. 112.
21. Ibid., p. 29.
22. Ibid., p. 34.
23. Ibid., p. 29.
24. Ibid., p. 34.
25. Ibid., p. 34.
26. Ibid., p. 200.
27. Ibid., p. 196.
28. Ibid., p. 196.
29. Ibid., p. 196.
30. Ibid., p. 195.
31. Ibid., p. 198.

se marier avec une noire afin que sa future progéniture puisse ressembler à la tribu, s'y confondre et y être soluble : « il te faut, Lazare, une autre femme de notre couleur... une coépouse officielle, qui enfante pour toi. Déjà que tu es café au lait, avec plus de lait que de café ! Ce ne sont même pas des métis que tu vas faire avec une Mouroupéenne mais des Baroupéens. Ce qu'il te faut mon fils, c'est une charmante petite négresse. Ainsi, auras-tu des enfants en qui nous reconnaîtrons : des métis bien sombres »[32].

1.4. La femme intellectuelle

Dans *Le chercheur d'Afriques*, nous avons plusieurs femmes intellectuelles, dont Kani, et Fleur. Kani, princesse mandingue, initie André au monde de la culture et lui fait aimer la musique classique : « moi, c'est Kani qui m'a initié au jazz, à la grande musique aussi »[33]. En France, Kani guide et ori-ente André sur la culture française. Quant à Fleur, jeune institutrice, elle est une femme très libérée avec des idées assez ouvertes sur l'Afrique, grâce à son père le docteur Leclerc. Fleur a une culture générale impressionnante sur presque tous les sujets. Elle n'a aucune difficulté à mener une discussion rationnelle et à argumenter sur la philosophie, l'Afrique, les relations senti-mentales avec André. « Fleur était maîtresse d'internat... elle avait obtenu la moitié des diplômes du certificat de sa licence de lettres modernes »[34]. Fleur possédait des notions sur tout... elle avait sur chaque sujet, un commentaire à formuler »[35].

Selon Obiajulum Iloh Ngozi, « L'intellectuelle est donc présentée dans le contexte de l'Afrique comme celle qui sait lire et écrire, l'alphabétisée, voire la personne qui est éduquée à l'école et celle qui, par l'effort de réflexion acquiert un certain pouvoir de connaissance reconnu par la société »[36]. Cette femme intelligente a une reconnaissance qui lui permet l'ascension et la valorisation sociale. Et l'œuvre de Lopes n'échappe pas à cette distinction. La femme noire intellectuelle est bien mise en exergue dans *Dossier classé* avec

---

32. Ibid., pp. 198-199.
33. Henri Lopes, *Le Chercheur d'Afriques*, op. cit., p. 45.
34. ibid., p. 81.
35. Ibid., p. 260.
36. Obiajulum Iloh Ngozi, « La Femme intellectuelle chez Henri Lopes », *Neohelicon*, vol. 41, n° 1, 2021, p. 212.

le personnage de Dr Antoinette Polélé. Cette femme noire de par son cursus est un esprit éclairé qui impressionne et émerveille le jeune Lazare. Sa culture générale, sa rationalité sont appréciées. Elle impose ses idées en interpellant la logique, elle était claire et concise... une agilité de l'esprit »[37]. Elle est écoutée avec plaisir par Lazare qui se délecte de son discours fluide. Son argumentation est bien organisée, comme une vraie pédagogue »[38]. « Son analyse du pays ne faisait appel ni à l'actualité ni à l'anecdote. Elle dégageait de grandes idées qui mettaient en lumière des lignes de forces »[39]. Lazare assimile sa logique de penser à la sienne, donc à celle occidentale, « j'avais soudain l'impression de me trouver en présence de quelqu'un qui faisait appel à la logique dans laquelle j'étais habitué à penser et à utiliser de moins en moins et au fur et á mesure que se prolongeait mon séjour à Likolo »[40]. Elle est instruite et son savoir est actif, considéré et non muselé, bâillonné. Surtout, elle a la parole. Son intelligence accroît sa beauté. Le ton du Dr Polélé est prescriptif et moralisateur avec l'usage dans ses discours des verbes falloir, devoir, « il nous faut une mémoire mais apaisée... il nous faut calmer les esprits,.... il nous faut changer les mentalités »[41]. Elle donne des conseils sur la santé politique du Mossika[42].

Contrairement à une société phallocratique, la femme noire joue un rôle actif dans la société en ayant une fonction utilitaire ; soigner ses patients. L'intellectuelle est une femme qui ose poser des questions, c'est un esprit curieux, « sa curiosité m'obligeait à me lancer dans de longues explications...Voilà qu'elle me soumettait à un interrogatoire »[43]. Nous concédons avec Ngozi qu'Henri Lopes consacre dans ses romans un engagement émancipateur des femmes africaines et est constant dans l'élévation de la femme intellectuelle[44] .

---

37. Henri Lopes, *Dossier classé*, op. cit., p. 213.
38. Ibid., p. 218.
39. Ibid., p. 214.
40. Ibid., p. 213.
41. Ibid., pp. 222-223.
42. Ibid., pp. 222-223.
43. Ibid., pp. 212-213.
44. Obiajulum Iloh Ngozi, « La Femme intellectuelle chez Henri Lopes », op. cit., p. 213.

1.5. La sensualité, la séduction, la beauté de la femme

Le corps de la femme (ici noire) est mis au devant de la scène et sur la sellette. Le corps de la femme noire n'est pas un sujet tabou. Son écriture révèle sa fonction première : biologique. Ce corps de la femme noire est magnifié tel un sanctuaire par l'homme ici Lazare Mayélé, qui est sous le charme de Tantine Gigi. Le corps est aguichant, attrayant, attirant et objet de convoitise. Il révèle toute la féminité et accentue la virilité masculine. Il fascine et sa résonance dans le roman est bien visible. Lazare compare d'ailleurs, Tantine Gigi à « une séductrice de classe… avec une silhouette de Massaï »[45]. Le narrateur n'est nullement impassible aux avances de Tantine Gigi. Il est sous le charme, « j'observais notre hôtesse du coin de l'œil »[46]. Et le narrateur se perd dans le détail avec précision et soin lorsqu'il s'agit de décrire le corps et les attitudes du corps féminin. L'usage de l'imparfait de l'indicatif, accentue cette description pour mieux visualiser le personnage de Gigi, « elle s'est assise avec grâce, tête, bustes droits, genoux joints, jambes repliées et mains posées sur les cuisses. J'ai remarqué ses longs doigts… elle avait la peau métissée et les traits fins »[47], « elle s'était légèrement renversée soulevant une poitrine discrète mais ferme »[48].

La banalisation du corps féminin qui s'offre facilement sans pudeur à l'homme dévoile une sexualité libérée de la femme. Celle-ci assume sa libido et ses pulsions les plus primaires. Nous nous retrouvons face à une femme noire, coquette mais aussi libertine, frivole qui ose exprimer ses envies. « Elle a quand même hoché la tête d'un air entendu et ouvert des yeux admiratifs comme si l'on venait de la mettre en présence d'une célébrité»[49]. « Elle dit que depuis que vous l'avez dansé… elle ne trouve plus le sommeil. Et elle jure si vous ne dormez pas avant votre départ, elle sera obligée de tuer son corps »[50]. Dans la force de la répétition, pour assumer sa proposition téméraire, Gigi ira dans la chambre de Lazare s'offrir, avant de décliner. Elle séduit et incite aux fantasmes sans jamais parvenir à l'assouvissement. Il fait accéder au monde idéal et aux aventures oniriques à l'homme : « ramenez-

45. Henri Lopes, *Dossier classé*, op. cit., p. 150.
46. Ibid., p. 153.
47. Ibid., pp. 152-153.
48. Ibid., p. 157.
49. Ibid., p. 152.
50. Ibid., p. 171.

moi … Oubliez tout ceci »[51]. Il en va de même pour les personnages de Kani et Fleur dans *Le chercheur d'Afriques*, elles sont des femmes libérées. Ces dernières offrent le spectacle de leur intimité et montrent leur humanité et leur naturel. L'érotisme des danses et des musiques congolaises dans les deux romans participe à sublimer l'acte sexuel.

1.6. L'amour, l'affection, la sécurité et la complicité

Dans *Le chercheur d'Afriques*, nous avons la femme qui est à côté de l'homme. Elle est sa complice et sa partenaire. En effet, l'œuvre s'ouvre sur l'assiduité et la dévotion de Michèle Morgan envers son mari. Assise à la première loge avec sa fille Fleur pour écouter la conférence du docteur Leclerc, Michèle Morgane est une femme qui soutient avec ferveur son mari en toute circonstance : « au premier rang, une femme en cardigan… suit chaque mouvement de la pensée de l'orateur »[52]. Michèle Morgane est dans le soutien moral et professionnel continus. Omniprésente dans la vie du docteur Leclerc, elle est son assistante médicale : « la femme à la blouse blanche »[53].

Dans *Dossier classé*, avec Nancy, femme légitime de Lazare, l'amour est célébré et la femme est aimée par son mari. Les sobriquets : Minou et Honey[54] que Nancy donne à son époux, révèlent l'affection et la tendresse qui les lient. Cet amour est réciproque et cela n'est pas une surprise quand Lazare avoue à Mowudzar, qu'il n'a pas épousé une couleur mais la femme que j'aime[55]. Nancy représente la sécurité pour Lazare. Ainsi, à chaque fois, qu'il est enclin au doute ou pris au piège durant ce voyage, il se réfugie dans l'appel à la rescousse de sa femme américaine, pour se rassurer. L'appel de Nancy à la venue de tantine Gigi, est une échappatoire, un rempart pour Lazare. Il tombe à point nommé et est ainsi sauvé d'une relation extraconjugale : « non ! Ne raccroche surtout pas. Au contraire, j'ai besoin de bavarder…»[56]. En cela, le couple se voue la fidélité et la complicité. Il n'est pas surprenant dans ces conditions de voir Lazare refuser les avances de tantine Gigi. Il précise à Mowudzar : « tu lui (Gigi) diras que je suis marié »[57]. En réalité, Nancy est plus que l'amour et

---

51. Ibid., p. 180.
52. Henri Lopes, *Le chercheur d'Afriques,* op. cit., p. 13.
53. Ibid., p. 278.
54. Henri Lopes, *Dossier classé,*,op. cit., p. 180.
55. Ibid., p. 174.
56. Ibid., p. 180.
57. Ibid., p. 172.

la tendresse, elle représente le présent et le futur d'un Lazare qui se sent perdu, désemparé, par son passé et en Afrique. Il est aussi dans l'incertitude de son avenir : « Où est mon bercail ? Je suis un sans identité-fixe »[58]. Il ne me reste de mon héritage que mon nom de famille »[59]. Lazare Mayélé considère que la page africaine est définitivement tournée pour laisser la place au présent et au futur américain : « il ne fallait pas rouvrir les dossiers classés »[60]. La conduite de la voiture dans un trafic important est très symbolique. À cet effet, il représente l'orientation de Lazare de l'obscurité vers la lumière des Amériques par son épouse, « si je perdais Nancy, je serai désemparé et reviendrai un étranger en Amérique »[61].

2. La dichotomie femme Blanche /femme Noire:différence de couleur/différence de traitement

Dans les deux œuvres soumises à notre appréciation, la couleur de peau est une marque de distinction entre la femme occidentale et la femme africaine. Des gangs ne sont pas pris pour désigner la couleur de peau : « je m'étais marié à Nancy une Blanche, on disait à l'époque une caucasienne »[62]… « Il a voulu savoir si j'avais épousé une Blanche »[63]. La femme Blanche est sans nom lorsqu'elle est interpellée, nous nous référons à tantine Elodie qui désigne la femme de son neveu par *ta femme-là, ta madame-là*[64], « Elle n'arrivait pas à retenir le prénom, pour elle, inhabituel de Nancy »[65]. Tantine Elodie ne retient pas le nom de Nancy et demande toujours à son neveu de le lui rappeler. Son attitude est pour ainsi dire qualifier la femme de son neveu d'insignifiante. Elle ne considère pas la femme occidentale comme une épouse pour un homme noir. Il en va de même lorsqu'il s'agit d'Huguette, la vraie mère de Lazare qui est une blanche. Peu d'informations sont données sur elle : « mais, ils me laissaient sur ma faim dès qu'il s'agissait de ma mère. Une ombre qu'ils avaient entrevue mais dont ils ne savaient rien »[66]. « Je ne possède que

58. Ibid., p. 248.
59. Ibid., p. 249.
50. Ibid., p. 252.
61. Ibid., p. 251.
62. Ibid., p. 18.
63, Ibid., p. 174.
64. Ibid., p. 195.
65. Ibid., p. 240.
66. Ibid., p. 174.

quelques bribes de son histoire avec ma mère »[67]. Les représentations de la femme occidentale sont diverses. Pour Mowudzar, la femme occidentale généralement ne veut pas d'enfant ou refuse d'enfanter, « il s'est étonné qu'après trois ans de mariage, que je n'eus pas d'enfant. Lui parlait avec fierté de ses cinq rejetons légitimes, et des quatre, qu'il avait eus à côté »[68]. La femme noire permet alors la procréation et non celle occidentale dans l'imaginaire africaine. Dans la même lancée, tantine Elodie propose à Lazare une deuxième femme, cette fois-ci noire pour avoir des enfants, qui sera la co-épouse de Nancy : « il te faut Lazare une autre femme de notre peau ... une coépouse officielle qui enfante pour toi »[69]. Tantine Elodie est obnubilée par la couleur de peau et d'ailleurs sa proposition à Lazare n'est pas sans intérêt puisqu'elle souhaite que Lazare ait des enfants noirs qui ressemblent à la tribu : « ce qu'il te faut, mon fils, c'est une charmante petite négresse. Ainsi aurais-tu des enfants, en qui nous nous reconnaîtrons ; métis bien sombres »[70]. Si la description physique de la femme occidentale est presque omise dans *Dossier classé*, la femme noire est décrite par sa beauté, laquelle beauté déconcerte le jeune Lazare : « j'avais été frappé par sa beauté »[71]. Cette dernière est comparée à une gazelle : « tu vois cette jeune gazelle »[72].

Toujours dans l'imaginaire africain, la femme occidentale n'a d'autre mérite que son intelligence. Toutefois, elle n'est pas organisée et n'est pas une femme d'intérieur contrairement à la femme noire qui sait s'occuper de son mari, entretenir sa maison. Les travaux domestiques ne rebutent pas la femme noire :

> *ne m'as-tu pas dit qu'elle était une institutrice ? ... Je sais une institutrice d'université.... Une intellectuelle quoi. Qui lui fait le ménage et la cuisine quand elle a la tête dans ses bouquins ? Il faut à ta madame-là une co-épouse, mon fils. Et la gazelle que tu vois là, est une bonne ménagère, capable d'entretenir comme il faut le château d'un baroupéen. Quant à ses qualités de cuisinière !... J'ai pris soin de vérifier*[73].

---

67. Ibid., p. 113.
68. Ibid., p. 174.
69. Ibid., p. 198.
70. Ibid., p. 199.
71. Ibid., p. 197.
72. Ibid., p. 197.
73. Ibid., p. 198.

Si la femme occidentale fait des métiers intellectuels, au bureau, la femme noire est une épouse dévouée qui s'occupe de son mari, de ses enfants et de son foyer (tâches ménagères). Toutes ces perceptions entre la femme blanche et celle noire sont fallacieuses et peuvent être catégorisées de stéréotypes. En effet, ces catégorisations évoluent selon un continuum d'une sphère à une autre. Dr Antoinette Polélé est une femme noire érudite, « c'est celle d'une femme courageuse développant un raisonnement à contre-courant de son milieu »[74]. Et Nancy, la femme de Lazare, est certes une femme blanche instruite, mais elle sait s'occuper de son mari et de sa maison : « Nancy m'a annoncé qu'elle avait préparé mon plat préféré »[75].

Dans *Le chercheur d'Afriques*, ce sera encore à la femme noire que revient les travaux domestiques. Olouomo, nounou d'André et cousine de Ngalaha s'occupe du ménage et des repas. Le chant qui accompagne ses tâches ménagères montrent qu'elle a l'habitude de travailler, sans plainte et avec joie : « c'est la fin de l'après-midi … une jeune fille… chante. Entre ses cuisses, une cuvette en email, remplie de riz dans lequel ses doigts picorent… Olouomo, sur la véranda, chantait en pilant »[76]. Ngalaha, mère d'André subit le même sort. Elle travaille beaucoup : « D'ailleurs, maman a bien mérité son repos… C'est la première debout… Ce matin, elle a beaucoup pilé »[77]. D'ailleurs, les colons la perçoivent comme une bonne à tout faire. Nous constatons que les femmes non instruites sont prises pour des ménagères dans les deux romans et celles intellectuelles occupent des positions privilégiées dans la hiérarchisation sociale.

3. La dichotomie entre les femmes légitimes et les femmes illégitimes

Dans *Le chercheur d'Afriques*, des femmes voguent dans l'infidélité la plus totale. Que cela soit Mme de Vannessieux, ou Kani, elles sont mariées tout en ayant des relations extra-conjugales. Ici, il n'est pas question de la couleur de la peau, mais d'une femme qui cherchant à assouvir leur désir auprès de leurs amants. Deux couples sont indexés. Le premier est celui de madame de Vannessieux et Vouragan. Celle qui prétend être la marraine de Vouragan est

74. Ibid., p. 224.
75. Ibid., p. 251.
76. Henri Lopes, *Le chercheur d'Afriques*, op. cit., p. 32.
77. Ibid., p. 13.

en réalité, sa maîtresse : « elle appelle Vouragan, mouton en lui passant la main sur les cheveux... Câline madame de Vannessieux, plaignit son filleule, puis pris son visage dans ses mains, le regarda dans les yeux et avança ses lèvres jusqu' à celles de l'homme »[78]. Le deuxième est celui de Kani et André Leclrec, « j'ai vu briller un anneau à son annuaire, mais selon Vouragan, cela ne veut rien dire »[79]... Je leur ai envoyé une photo où Kani se pelotonne contre ma poitrine et rit aux éclats ... Elle me rejoindra dès que son divorce sera prononcé »[80].

Dans *Dossier classé*, au Mossika, la tribu occupe une place fondamentale, et se marier avec quelqu'un de son clan est la doxa, la voie à suivre. Agir autrement, est hors norme et source de *damnation*, « il rappela a Bossuet Mayélé, sa place dans le clan, les règles du groupe et au nom de la tribu, lui intimida l'ordre de cesser sa relation avec une femme qui n'appartient pas à son cercle »[81]. En la personne du docteur Antoinette Polélé, nous trouvons une femme considérée par l'ethnie de Bossuet Mayélé, comme une personne maudite par le clan. Elle est une femme illégitime et son aventure avec Bossuet ne survit pas à ce problème de caste.

À l'opposé, la femme légitime est la femme qui appartient à la même tribu. Elle est représentée par Mama Motema. Elle a permis à Bossuet d'accéder aux pouvoirs politiques en devenant chef de sa tribu, une voix désormais écoutée. Le rôle de Mama Motema en tant que femme acceptée par son clan est majeur. Devenir la femme de Bossuet Mayélé aura une incidence positive sur le statut politique de ce dernier : « Elle lui avait été promise quelques années avant ma naissance. Un arrangement parental entre les familles. Assez étrangement, mon père moderniste, intran-sigeant, du moins, si j'en crois de nombreux témoignages, se plia à la cou-tume. Motema lui donnait une légitimité dans le milieu, originel »[82]. Elle joue alors une fonction sociale et politique.

Quant à Gigi, elle est perçue par Tantine Elodie comme une fille de joie, un objet à scandale maudit. Elle est frivole : une croqueuse d'homme. « À

---

78. Ibid., p. 198.
79. Ibid., p. 98.
80. Ibid., p. 312.
81. Henri Lopes, *Dossier classé*, op. cit., p. 216.
82. Ibid., p. 115.

nouveau, elle a tenu des propos désobligeants sur Gigi. Une sorcière, un reptile. Mielleuse et séductrice, mais en réalité un serpent venimeux »[83]. Affin O. Laditan abonde dans ce sens :

> La femme prostituée décrite de la plume de l'homme n'est qu'une immorale, une débauchée, victime des abus de la civilisation européenne. Dans la réalité tout comme dans la fiction, l'image de la prostituée est considérée comme négative par rapport à la tradition africaine. En tant que personnage de roman, la femme prostituée est rarement héroïne. Comme pour la ramener à son rang dans sa vie normale de femme, elle joue aussi les seconds rôles dans les œuvres de fiction[84].

Conclusion

Nous voyons que les jugements accolés au personnage féminin par la société tournent souvent en stéréotypes et sont hétérogènes. Le talent d'Henri Lopes reste sa puissance à brosser un tableau réaliste des personnages féminins sous une écriture hybride. L'auteur met aussi en lumières dans ses romans, les modes de vie soumise/ libérée entre femmes africaines et occidentales. Dans l'intimité, la femme noire est comme toutes les femmes du monde, elle a des désirs et les expriment de manière ouverte, sans fausse pudeur. La danse et la musique congolaises renforcent l'érotisme, dans *la beauté et non rempli de beauté*, dixit l'auteur. Une répartition fonctionnelle est faite entre les femmes. Nous avons les femmes non instruites (Ngalaha, Olouomou, cousine de Lazare) allouées aux travaux domestiques. Elles n'ont pas la parole et subissent les décisions des hommes. Elles sont dans une véritable phallocratie. Celles intellectuelles (Dr Polélé, Fleur, Michèle Morgane) occupent des places prisées dans les bureaux ou écoles dans la stratification sociale. La femme à l'exemple de Mama Motema, peut faciliter l'accès au pouvoir. Les deux œuvres soumises à notre appréciation montrent un regard pluriel sur le statut et les conditions de la femme dans la société. À l'issu de ce voyage culturel,

---

83. Ibid., p. 200.
84. Affin O. Laditan, « La « prostitution » comme thème de révolte dans la littérature féminine contemporaine en Afrique noire », *Neohelicon* vol. XXIX, n° 2, 2002, p. 93.

pouvons-nous, nous interroger de manière rétrospective, sur l'origine du réalisme lopésien ? En effet, l'auteur avec clarté expose les conditions féminines. Une recherche biographique pourrait nous renseigner sur sa relation avec le monde féminin et de l'incidence de celle-ci sur sa création littéraire.

Ndèye Maty PAYE, Ph.D

Bibliographie

AFFIN, O. Laditan, « La « prostitution » comme thème de révolte dans la littérature féminine contemporaine en Afrique noire », *Neohelicon* vol. XXIX, n° 2, 2002, pp. 93-101.

CHEMIN-DEGRANGE, Arlette, *l'Émancipation féminine et roman africain*, Dakar, N.E.A., 1980.

KANE, Mahamadou, « Le féminisme dans le roman africain de langue française », *Annales de la Faculté des lettres et sciences humaines de Dakar*, n° 10, 1980, pp. 141-200.

LOPES, Henri, *Dossier classé*, Paris, Seuil, 2002.

---, *Le Chercheur d'Afriques*, Paris, Seuil, 1990.

NAUMANN, Michel, *Les Nouvelles voies de la littérature africaine et de la libération (une littérature « voyoue »)*, Paris, L'Harmattan, 2001.

NGOZI, Obiajulum Iloh, « La Femme intellectuelle chez Henri Lopes », *Neohelicon*, vol. 41, n° 1, 2012, pp. 211-228.

OPLTOVA, BC Karolìna, *La Femme et sa position dans la société africaine traditionnelle dans l'œuvre d'Henri Lopes*, Mémoire de Master 2, Université de Créteil, 2015.

PHILIPPE, Hamon, « La littérature, un « magasin d'images », *Sociétés & Représentations*, vol. 25, n° 1, 2008, pp. 219-232.

VENTER, Christine M., « Community Culture and Tradition: Maintaining Male Dominance in Conservative Institution » *Journal of Law and Religion*, vol. 12, n° 1 (1995-1996), pp. 61-84.

Pour citer cet article :

Ndèye Maty PAYE, « Les représentations de la femme dans *Le Chercheur d'Afriques* (1990) et *Dossier classé* (2002) d'Henri Lopes », *Revue Legs et Littérature*, n° 17, vol. 2, 2021, pp. 159-176.

Le discours des personnages féminins au regard de la tradition et de la religion. Une lecture de *Mâ* de Gaston-Paul Effa et *Une si longue lettre* de Mariama Bâ

Enseignante de littérature au Département des Lettres bilingues et des Lettres modernes françaises à l'ENS de Bambili, Léonie Bénédith TIÉBOU prépare une sur « Les tribulations des personnages féminins au foyer. Une analyse de six romans de langue française » sous la direction du professeur Maxime Meto'o. Auteure de quelques articles dont « L'enseignement d'une œuvre intégrale en contexte de FLE : cas de huit établissements au Cameroun » dans Observatoire Européen du Plurilinguisme *(2016) et « Expressivité culturelle et révolution linguistique dans trois textes de la musique camerounaise » dans la* Revue DELLA *en 2018.*

Résumé

Au XXIe siècle, il n'est pas désuet de s'intéresser au débat relatif à la condition féminine ; car, reléguée au second rang, la femme appert comme un sujet à la quête permanente d'une place de choix dans la société. Cette étude analyse le discours des personnages féminins dans deux romans négro-africains. Il s'agit de montrer, à travers des narrateurs autodiégétiques, comment la tradition et la religion constituent des forces sociales et s'imposent aux héroïnes au point de les aliéner. Le parcours narratif de ces dernières révèle que les stéréotypes et les préjugés liés aux différentes pratiques sociales et aux dogmes religieux contribuent à leurs tribulations dans les univers diégétiques. L'écriture dans les deux intrigues procède par des mécanismes de l'autobiographie et semble mettre au jour les difficultés qui embrigadent le statut de la femme en Afrique. La tradition et la religion fonctionnent donc en synergie dans les deux textes pour dénier aux protagonistes leur valeur intrinsèque et plus encore leurs droits en tant qu'épouse et mère. À partir de l'approche narratologique et précisément des notions de Genette, les discours des personnages lèvent le voile sur le statut « handicapé » des femmes dans les sociétés camerounaise et sénégalaise postcoloniales, où le système patriarcal donne naissance aux archétypes de la femme fragilisée, vulnérable, asphyxiée et surtout muselée.   .

Mots clés

Discours, personnages féminins, tradition, religion,

LE DISCOURS DES PERSONNAGES FÉMININS AU REGARD DE LA
TRADITION ET DE LA RELIGION. UNE LECTURE DE *MÂ* DE
GASTON-PAUL EFFA ET *UNE SI LONGUE LETTRE* DE MARIAMA BÂ

Introduction

Face aux inégalités du genre dont souffre la femme en Afrique subsaharienne, des voix se sont levées pour décrier des situations difficiles générées par la socio-culture traditionnelle andocentrée. Aussi, pour Kesteloot[1], les affres du mariage, l'adultère, l'abandon, les problèmes de croyances et pratiques traditionnelles, la condition féminine, sont autant de maux qui entravent le bien-être des femmes. L'hégémonie patriarcale, ancrée dans les traditions et cultures africaines demeure un sujet de préoccupation dans le domaine littéraire. Évoluant dans un espace où les pesanteurs sociales privent la femme de la parole, l'écriture apparaît pour un grand nombre d'écrivains comme le moyen propice au service des plaintes et de la dénonciation des frustrations dont souffre la gent féminine en Afrique subsaharienne.

Dans cette perspective, ce travail s'interroge sur le discours que tiennent les personnages féminins sur la tradition et la religion dans les œuvres

---

1. Lilyan Kesteloot, *Anthologie négro-africaine. Histoire et textes de 1918 à nos jours*, Paris, Edicef, 1992, p. 482.

romanesques de Mariama Bâ et de Gaston-Paul Effa. De prime abord, on peut postuler que Bâ et Effa, respectivement dans *Une si longue lettre*[2] et *Mâ*, développent dans leurs intrigues des situations peu enviables que vivent leurs protagonistes. Deux hypothèses sous-tendent l'analyse du sujet : d'une part, l'écriture des auteurs dévoile les tribulations auxquelles font face leurs héroïnes ; d'autre part, le discours des personnages dénote les velléités d'affirmation de leur personnalité. L'objectif de cette étude est de montrer qu'au travers de l'écriture, les deux romanciers s'engagent pour un changement de paradigme social et religieux.

L'étude comparative s'appuiera sur la narratologie, méthode qui entretient « un rapport étroit avec l'Analyse du discours dans la mesure où elle s'applique à étudier la cohérence du discours narratif, littéraire ou non littéraire »[3]. Cette approche s'intéresse à la relation qui existe entre l'histoire (suite d'événements et d'actions qui se trouvent dans un texte, raconté par un narrateur) et le récit (en tant que narration de ces événements selon des stratégies particulières). La théorie de Genette sur l'instance narrative aidera à analyser les discours et les fonctions des narrateurs, aux fins de juger leur degré d'implication dans les récits, ainsi que leurs états d'âme. Pour ce faire, l'étude questionnera dans les œuvres du corpus : les stratégies narratives, la critique des pratiques traditionnelles et religieuses dévalorisantes et la subversion dans le discours féminin.

1. Les stratégies narratives

Pour Jean-Paul Sartre, écrire c'est révéler ; c'est aussi s'engager. Ce qui implique le projet de changer car l'écrivain reste « un homme qui a choisi un certain mode d'action secondaire qu'on pourrait nommer l'action par dévoilement »[4]. On peut comprendre par-là l'importance de la verve créatrice des écrivains, la littérature étant considérée comme une arme puissante contre les maux qui minent la société, surtout lorsque le droit à la parole y est confisqué. Mariama Bâ et Gaston-Paul Effa, bien que distincts par le sexe,

---

2. Nous nous contenterons, dans la suite de l'article, de nommer ce titre par cette abréviation : Une Sll.

3. Pierre Van Den Heuvel, *Parole, mot, silence. Pour une poétique de l'énonciation*, Paris, Librairie José Corti, 1989, p. 27.

4. Jean-Paul Sartre, *Qu'est-ce que la littérature ?*, Paris, Gallimard, 1948, p. 28.

appartenant à des espaces géographiques et à des cultures divergentes, se rapprochent dans cette étude par la thématique de leur intrigue. La lecture d'*Une Sll* et Mâ permet de suivre l'aventure de Ramatoulaye et Sabeth, embrigadées par les lois de la tradition et de la religion, reléguées au second rang dans des univers diégétiques où ils n'ont pas droit au chapitre. Le déni de la parole se manifeste dans les deux textes par le recours, dans l'écriture, à des jeux subtils qui laissent entendre la voix des héroïnes.

1.1. L'écriture épistolaire

L'écrivaine sénégalaise campe son personnage principal, Ramatoulaye, dans le rôle d'une épouse douce, respectueuse et fidèle à son mari. Elle est également une mère tendre pour ses enfants et une amie loyale. Mais, contre toute attente, son mari va l'abandonner après vingt-cinq ans de mariage pour épouser, à son insu, Binetou, l'amie de leur première fille. Dans cet univers romanesque où la religion musulmane permet et encourage la polygamie, où la femme ne peut élever la voix, est-il évident de se plaindre ?

À travers l'écriture épistolaire, Ramatoulaye s'ouvre à son amie Aïssatou. L'échange se fait sur un ton de confidence et la lettre prend la tournure d'un journal intime dans lequel l'héroïne inscrit ses secrets et ses tourments. Ce constat est fait dès les premières lignes du roman :
« Aïssatou,
J'ai reçu ton mot. En guise de réponse, j'ouvre ce cahier, point d'appui de mon désarroi : notre longue pratique m'a enseigné que la confidence noie la douleur »[5]. Cette note se présente pour la narratrice comme le moyen subtil trouvé pour extérioriser ses chagrins. Elle est le point de départ de ses confidences ; l'élément déclencheur qui l'amène à dévoiler son état d'âme. Le ton de la lettre renseigne d'ores et déjà sur l'état psychologique de l'expéditeur, ainsi que sur sa portée. Si l'on se réfère au titre, l'adjectif « longue » donne une qualification peu ordinaire à la lettre de par son volume et son contenu. La longueur de la lettre pourrait donc être proportionnelle à la meurtrissure de l'âme. Ainsi, le « je » qui s'extériorise est celui d'un narrateur

---

5. Mariama Bâ, *Une si longue lettre*, Paris, Éditions Groupe Privat/Le Rocher, 2005, p. 11.

qui souffre dans son for intérieur, qui raconte ses *petites misères de la vie conjugale*[6]. La lettre constitue donc pour cette épouse éplorée une forme de réaction aux différentes épreuves endurées en silence dans le foyer. L'écriture épistolaire revêt ici une fonction cathartique puisqu'elle donne l'occasion au personnage de s'approprier la parole et de se libérer des frustrations long-temps refoulées. En effet, la longue lettre de Ramatoulaye laisse libre cours à la sensibilité et fait de la confidence une sorte de palliatif ; mieux encore, elle s'apparente à une thérapie car, pour elle, se confier c'est noyer sa douleur.

1.2. Le recours au monologue

Dans la société diégétique d'Effa, les filles ne sont pas autant valorisées que les garçons. L'écrivain camerounais présente son héroïne, Sabeth, comme une victime du mariage précoce et forcé. Elle évolue dans un espace où le personnage féminin se définit socialement par le mariage et demeure specta-trice des décisions qui engagent sa vie. Aussi, à quatorze ans, la narratrice se dévoile-t-elle comme troisième épouse dans un foyer polygamique et, compte tenu de son rang, elle s'y définit comme une bonne à tout faire. Le récit se fait sur un ton élégiaque qui laisse entendre les tourments de l'enfance, du foyer conjugal et des vicissitudes de la vie. Le discours de la narratrice se rapproche du monologue intérieur puisqu'elle semble se parler à elle-même. Sabeth exprime en réalité le flot de pensées intérieures qui surviennent comme des souvenirs.

En utilisant cette technique d'écriture, Effa met en relief la solitude du personnage, coupé du monde, éloigné de ses parents et plus encore de sa mère qui ne lui a pas témoigné son amour ni sa solidarité dans ses moments de tourments. Voici ce qu'elle dit à propos de cette dernière :

> *le renversement de mon existence s'opérait. J'allais devoir quitter ma maison et les miens. L'œuvre de séparation s'accomplissait et je ne peux m'empêcher de remonter mon destin brisé de femme, de le revivre avec révolte. Avant que je ne quitte pour toujours Obala pour Yaoundé, en compagnie de mon futur mari, ma mère*

---

6. Honoré de Balzac, *Petites misères de la vie conjugale*, Paris, La Comédie humaine, 1830-1846. Il s'agit d'un essai qui fait le récit de tous les détails de la vie conjugale, dressant une liste exhaustive des situations affectives, financières et familiales. L'auteur y fait allusion aux enfants, à l'éducation, à la psychologie, à l'amour-propre, aux conflits.

prononça ces mots irréparables : - Il est temps que l'oiselle quitte
son nid, avec la prochaine lune, tu seras à l'homme qui disposera
de toi[7].

Le verbe « disposer » a ici le sens d'« avoir pour soi » et dégage l'idée de possession. Le futur mari est perçu comme propriétaire du corps de Sabeth ou de sa personne en général. « Disposer » peut donc signifier, au-delà de la possession, le fait d'avoir des relations charnelles. Dans ce cas, la future épouse est comparée à un objet érotique. Les trente-six chapitres que compte le roman sont en réalité des réminiscences qui hantent l'esprit de la petite Sabeth. Son discours reste centré sur son vécu qu'elle se livre à elle-même, bien que le potentiel narrataire soit le lecteur.

Au travers de l'écriture épistolaire et du monologue intérieur, Bâ et Effa donnent la possibilité à leurs protagonistes de dévoiler leur for intérieur, de critiquer la société et de remettre en question certaines pratiques jugées désuètes et dévalorisantes.

2. La critique des pratiques traditionnelles et religieuses

Les protagonistes d'*Une Sll* et *Mâ* font la satire de la tradition et de la religion dans leur société romanesque. Leur discours dévoile et critique les inégalités dans les rapports entre genres, les pratiques avilissantes et déshumanisantes qu'elles subissent de génération en génération, de même que l'iniquité qui se dégage dans les lois religieuses.

2.1. L'hégémonie patriarcale et la déscolarisation de la jeune fille

Traditionnellement, l'éducation de la femme est centrée sur son habileté à s'occuper de son mari et de ses enfants ; plus concrètement, à bien entretenir un foyer. Cette pensée est entretenue par des préjugées et des mises en garde qui détournent les filles de l'éducation moderne. On peut ainsi entendre dire que : « Les filles ne vont pas à l'école [et si] une fille va à l'école, elle devient païenne et elle ira en enfer ainsi que ses parents »[8]. C'est fort de ces conceptions que la mère, la grand-mère, la tante ou la coépouse (le cas des

---

7. Gaston-Paul Effa, *Mâ*, Paris, Grasset, 1998.
8. Djaïli Amadou Amal, *Walaande, l'art de partager un mari*, Yaoundé, Ifrikiya, 2010, p. 38.

foyers polygamiques en Afrique) prennent en charge l'éducation de la jeune fille avant le mariage. Elle est faite pour le ménage et ne peut se prévaloir des connaissances égales ou supérieures à celles de l'homme. Effa questionne le problème de la déscolarisation de la jeune fille et révèle qu'il résulte des préjugés sociaux. C'est pourquoi Sabeth s'insurge contre la ségrégation sexuelle qui exclut sans aucune raison fondée les filles de l'école : « les filles étaient privées de l'école, parce qu'elles étaient filles »[9]. L'exclusion trouve donc sa justification dans leur statut biologique.

La narratrice condamne la discrimination qui empêche la jeune fille de jouir des avantages offerts au garçon, tel que le droit à l'instruction. Cette exclusion remonte à des pratiques ancestrales qui confinent la femme dans l'espace clos. Gaston-Paul Effa révèle, par le biais de ses personnages féminins, que les filles n'accèdent pas à une éducation de qualité en raison des inégalités que la société crée entre elles et les garçons. De ses souvenirs, Sabeth projette l'image d'une enfant, victime elle aussi de la déscolarisation : « Je ne revois qu'à peine les traits de la fillette, elle aussi privée d'école, assise dans la poussière, qui roule des bonbons haoussas sur sa cuisse, avant de les vendre aux passants »[10]. Ce qui est mis en évidence, c'est l'analphabétisme de cette jeunesse féminine. Ne pas savoir lire se présente alors comme un handicap ; car, « quand vous ne savez ne pas lire, chaque jour de votre vie est rempli de frustration, peur, colère, isolement et rage. Vous n'avez aucune estime de vous. Vous mentez beaucoup. Vous êtes classée comme première personne ignorante et lente, un cerveau d'oiseau »[11].

Effa relève ainsi par l'intermédiaire de son personnage l'impact négatif de l'éducation traditionnelle qui perdure dans la formation de la jeune fille et qui constitue un frein à son accomplissement. Et pourtant, l'éducation constitue un droit fondamental depuis la Déclaration universelle des droits de l'homme de 1948. Cependant, pour les sociétés traditionnelles africaines où sévit le système patriarcal, les jeunes filles trouvent leur développement harmonieux

---

9. Gaston-Paul Effa, *Mâ*, op. cit., p. 33.

10. Ibid., p. 33.

11. Sue Torr est une jeune femme anglaise qui était analphabète jusqu'à ce qu'elle apprenne à lire, à l'âge de 38 ans. Lors d'une séance plénière du Forum mondial sur l'éducation au Sénégal en avril 2000, elle a raconté sa propre histoire en révélant combien il était embarrassant pour elle de se retrouver dans la situation d'une analphabète. En ligne, consulté le 12 novembre 2018. URL : http://unesdoc.unesco.org/images/0012/001211/121117f.pdf

au sein du foyer et le plus souvent à la cuisine, espace où on peut mieux les juger. Cette pensée dévalorisante se résume dans ce propos d'un des personnages de Calixthe Béyala qui dit qu' « une femme, une vraie, doit savoir faire la cuisine ! »[12]. En d'autres termes, peut-on dire, l'éducation de la fille se réduit à l'administration de son foyer.

2.2. L'excision comme pratique dégradante

L'excision est une épreuve douloureuse qui consiste en l'ablation du clitoris, dans le but d'empêcher la jeune fille d'éprouver et de connaître très tôt les désirs et les plaisirs sexuels. C'est une forme de mutilation sexuelle considérée comme la plus grave atteinte à l'intégrité physique des femmes, du fait que « l'excision est un crime contre les femmes à qui l'on refuse de façon irréversible le droit au plaisir et à la jouissance sexuelle pourtant considérée comme fondamentale pour l'équilibre et l'épanouissement de l'être humain »[13]. Cette pratique trouve sa justification du fait qu'elle empêche la jeune fille de devenir plus tard volage ; l'infidélité de la femme étant considérée comme un déshonneur aux yeux de sa famille, de sa belle-famille et de la société. Dans *Mâ*, Sabeth se rapproche de la race animale de par son patronyme, Ékéla, qui signifie chèvre. À l'instar de plusieurs jeunes filles de son village, elle est passée par le rite d'excision pour devenir une femme.

La chèvre apparaît au premier degré comme un animal parmi tant d'autres. Mais il faut dire que dans l'espace géographique de l'écrivain camerounais, elle est un symbole, compte tenu de l'importance qu'on lui accorde sur le plan culturel. De fait, elle est présente dans plusieurs cérémonies telles que les funérailles où elle sert d'ingrédient principal dans un met de quelques villages de la région de l'Ouest-Cameroun. Elle est aussi utilisée dans les rituels sacrificiels et dans ce cas, elle est offerte en holocauste et son sang permet de se libérer des péchés et de se purifier. C'est en ce dernier rituel que la narratrice de *Mâ* et l'animal se joignent et symbolisent des victimes expiatoires. Consciente de l'influence consubstantielle à son nom, Sabeth veut se défaire de sa condition de « chèvre sacrifiée, vidée, desséchée comme un ange

---

12. Calixthe Béyala, *Femme nue, femme noire*, Paris, Albin Michel, 2003, p. 186.

13. Marie-Louise Eteki-Otabela, « Dix ans de luttes du Collectif des femmes pour le renouveau (CFR) : quelques réflexions sur le mouvement féministe camerounais », *Des femmes de la francophonie*, vol. 5, n° 1, 1992. Consulté le 10 juillet 2019

URL : https://www.erudit.org/fr/revues/rf/1992-v5-n1-rf1645/057673ar.pdf

de sel »[14] et vit désormais partagée entre la dignité qu'elle recherche et la déchéance que lui impose la tradition.

2.3. La polygamie et ses avatars

La polygamie trouve ses fondements sociologiques dans la société traditionnelle et est fortement entretenue par la religion musulmane. Au regard de la peinture que font Mariama Bâ et Gaston-Paul Effa de la polygamie, on peut dire sans ambages qu'elle ne contribue pas au bonheur de la femme dans le foyer conjugal. Les deux romanciers décrivent cette forme de mariage dans ses facettes les plus négatives, en mettant à nu les rapports conflictuels entre l'époux et l'épouse, entre l'épouse et la ou les coépouses. La polygamie dans les deux œuvres est à la fois inhérente à la tradition et à la religion : « Traditionnellement (la polygamie) demeure toujours et certainement pour longtemps encore un DROIT inaliénable qu'aucun gouvernement africain ne s'est hasardé à modifier »[15].

Dans le roman de Mariama Bâ, Ramatoulaye évolue dans un foyer polygamique où les conceptions religieuses donnent à l'homme le droit d'épouser jusqu'à quatre femmes, à condition d'être juste avec elles, tel qu'il est écrit dans le Coran : « [...] il est permis d'épouser deux, trois ou quatre parmi les femmes qui vous plaisent, mais si vous craignez d'être injuste n'en épousez qu'une seule »[16]. Et c'est là que réside la principale question que l'on pourrait se poser : est-il possible d'y parvenir ? Ramatoulaye y répond en relatant sa propre expérience par la négative. L'écrivaine remet en cause la notion de justice tant clamée et, à travers Ramatoulaye et Aïssatou, elle fustige cette pratique qui contribue à l'avilissement de la femme. Des préceptes religieux abondent dans le texte pour élucider le comportement de son conjoint, présenté lui-même comme victime de la force divine : « - Quand Allah tout puissant met côte à côte deux êtres, personne n'y peut rien »[17]. On peut aussi lire ceci : « Dieu lui a destiné une deuxième épouse, il n'y peut rien »[18]. Tout laisse croire que Modou en personne n'est qu'un souffre-douleur de la volonté ou de la manipulation d'Allah.

---

14. Gaston-Paul Effa, *Mâ*, op. cit., p. 73.
15. Patrick Mérand, *La vie quotidienne en Afrique noire*, Paris, L'Harmattan, 1980, p. 89.
16. Citation tirée du *Coran*, Sourate an'nisa 4/3 [En ligne], consulté le 15 novembre 2017. URL : https://www.ladissertation.com
17. Mariama Bâ, *Une Sll*, op. cit., p. 72.
18. Ibid., p. 73.

L'homme n'agirait que de façon naturelle car « on ne résiste pas aux lois impérieuses qui exigent de l'homme nourriture et vêtements. Ces mêmes lois poussent le « mâle » ailleurs [...]. Une femme doit comprendre une fois pour toutes et pardonner ; elle ne doit pas souffrir en se souciant des « trahisons » charnelles »[19]. Ce qui revient à dire que la société est permissive aux trahisons de l'époux et reste muette aux souffrances des épouses. Pour Mariama Bâ, la polygamie chosifie la femme en faisant d'elle un objet que l'homme peut changer au fur et à mesure qu'il ressent le besoin d'éprouver de nouvelles sensations. Ramatoulaye précise que, « pour changer de « saveur », les hommes trompent leurs épouses »[20]. Cette déclaration corrobore les propos de Mount qui relève que « la femme fut dégradée, asservie, elle devint esclave du plaisir de l'homme et simple instrument de reproduction »[21]. L'univers romanesque d'Effa, contrairement à celui de Bâ, décrit la polygamie comme une forme de mariage rejetée par la religion chrétienne. C'est pour cette raison que Sabeth est exclue de l'eucharistie, pourtant elle a choisi de se baptiser dans l'espoir de se rapprocher du sacré. Envoyée du haut de sa jeunesse dans un mariage sous la contrainte de ses parents, la jeune Sabeth réalise alors que le foyer polygamique est un espace de perpétuels conflits et de marginalisations, où il faut faire face à la violence du mari et des coépouses.

Dans le roman camerounais, le partenaire masculin est décrit à l'image d'un bourreau pour sa conjointe. Il faut épiloguer sur la conversation qu'entretiennent Sabeth et ses coépouses pour essayer de comprendre le lot de tortures psychologiques qu'endurent les trois femmes dans cette société diégétique où le mari a presque tous les droits sur ses épouses. La soumission totale est ponctuée d'un interdit qui demande à l'épouse d'être fidèle car, « une femme est faite pour un mari [et ne doit] pas s'imaginer qu'il existe un autre homme que [lui] », au risque d'être « [...] flagellée de quarante coups de fouet moins un »[22]. Des deux premiers commandements auxquels Sabeth doit se soumettre se dégage une violence morale, matérialisée dans le texte par ces injonctions qui lui rappellent son devoir de fidélité et dont le manquement entraîne automatiquement des châtiments corporels. On observe cependant que la réversibilité n'est pas possible : bien que l'homme ait la possibilité d'avoir

19. Ibid., p. 68.
20. Ibid., p. 68.
21. Ferdinand Mount, *La Famille subversive*, Bruxelles, Pierre Mardaga, 1982, p. 57.
22. Gaston-Paul Effa, *Mâ*, op. cit., p. 38.

plusieurs femmes, la société se montre parfois indulgente à ses écarts de conduite, telles que les relations extra conjugales.

3. La subversion dans le discours féminin

L'écriture de Bâ et d'Effa situe non seulement le personnage féminin au centre de l'intrigue, mais lui donne aussi et surtout la parole pour se plaindre, toute chose contraire dans des sociétés patriarcales où la femme n'a pas droit au chapitre. La prise de parole prend de ce fait un autre sens et signifie rompre avec le silence et se libérer de l'hégémonie masculine. Il s'agit donc d'un acte délibéré de transgresser des règles établies. Cette violation s'observe dans les deux romans au niveau de l'instance narrative : « Qui parle ? »

3.1. Le jeu du « je » narrateur

Genette dans sa théorie évoque l'instance narrative qui « se veut l'articulation entre (1) la voix narrative (qui parle ?), (2) le temps de la narration (quand raconte-t-on, par rapport à l'histoire ?) et (3) la perspective narrative (par qui perçoit-on) »[23]. En scrutant la voix narrative dans les deux textes, on se rend à l'évidence que les deux protagonistes marquent leur individualité par l'emploi du pronom de la première personne, « je ». Le « *Je* signifie la personne qui énonce [l'] instance de discours contenant *je* »[24]. Aussi bien dans *Une Sll* que dans *Mâ*, on a affaire aux narrateurs autodiégétiques, du fait qu'ils racontent leur propre histoire.

Sur le plan grammatical, le pronom personnel récurrent employé est le « je », à travers lequel Ramatoulaye et Sabeth expriment les propres réalités de leur vie. Si « l'activité littéraire débute lorsque les hommes en société expriment le désir de nommer leurs actes, de fixer leurs croyances sous forme de palmarès liturgique, de ponctuer d'un rituel fondé sur la parole, les divers aspects de leur vie de société »[25], alors, chaque protagoniste-narratrice s'approprie l'histoire et, par des retours en arrière, retrace le souvenir d'un passé ou d'un vécu.

23. Lucie Guillemette et Cynthia Lévesque, « La narratologie », dans Louis Hébert, (dir.), *Signo*, 2016, [en ligne], Rimouski (Québec), consulté le 05 mai 2021.
URL : http://www.signosemio.com/genette/narratologie.asp
24. Émile Benveniste, *Problèmes de linguistique générale I*, Paris, Gallimard, 1976, p. 252.
25. Maxime Meto'o Etoua, « À propos de la littérature », *Francophonie@cam*, n° 004, octobre-décembre 2005.

Chaque histoire est dès lors racontée sous la forme d'un aveu qui dépeint des situations de crise au sein de la famille, de la société et de l'espace foyer.

L'emploi de « je » dans les textes alterne avec d'autres pronoms qui renvoient parfois aux protagonistes et qui incluent aussi d'autres personnages féminins. Il est en effet question d'un jeu dans l'emploi du pronom de la première personne qui, à travers une valeur subjective, exprime ses émois et, par ricochet, ceux de son vis-à-vis féminin en situation de crise. Ainsi, l'emploi de « je » et ses variantes dans les deux textes impliquent de temps à autre un « tu », un « on » ou un « nous ». Dans ces différents pronoms se retrouvent aussi bien les narratrices que les autres personnages féminins qui sont dans leur situation. Le « je » en situation de communication dans les textes s'ouvre aux autres dans le but de rompre avec une profonde léthargie.

Dans les romans de Mariama Bâ et de Gaston-Paul Effa, il y a un jeu d'écriture dans l'emploi des pronoms personnels. Le « je » qui s'adresse à un « tu » se noie de temps à autre dans un « nous » et un « on » inclusifs et parfois exclusifs selon le message que les auteurs cherchent à transmettre. Ces deux pronoms, lorsqu'ils sont inclusifs, permettent aux narratrices de montrer les rapports qui existent dans leur situation de vie et celle des autres personnages-épouses. Chez la romancière sénégalaise, le discours se fait avec les formes associées de « je » et « nous » qui convergent indubitablement à Ramatoulaye et Aissatou, lesquelles ont établi leurs relations depuis la tendre enfance, à en croire ces mots de la narratrice : « Nos existences se côtoyaient. Nous connaissions les bouderies et les réconciliations de la vie conjugale. Nous subissions différemment, les contraintes sociales et la pesanteur des mœurs »[26]. Bien que Ramatoulaye soit au centre de l'intrigue, ses propos révèlent l'intrusion de son amie dans son discours et annoncent non le récit d'une vie, mais de deux vies qui se sont rapprochées par le parcours : « Je te contai alors sans arrière-pensée cet aspect pénible de notre vie »[27] ; « J'ai raconté d'un trait ton histoire et la mienne »[28].

Sabeth, quant à elle, s'inscrit dans le récit par l'usage des pronoms personnels de la première personne « je » et « nous », ainsi que du pronom indéfini « on ». L'emploi de « nous » dans le roman a une double valeur : d'abord,

26. Mariama Bâ, *Une Sll*, op. cit., p. 44.
27. Ibid., p. 102.
28. Ibid., p. 105.

elle est singularisante et met en relief la petitesse et le pouvoir limité de l'épouse dans sa relation avec son époux, tel que le démontre l'accord de « flagellée » (féminin/singulier) dans ce propos : « Une nuit, parce qu'on s'est fermée à cette bouche, [...] l'homme nous a flagellée »[29]. Ensuite, elle est généralisante et implique à la fois la narratrice, ses coépouses et toute femme victime de violences conjugales. C'est ce qui ressort de cette déclaration : « Les hommes [...] ont honte de notre sensibilité, de nos larmes, de nos hurlements dans la douleur de l'accouchement [...] Ces cris d'animal que nous poussons, ces gémissements à l'aube, cette ornière du malheur qui nous creuse »[30]. Les adjectifs possessifs et pronom personnel « notre, nos, nous » contenus dans ces phrases se réfèrent à la gent féminine en général.

En ce qui concerne l'emploi du pronom indéfini dans : « Une nuit, parce qu'on s'est fermée à cette bouche, [...] l'homme nous a flagellée », on peut dire que devant des situations avilissantes, la narratrice refuse de se reconnaître, en passant du « je » explicite au « on » implicite qui ne saurait la compromettre. Le « on » vient soustraire la petite Sabeth d'une situation embarrassante et déshonorante dans laquelle elle refuse de s'identifier. Ce pronom indéfini exprime en effet la dépersonnalisation de la femme qui préfère parfois garder le silence face à des actes qui la chosifient. Le « on » permet de cacher son identité, de refuser de se décrire comme martyre, telles que le font nombre de femmes victimes des exactions dans les foyers. Ainsi, la narratrice fuit le caractère avilissant des rapports sexuels forcés, le déshonneur et la dévalorisation de sa personne. Le discours de Sabeth dans l'ensemble est la satire des humiliations subies dans le foyer et de celles de ses coépouses.

3.2. La prise de parole et les actions comme enjeu de la liberté

Prendre la parole dans la situation des deux personnages féminins signifie rompre le silence, exprimer un sentiment d'exaspération face aux injustices et au dénigrement. Pour s'affirmer, le personnage de Bâ s'illustre beaucoup dans la prise de parole, tandis que celui d'Effa se révèle par ses écarts de conduite. Dans son étude sur *Une Sll*, Thierno Ly déclare que « la prise de conscience n'a d'impact que lorsqu'elle débouche sur l'action, l'engagement.

---

29. Gaston-Paul Effa, *Mâ*, op. cit., p. 52.
30. Ibid., p. 49.

L'émancipation procède justement de cela, de cette capacité de la femme à dire non, à porter un regard critique sur son environnement »[31].

Ramatoulaye remet en question certaines mœurs de sa société, celles qui retardent l'émancipation de la femme. Elle dénonce alors la croyance qui fait de l'épouse la première coupable de la mort de son mari et l'expose à des rites humiliants, de même qu'elle vilipende la coutume qui veut que la veuve revienne comme un objet d'héritage à un frère ou à un ami de son défunt mari. Pour cela, elle pense qu'il faut sortir du mutisme qui assujettit, du musèlement qui rend transparent et faire entendre sa voix : « Je regarde Tamsir droit dans les yeux. Je regarde Mawdo. Je regarde l'iman. Je serre mon châle noir. J'égrène mon chapelet. Cette fois, je parlerai. Ma voix connaît trente années de silence, trente années de brimades »[32]. La prise de parole devient essentielle. Une parole jusqu'alors confisquée par une religion et une culture qui cloîtrent l'épouse dans le silence absolu devant des décisions qui engagent sa vie. Il s'agit donc d'une prise de conscience qui impose une réaction. Cette parole qui accuse sans complaisance devient « violente, tantôt sarcastique, tantôt méprisante »[33]. La narratrice a fini par comprendre qu'il faut se libérer et se faire une place enviable dans sa société. Pour ce faire, elle considère avant tout l'instruction comme un enjeu majeur de discernement et de la liberté : « Nous sortir de l'enlisement des traditions, superstitions et mœurs ; nous faire apprécier de multiples civilisations sans reniement de la nôtre ; élever notre vision du monde, cultiver notre personnalité, renforcer nos qualités, mater nos défauts ; faire fructifier en nous les valeurs de la morale universelle »[34].

Le personnage d'Effa se met à l'écart des règles qui régissent sa société. Dans sa quête de la liberté, de l'amour vrai et de l'épanouissement, Sabeth va violer le deuxième des sept commandements qu'une femme doit respecter dans son foyer : « ne pas s'imaginer qu'il existe un autre homme que ton mari »[35]. Cette injonction exige de l'épouse la fidélité envers son mari. Mais, Sabeth veut sortir des carcans du mariage forcé et de l'avilissement qui l'ont

---

31. Thierno Ly, « L'émancipation de la femme : le cas d'*Une si longue lettre* de Mariama Bâ », 2006. En ligne, consulté le 10 février 2019.
URL : http://thiethielino.over-blog.com/article.32413819html
32. Mariama Bâ, *Une Sll*, op. cit., p. 109.
33. Ibid., p. 109..
34. Ibid., p. 38.
35. Gaston-Paul Effa, *Mâ*, op. cit., p. 38.

longtemps fragilisée : « vivre pour moi était d'une difficulté surhumaine qui m'épuisait »[36]. La rencontre d'Emmanuel va donner un autre sens à sa vie et la conduire vers un amour réciproque qui engendre paix et bonheur. Elle le confirme d'ailleurs lorsqu'elle déclare : « Je cherchais dans l'amour un havre, une sécurité, [...] une plénitude que mon mari n'avait pu me donner. [...] l'amour se découvrait en moi, non plus dans la tension et le doute, dans le regret ou le remords mais dans l'épanouissement et la joie »[37]. L'acte d'infidélité se justifie ici moins par l'envie de s'extirper de tout ce qui asservit, mais plutôt par le besoin de tendre vers le bonheur.

Animée aussi par un esprit de libération, Ramatoulaye va également défier les préjugés sociaux et s'afficher, toute seule, dans un espace ouvert généralement interdit aux femmes musulmanes, surtout lorsqu'elles ne sont pas accompagnées. Dans l'œuvre elle dit : « Je me débarrassais de ma timidité pour affronter seule les salles de cinéma ; je m'asseyais à ma place, avec de moins en moins de gêne, au fil des mois. On dévisageait la femme mûre sans compagnon »[38]. Le cadre spatial n'est plus restreint et avec du courage, elle parvient à faire face aux regards accusateurs qui jadis annexaient sa liberté. Ramatoulaye veut se défaire de l'image de l'épouse passive qui accepte sans contestation de vivre enfermée dans le giron familial.

Conclusion

Cette étude s'est intéressée au discours des personnages féminins face à la tradition et à la religion. Elle a pour corpus d'étude *Une si longue lettre* de Mariama Bâ et *Mâ* de Gaston-Paul Effa. Par le truchement de leurs héroïnes, les deux auteurs questionnent les inégalités dans les rapports entre genres et mettent à nu la situation de la femme dans les sociétés sénégalaise et camerounaise. Traquées par les systèmes de croyances et traditions, les protagonistes, Ramatoulaye et Sabeth évoluent dans des univers où la femme ne peut prendre ouvertement la parole pour revendiquer ses droits. Mais, au travers des mécanismes de l'écriture épistolaire et du monologue, les scripteurs ont dévoilé la pensée de leurs personnages féminins en proie aux pratiques traditionnelles et religieuses dégradantes. Sur le ton de la confidence et à travers le jeu de l'emploi des pronoms (parfois inclusifs et exclusifs), les

---

36. Ibid., p. 54.
37. Ibid., p. 174.
38. Mariama Bâ, *Une Sll*, op. cit., p. 99.

auteurs ont pu révéler les tribulations auxquelles font face leurs héroïnes. L'activité scripturale de Bâ et d'Effa se range bien dans l'écriture de l'engagement, en ce sens qu'ils militent pour la libération de la femme en essayant de la sortir de sa torpeur. Aussi, le mariage précoce ou forcé, la déscolarisation, la polygamie ou l'excision sont des pratiques qui dégradent et embrigadent l'avenir de la jeune fille et de la femme. Pour ces auteurs, il est impératif de briser le mythe qui frappe la femme d'ostracisme et la relègue dans l'espace (de la) cuisine ; de la sortir du mutisme et de la passivité engendrés par le système patriarcal. Pour cela, Bâ et Effa prônent l'écriture, la parole, tout en reconnaissant que « la parole de femme est souvent une parole arrachée aux autres, conquise, mais en même temps arrachée à soi, car elle implique une mise à nu, un dévoilement, même si le « je » de l'être avance masqué »[39].

Léonie Bénédith TIÉBOU, PHDC

---

39. Maïssa Bey, *Étoiles d'encre*, Alger, Chèvre-feuille Étoilée, 2003, préface.

Bibliographie

AMADOU AMAL, Djaïli, *Walaande, l'art de partager un mari*, Yaoundé, Ifrikiya, 2010.

BÂ, Mariama, *Une si longue lettre* [1979], Paris, Groupe Privat/Le Rocher, 2005.

BENVENISTE, Émile, *Problèmes de linguistique générale I*, Paris, Gallimard, 1976.

BEY, Maïssa, *Étoiles d'encre*, Alger, Chèvre-feuille étoilée, 2003.

BEYALA, Calixthe, *Femme nue, femme noire*, Paris, Albin Michel, 2003.

EFFA, Gaston-Paul, *Mâ*, Paris, Grasset, 1998.

ETEKI-OTABELA, Marie-Louise, « Dix ans de luttes du Collectif des femmes pour le renouveau (CFR) : quelques réflexions sur le mouvement féministe camerounais », in *Des femmes de la francophonie*, vol. 5, n° 1, 1992, en ligne, consulté le 10 juillet 2019.
URL : https://www.erudit.org/fr/revues/rf/1992-v5-n1-rf1645/057673ar.pdf

GUILLEMETTE, Lucie et LÉVESQUE Cynthia, « La narratologie », dans Louis Hébert, (dir.), 2016, *Signo* [en ligne], consulté le 05 mai 2021.
URL : http://www.signosemio.com/genette/narratologie.asp

KESTELOOT, Lilyan, *Anthologie négro-africaine. Histoire et textes de 1918 à nos jours*, Paris, Edicef, 1992.

LY, Thierno, « L'émancipation de la femme : le cas d'*Une si longue lettre* de Mariama Bâ », 2006. En ligne, consulté le 10 mars 2020.
URL : http://thiethielino.over-blog.com/article.32413819html

MÉRAND, Patrick, *La vie quotidienne en Afrique noire*, Paris, L'Harmattan, 1980.

METO'O ETOUA, Maxime, « À propos de la littérature », in *Francophonie@cam*, n° 004, octobre-décembre 2005.

MOUNT, Ferdinand, *La Famille subversive*, Bruxelles, Pierre Mardaga, 1982.

SARTRE, Jean-Paul, *Qu'est-ce que la littérature ?*, Paris, Gallimard, 1948.

VAN DEN HEUVEL, Pierre, *Parole, mot, silence. Pour une poétique de l'énonciation*, Paris, Librairie José Corti, 1989.

Pour citer cet article :

Léonie Bénédith TIÉBOU, « Le discours des personnages féminins au regard de la tradition et de la religion. Une lecture de *Mâ* de Gaston-Paul Effa et *Une si longue lettre* de Mariama Bâ », *Revue Legs et Littérature* n° 17, vol. 2, 2021, pp. 177-195.

Déconstruction narrative et « formatting » linguistique dans la littérature africaine d'expression française : une implication narratologique à l'ère du temps.
Cas du « nouveau roman » ivoirien

Diplômée d'un doctorat en Lettres Modernes à l'Université Alassane Ouattara de Côte d'Ivoire en juin 2020, Céline KOFFI s'intéresse aux nouvelles écritures ivoiriennes, à l'intermédialité littéraire et aux diverses relations que le roman africain, plus particulièrement le roman ivoirien, entretient avec les ressources de la littérature orale. Elle est autrice de plusieurs articles scientifiques dont « Le "nouveau roman ivoirien" et liaisons médiatiques : une implication narratologique à l'ère du temps » (novembre 2020), « La réalité biface de la temporalité narrative dans La traversée du guerrier de Diégou Bailly : entre imprécision et anachronie » (mars 2021).

Résumé

Depuis la rupture idéologique et esthétique opérée par la Négritude, la littérature africaine n'a cessé de se transformer et, avec elle, le roman ivoirien qui, à partir des années 50, va connaitre une série de mutations. Désormais, au souci de dénoncer les comportements coloniaux, les déviations de la société africaine, s'ajoute une création romanesque plus riche tant sur le plan formel que langagier qui prend le vocable de nouveau roman. Les items culturels et linguistiques qu'utilisent les nouveaux romanciers ivoiriens sont, souvent, empruntés à leur langue maternelle notamment, l'Agni, le Baoulé, le Bété, le Malinké (Dioula) et aussi du "nouchi " ou français populaire ivoirien. Cette création romanesque aide à révéler l'aspect linguistique et original de la symbiose culturelle. Il convient, dès lors, de faire la promotion de ces langues par le moyen de l'écriture sur la base d'une politique rigoureusement établie.

Mots clés

Innovation, linguistique, nouveau roman ivoirien, narration, techniques narratives

DÉCONSTRUCTION NARRATIVE ET « FORMATTING »
LINGUISTIQUE DANS LA LITTÉRATURE AFRICAINE D'EXPRESSION
FRANÇAISE : UNE IMPLICATION NARRATOLOGIQUE À L'ÈRE DU
TEMPS. CAS DU « NOUVEAU ROMAN » IVOIRIEN

Introduction

Si les premières productions littéraires africaines d'expression française ont
subi l'influence de la littérature occidentale, après les indépendances, les écritures des auteurs négro-africains, comme Yambo Ouologuem et Ahmadou
Kourouma, s'en démarquent. Ils vont, en effet, se soustraire des normes et
contraintes classiques du roman et promouvoir une nouvelle forme d'écriture
romanesque. Pour rejoindre Jacques Chevrier, le roman : « cesse donc de se
couler dans le moule du récit balzacien »[1].

Désormais, au souci de dénoncer les comportements coloniaux et les déviations de la société africaine, s'ajoute dorénavant celui d'une création romanesque plus riche sur le plan formel que langagier. Dès lors, la lutte émanci-
patrice des auteurs africains s'inscrit dans une nouvelle logique : celle de la

---

1. Jacques Chevrier, *Littérature d'Afrique noire de langue française*, Paris, Nathan, 1999, p.
109.

revendication de la liberté, de l'affranchissement de soi par l'usage d'une nouvelle écriture.

Conscient de cette réalité, nombre d'écrivains africains procèdent à une véritable adjonction des mots français avec l'imaginaire africain. Ces écrivains, tout en débattant des sujets touchant aux traditions africaines, n'oublient pas, cependant, de mettre un accent particulier sur les problèmes de leur temps, à savoir : aliénation culturelle et linguistique. Chez les auteurs ivoiriens, le ton est lancé avec Ahmadou Kourouma. Le cas de *Les soleils des indépendances*[2] est très illustratif tant cet auteur y opère une révolution linguistique et syntaxique. Bruno Gnaoulé-Oupoh déclarait à cet effet : « *Les soleils des indépendances* est une œuvre qui n'innove pas seulement au plan de l'écriture. Par son contenu, elle constitue dans l'histoire du roman ivoirien un tournant décisif »[3]. Par ailleurs, dans une interview accordée à Michèle Zalessky dans *Diagonales*, Pierre Dumont cite Ahmadou Kourouma qui déclarait : « Les Africains, ayant adopté le français, doivent maintenant l'adapter et le changer pour s'y trouver à l'aise, ils y introduiront des mots, des expressions, une syntaxe, un rythme nouveau. Quand on a des habits, on s'essaie toujours à les coudre pour qu'ils moulent bien, c'est ce que vont faire et font déjà les Africains du français »[4]. À partir de l'exemple de Kourouma, le français cesse d'être cette langue d'asservissement ; il devient une langue elle-même asservie et un outil malléable pour des écrivains. Ils vont alors malmener le français appris à l'école en l' « ivoirisant », c'est-à-dire en transposant directement en français des manières de dire, de sentir, de dialoguer propres aux ivoiriens à tel enseigne que des lecteurs reconnaissent certaines expressions sous-jacentes dans leur langue. Ce que nous qualifions de : **déconstruction narrative et « formatting »[5] linguistique**. Les stratégies des auteurs pour opérer cette « ivoirisation » consistent à truffer le texte français de mots empruntés à des langues locales.

---

2. Ahmadou Kourouma, *Les soleils des indépendances*, Paris, Seuil, 1970.

3. Bruno Gnaoulé-Oupoh, *La littérature ivoirienne*, Paris, Éditions KARTHALA et CEDA, 2000, p. 297.

4. Pierre Dumont, « L'insécurité linguistique, moteur de la création littéraire : merci, Ahmadou Kourouma », in *Diversité culturelle et linguistique : quelles normes pour le français ? IXe sommet de la Francophonie*, Beyrouth, Agence Universitaire de la Francophonie, 2001, p. 115.

5. Mot d'origine Britannique, généralement utilisé dans le domaine informatique, il signifie rendre conforme à un modèle, épurer un ancien système pour le rendre nouveau.

La présente contribution à perspective narrative part alors de l'hypothèse selon laquelle à travers des procédés qui tiennent du générique et du linguistique les « nouveaux romanciers »[6] ivoiriens expérimentent et promeuvent une esthétique romanesque en passe de devenir une identité remarquable du roman ivoirien. Quels peuvent être, pour ces romanciers, les enjeux à la fois littéraires et identitaires, de la promotion de ces techniques narratives empruntées, pour l'essentiel, de la littérature et de la culture africaine ? Pour répondre à ces questions, nous nous appuierons sur cinq romans notamment : *La carte d'identité*[7] de Jean-Marie Adiaffi, *Le fils de-la-femme-mâle*[8] de Bandaman Maurice, *La traversée du guerrier*[9] de Diégou Bailly, *Mémoire d'une tombe*[10] de Tiburce Koffi et *Yasoi refusa l'orange mûre*[11] de Nianga de Charles Nokan. Par ailleurs, ces procédés de déconstruction narrative et « formatting » linguistique dans la littérature africaine d'expression française seront traités dans les lignes qui suivent à travers le « nouveau roman » ivoirien et l'esthétique du mélange des genres puis le mélange des parlers et des langues chez les « nouveaux romanciers » ivoiriens et enfin les langues ivoiriennes comme recours pour suppléer le français qui aboutira sur les enjeux à la fois littéraires et identitaires.

1. « Le nouveau roman » ivoirien et l'esthétique du mélange des genres

Il s'agit essentiellement du mélange des genres. Ce que le romancier ivoirien Jean Marie Adiaffi nomme de « nzassa » qui signifie en Agni (langue parlée dans l'est de la Côte d'ivoire) « mélange ». Au sens strict, les romans de notre corpus constituent un « mélange » dont il s'agit de montrer la portée. En effet, ces œuvres auxquelles le genre romanesque sert de prétexte sont constituées des textes qui, en réalité, se mêlent et s'entremêlent harmonieusement. Roger Tro Dého le qualifie de pratique ''informe''[12] qu'il définit en ces termes : « […]l'informe, c'est le refus du roman de se doter de règles et celui du

---

6. Dans le cadre de la présente étude, cette expression désigne la génération de romanciers ivoiriens qui, depuis *Les soleils des indépendances* (1968) d'Ahmadou Kourouma se caractérisent par la recherche formelle, la tendance à renouveler l'écriture romanesque.

7. Jean-Marie Adiaffi, *La carte d'identité*, Paris/Abidjan, Hatier/CEDA, 1980.

8. Maurice Bandaman, *Le fils de la femme mâle*, Paris, L'Harmattan, 1993.

9. Diégou Bailly, *La traversée du guerrier*, Abidjan, CEDA, 2004.

10. Tiburce Koffi, *Mémoire d'une tombe*, Abidjan, CEDA/ NEI/ Présence Africaine, 2009.

11. Charles Nokan, *Yasoi refusa l'orange mûre de Nianga*, Abidjan, Frat-Mat, 2010.

12. Roger Tro Dého et al., *L'(In) forme dans le roman africain, Formes, Stratégies et significations*, Paris, L'Harmattan, 2015, p. 24.

romancier d'obéir à celle qui existent »[13]. Il ajoute plus loin : « Le roman, cela est désormais connu, est un genre « ouvert » ; ouverture du sens à cause de la multiplicité des possibles interprétatifs mais aussi et surtout ouverture de la structure »[14]. Les textes de notre corpus s'affranchissent audacieusement de cette classification classique : roman, poésie, théâtre, nouvelle, épopée, essai… etc. Ce sont des œuvres ''a-génériques''[15]. Dans ces textes, en effet, chaque genre intervient à un moment précis pour jouer sa ''partition''. Le mode d'apparition et d'énonciation des différents genres est subordonné aux besoins narratifs de l'écrivain. Comment ce mélange générique, le « n'zassa » est manifeste dans les œuvres de notre corpus ?

1.1 Roman et proverbes

Le proverbe, d'origine latine, signifie à la place de la parole, « Proverbium », Paul N'da ajoute que le proverbe est : « (…) tout ce que le français distingue en maximes, dictons, adages, aphorisme, apophtègmes, etc… »[16]. Le proverbe est une maxime brève devenue populaire. Il est perçu comme une vérité d'expérience ou conseil de sagesse pratique commun à tout un groupe social, exprimée en une phrase généralement imagée. C'est pour cette raison que les détenteurs de la parole sociale et artistique (les anciens, les griots, les érudits) l'emploient.

L'usage des proverbes par les romanciers ivoiriens est très répandu. Il rejoint une pratique négro-africaine. Ce qui n'est pas le cas dans les œuvres littéraires françaises occidentales. On ne note pas une insertion de ces formes. Les dictionnaires, dans leurs pages roses, n'en donnent qu'une image figée. Ces proverbes-là ne changent pas d'une édition à l'autre. Dans le milieu africain au contraire, le proverbe joue un rôle important. Il enseigne, de par ses riches formulations, une sagesse pratique qui tire souvent ses sources à partir de l'observation du monde matériel, animal et humain. Dans notre corpus, il y a plusieurs proverbes. Mais l'analyse ne portera sur les plus pertinents. Ainsi avons-nous observé à travers un tableau récapitulatif les données permettant de décrypter les énonciateurs, la nature, la situation d'emploi et la portée idéologique des proverbes.

13. Ibid., p.25.
14. Ibid., p.26.
15. Ibid., p.28.
16. Paul N'da, « Proverbes, ordre et désordre, société et individu », *Notre librairie*, n° 86, Janvier- mars 1986, p. 32.

Yassoi refusa l'orange mûre de Nianga de Charles Nokan

PROVERBES	NATURE	ÉNONCIATION	CONTEXTE D'EMPLOI	SIGNIFICATION OU IDÉE VÉHICULÉE
« Tant qu'on vit, on n'arrête pas de combattre » p.154.	Constatation	YASSOI	A 55 ans, YASSOI est déçu de la vie après ses efforts vains.	Devant les difficultés de la vie, il faut persévérer
« La vie est comme l'eau. Enfants, adolescents, adultes, nous la buvons fraîche, apprécions sa douceur singulière » p.154.	Constatation	YASSOI	Monologue de YASSOI	Nul ne peut échapper à son destin
« Le peu qui reste de nous après notre mort n'est point véritablement nous – même » p.54.	Constatation	YASSOI	YASSOI a reçu un télégramme d'un de ses cousins, lui annonçant la mort de sa mère	La mort anéanti l'homme.
« On ne gagne pas toujours d'épouser l'être aimé. On doit parfois lui éviter les tracasseries.» p. 105.	Conseil	YASSOI	A Irène sa bien-aimée quand il a voulu se séparer d'elle	Quand on aime quelqu'un, il vaut mieux lui éviter la souffrance.
« La nuit n'est pas infinie ; après elle, le jour vient indubitablement p.233.	Constatation	YASSOI	C'est le slogan de YASSOI quand il a décidé de militer au sein du mouvement de gauche	Après la lutte, la victoire

La carte d'identité de Jean-Marie Adiaffi

PROVERBE	NATURE	ENONCIATION	CONTEXTE D'EMPLOI	SIGNIFICATION OU IDÉE VÉHICULÉE
Celui qui est tombé dans l'eau n'a pas peur de la pluie p.5.	conseil	Mélédouman	Mélédouman l'emploie lors de son arrestation	Celui qui a vaincu un plus grand obstacle n'a pas peur d'un plus petit.
Le poulailler est un palais doré pour le coq malgré la puanteur des lieux p.6.	Constatation	Mélédouman	En réponse au commandant qui traite sa maison de porcherie médiévale, Mélédouman emploie ce proverbe	On est mieux que chez soi.
Quand on a le sexe mort et qu'on ne peut plus faire l'amour, on s'en sert pour uriner p.7.	conseil	Mélédouman	Lors son arrestation le commandant propose une veste, des chaussures et un pantalon à Mélédouman au détriment de son pagne puant (un riche kita)	Un objet peut perdre de son prestige mais son usage ne change pas.
Une fois n'est pas coutume, une fois n'est pas tradition p.26.	Constatation	Le commandant	Surpris par la pertinence argumentative de Mélédouman, le commandant émis ce proverbe en vue de le rabaisser	C'est la fréquence qui détermine la coutume
La vérité de la vie est en graine de piment p.75.	conseil	Mélédouman	Emis pour consoler Mokan quand elle vu Mélédouman dans un mauvais état physique	C'est l'expérience qui forge le caractère d'un individu.
Avant que l'acajou ne soit abattu, pour offrir à la biche son feuillage en guise de gîte, celle-ci s'abritait quand venait la pluie et dormait quand venait la nuit. p.154.	Constatation	Mélédouman	En guise de réponse au commandant quand il lui suggère un ophtalmologue français pour lui redonner la vue	Avant l'arrivée des Blanc (des colons), les Noirs se soignaient par leur propre médecine.

L'utilisation de ces formules manifeste chez l'auteur une volonté d'allier oralité et écriture, mieux d'enrichir l'écriture en recourant aux formes de la littérature orale en vue d'expérimenter une écriture plus originale. À travers l'usage de ces proverbes de conseils, de prescriptions, de constatations, les auteurs participent à l'éducation morale du lecteur et de la société.

1.2. Roman, poème et chanson

La poésie serait l'art de combiner les sonorités, les rythmes au moyen des mots d'une langue pour évoquer les images, suggérer les sensations, des émotions. De cette définition, il convient de retenir l'idée de fabrication, ce que Jean-Louis Joubert affirme en citant Paul Valéry: « Un poème est une sorte de machine à produire l'état poétique au moyen des mots »[17]. Chez Diégou Bailly, au chapitre V déjà, on découvre un long poème rythmé par des refrains donnant ainsi l'allure d'une chanson, sinon d'un poème chanté :

> *Pleure*
> *Chaud soleil*
> *[…] Chauffe soleil*
> *Montre ton digba*[18].

Ce passage allie à la fois métaphorisation et musicalité, donc rythme. L'entité soleil est ici anthropomorphisé puisque le narrateur lui donne un attribut humain. L'association de deux termes aux registres contextuels antithétiques (pleure affecter à soleil) révèle jusqu'où peut aller la métaphorisation. Quant au rythme, il se laisse transparaitre à travers cette répétition des vers :

> *Boy*
>   *Sois vrai*
> *Dis vrai*
>   *Qui cherche*
> *Trouve*[19].

On note par ailleurs la récurrence phonique du son (è) à la fin de la quasi-totalité des vers. Ce jeu de mot, vise sans doute, la musicalité des propos

---

17. Jean-Louis Joubert, *La poésie*, Paris, Armand Colin, 2003, p. 17.
18. Diégou Bailly, *La traversée du guerrier*, op. cit., pp. 51-52.
19. Ibid., p. 52.

proférés par l'instance narrative. L'effet que recherche le narrateur est nul doute la musicalité des textes. Ces textes ont ceci de commun : ils sont tous écrits en italique à la différence du texte principal, lui écrit en caractère normal. Typographiquement, les extraits se caractérisent par un recours quasi systématique à l'alinéa, qui est également une pratique fort utilisée dans *Yassoi refusa l'orange mûre de Nianga* de Charges Nokan. En témoignent ces poèmes et chansons :

« Afrique,
mets-toi mon Afrique,
en route
Avance et avance !
Marche vaillamment
vers le progrès
[…]
Afrique, efforce-toi
de gagner ton igname quotidienne
[…]
La danse commence.
Rythmes verts,
[…]
La danse,
La chanson,
La senteur
Et la communication
me recréent.
[…]
Nous sommes foule immense,
refus de la dictature.
[…]
Nous façonnons le présent ;
nous inventons le futur[20].

Ainsi, la valeur poétique du texte de Charge Nokan est-elle indéniable. Le roman est empreint d'un lyrisme profond qui amène à considérer son œuvre comme un véritable cri de cœur. Tout au long du roman, le narrateur, qui est

---

20. Charles Nokan, *Yasoi refusa l'orange mûre de Nianga*, op. cit., pp. 164-181.

un être de papier se relaie sans cesse avec la personne de l'auteur, du moins du poète. En effet, le poète-écrivain qui écrit traduit ici son état d'âme, son moi. Partant, on peut affirmer que le roman de Charge Nokan est un appel lancé à l'Afrique. En effet, il apparaît à la lecture de *Yasoi refusa l'orange mûr de Nianga*, que la société de Mifè, représentation métonymique des sociétés africaines postcoloniales, est en progressive déliquescence morale et matérielle. C'est la réalité sociale, politique et économique qui est prise à partie, montrée dans ses profondes contradictions.

Il se dégage du constat de l'écriture des auteurs que le romancier peut s'exprimer autrement que par les voies classiques imposées par les normes académiques. Il y a derrière leur écriture un désir de se libérer des chaînes de l'Occident. À cela s'ajoute la création d'une nouvelle langue qui exploite à souhait les ressources de l'oralité.

2. Le mélange des parlers et des langues chez les « nouveaux romanciers » ivoiriens

Les écrivains africains d'expression française et plus particulièrement les ivoiriens se permettent souventefois d'utiliser des mots, des expressions, et même des tournures grammaticales de leur environnement linguistique originel. On le voit avec les auteurs des romans de notre corpus. Dans ces œuvres, les auteurs outrepassent les normes telles qu'instaurées par les puristes. Comment le relâchement langagier est-il perceptible dans ces œuvres ?

2.1. Intégration des langues locales dans le roman

On note chez les auteurs la convocation de leur langue maternelle et de plusieurs autres langues ivoiriennes associées au français pour véhiculer leur réflexion. C'est le cas du lexique des noms des personnages, l'ancrage local de la toponymie et l'usage du nouchi ou du français populaire ivoirien.

2.1.1. Le lexique des noms des personnages

L'onomastique est un élément important de la création littéraire africaine. Selon N'Da Pierre : « Dans ces romans, il (l'auteur) […] invente, il crée de toutes pièces des noms en jouant sur des constructions phonéticosémantiques, sur des interférences socioculturelles, ou sur les connotations morales ou idéologiques des syntagmes mis en place »[21].

Les noms donnés aux personnages sont tirés des langues Agni, Baoulé et Malinké (Dioula). Chez les Agnis par exemple, le nom est révélateur de la personnalité de l'individu qui le porte.

Donner un nom est donc sacré et passe par une tradition bien établie. On peut par exemple avoir des noms en relation avec : le jour de naissance, la famille, les circonstances. Les noms de circonstances contiennent les anthro-topo-nymes, les temporonymes (parmi lesquels, il y a ceux liés au *calendrier sacré*[22], aux festivals akan, à la situation sociale, politique et économique, noms liés à l'accouchement, noms de protection contre la mort ou pour con-jurer les mauvais auspices, noms liés à la flore, à la faune et aux structures physiques).

Ce n'est pas un hasard quand on sait que depuis quelques décennies les au-teurs africains ont entrepris de valoriser leur patrimoine, d'affirmer leur iden-tité et cela passe nécessairement par le recours à leur culture et à leur langue. Franz Fanon ne disait pas autre chose lorsqu'il déclare dans son œuvre : *Peau noire, masques blancs* ceci : « Parler c'est à même d'employer une syntaxe, posséder une morphologie de telle ou telle langue, mais c'est surtout assumer une culture, porter le poids de sa civilisation »[23].

Dans *La carte d'identité* de Jean-Marie Adiaffi (auteur d'origine Agni), l'on est en face de trois réalités notamment la langue, la culture et la spiritualité. Si la linguistique nous plonge dans la langue Agni, la culture nous introduit dans la danse et la découverte des mets[24] agnis, la spiritualité[25], quant à elle, nous immerge dans l'imaginaire d'un monde où ce qui nous sert de voir n'est plus les yeux mais l'esprit. Dans *La carte d'identité*, l'onomastique s'avère très at-trayant. Voyons le cas de Mélédouman, protagoniste, dont le nom signifie littéralement « soit : je n'ai pas de nom, ou exactement, on a falsifié mon

21. Pierre N'da, « Les noms propres et les mots de la langue maternelle chez Maurice Bandaman », in *Francophonies littéraires et identités culturelles*, sous la direction d'Adrien Huannou, Paris, L'Harmattan, 2000, p.189.

22. Jean-Marie Adiaffi, *La carte d'identité*, op. cit., p.70.

23. Franz Fanon, Peau noire, masques blancs, Paris, Seuil, 1952, p. 13.

24. Jean-Marie Adiaffi, *La carte d'identité*, op. cit., p. 69.

25. Ibid., pp. 66-70.

nom »[26] qui pose deux problèmes : linguistique et identitaire. D'une part, le double sens de celui-ci est dû simplement au caractère tonal des langues africaines où la moindre altération dans la tonalité, modifie le sens. Adiaffi montre également que la langue Agni, au même titre que les langues européennes, a sa complexité face à laquelle, une connaissance poussée de celle-ci s'avère nécessaire. Mélédouman est par ailleurs le héros, représentant le colonisé. Roger Tro Dého affirme au sujet du nom « Mélédouman »[27] qu'il peut avoir deux sens différents selon l'intonation ou l'accentuation ou non de la deuxième syllabe :

> *Le nom Mélédouman, lorsqu'il se prononce /mèlèdùma/, se traduit par « j'ai un nom » (Mé "j'" ou "je" – lè "ai" – douman "nom") alors que lorsqu'il se prononce/mèlédùma/, il signifie plutôt « je n'ai pas de nom » (Mé "j'" ou "je" – lé "n'ai pas" –douman "nom"). Ces transcriptions phonétiques montrent que la variation tonale se situe au niveau du verbe « avoir » : /lè/ (avoir positif) et /lé/ (avoir+négation). Chez les Agni en général, c'est le morphème /ma/ qui marque la négation. L'Agni de Bongouanou[28] par exemple aurait appelé le personnage de Jean-Marie Adiaffi : Mélémandouman / mélémaduma / (je n'ai pas de nom). Chez Jean-Marie Adiaffi, Agni indénié de la région d'Abengourou[29] par contre, le /ma/ est élidé et la négation est supportée par le verbe seul, au niveau du ton »[30].*

Si l'on en croit Roger Tro Dého, n'eût été la colonisation, Mélèdouman aurait signifié « J'ai un nom », ce qui n'est plus le cas à cause justement de ce fait qui nie au colonisé son identité jusqu'à son nom. C'est cette situation de déséquilibre qui engendrera la quête de Mélédouman de son identité escamotée, perdue, falsifiée. Tout le roman va se construire autour de ce mal être

---

26. Ibid. p. 3.
27. Roger Tro Dého, *Les ressources de la tradition orale et la création romanesque chez Jean-Marie Adiaffi et Maurice Bandaman*, thèse de doctorat, Abidjan, Université de Cocody, mai 2003, p. 230.
28. Région de l'Est de la Côte d'Ivoire où vit une partie des Agnis.
29. Abengourou est une région de la Côte d'Ivoire située à l'est et abritant une variante de l'ethnie agni.
30. Roger Tro Dého, *Les ressources de la tradition orale et la création romanesque chez Jean-Marie Adiaffi et Maurice Bandaman*, op. cit., p. 138.

identitaire ressenti par le héros, de ce conflit entre un personnage qui dit avoir une identité (« Mèlédouman = J'ai un nom »), qui veut l'affirmer au prix de sa vie et un autre, le Commandant Kakatika Lapine, qui nie cette identité (« Mélédouman = je n'ai pas de nom ; on a falsifié mon nom ») et pour qui la preuve la plus tangible d'une identité est la carte d'identité, produit de l'état civil et de l'administration coloniale occidentale. Adiaffi lui-même avoue en ces termes : « Le nom (Mélédouman) joue sur cette double réalité : le Noir qui sait qu'il a une identité et la négation de celle-ci par le Blanc. C'est dans l'intonation. Si c'est le Blanc qui parle, il a une intonation différente et le nom veut dire autre chose. Si c'est Mélédouman lui-même qui parle, c'est autre chose »[31].

L'intonation est ici très importante. La méconnaissance de la réalité africaine, et notamment des langues africaines par le colonisateur produit des erreurs comme celles de prononciation des noms africains. Cela produit de fait une transformation du nom originel et par conséquent de la réalité première que traduit le nom. Or, on sait que dans les langues africaines, une réalité ou un concept change au gré de l'intonation. Cet exemple illustre parfaitement l'étendue des transformations qu'a subie l'Afrique à la faveur de la colonisation.

L'usage des langues ivoiriennes est notable également dans *La mémoire d'une tombe*, dans lequel les chefs d'État portent des noms très péjoratifs. Une nation où les chefs d'État sont politiquement immatures, qui est en proie à la dictature et à l'accrochage au pouvoir ne peut qu'être vouée qu'à l'instabilité chronique. Ceci est d'autant plus vrai pour la nouvelle Afrique qu'il ne pouvait en être autrement pour la nouvelle république imaginaire de yalêklo. C'est ce qui se laisse entrevoir à travers les noms des différents chefs d'État qui ont dirigé ce pays.

Au lendemain de son indépendance en 1960, Yalêklo est dirigé pendant cinq ans par MoctarMoularé. À la suite d'un coup d'État diligenté par le vice-président Yahau Outré. Composé de deux lexèmes baoulé (langue ivoirienne parlée dans la partie centre de la Côte d'Ivoire) « Yahau » (nom propre) « Outré » (altercation, palabre). Littéralement ce nom pourrait signifier Yahau le bargareur ou Yahau le violent. Cela s'aperçoit clairement par sa volonté de prendre le pouvoir par les armes et non par les urnes. Mais aussi par son règne

31. Janos Riesz et alii, « *La carte d'identité* : Interview avec Jean-Marie Adiaffi », in *Bayreuth African Studies series*, n° 8, 1986, p. 29.

dans une atmosphère instable : « Il (Yahau Outré) régna trois ans. Un règne brouillon et agité, où il étala tellement de carence qu'il ne s'attendait avec presque aucun de ses ministres »[32].

Yahau Outré est à son tour victime d'un coup d'Etat orchestré par Robert Kôtchêman. Ce nom composé de deux substantifs Robert (nom propre) Kôtchêman (un sobriquet qui signifie boxeur en nouchi). Ce sobriquet traduit son attitude de putschiste. Son règne n'a duré que cinq mois et fut remplacé par un colonel du nom de KôroKlomin. Nom composé de trois mots dont un Malinké « Kôro » (ainé, vieillard et de deux mots baoulé « Klo et min » (celui qui aime gouverner), ce groupe de mots, signifie donc celui qui veut s'éterniser au pouvoir. Le narrateur fait allusion donc à un assoiffé de pouvoir. C'est pour cette raison que sous son règne il spoliait les biens des populations que le narrateur souligne : « Sous son règne on parla souvent de détournements de deniers publics, de fortunes expatriées. Kôrô Klomin tente de bâillonner la presse, en faisant emprisonner quelques journalistes aux écrits téméraires »[33]. Deux ans plus tard, il est déchu du pouvoir par l'armée avec à sa tête Kaho. Le nom Kaho signifie en français populaire ivoirien : « le coriace, l'invincible »: « Le commandant Kaho échappa à au moins sept tentatives de putsch à raison d'une tous les huit mois »[34].

En définitive, les auteurs utilisent des termes issus de leur région d'origine pour former ou inventer des noms de toute pièce. Comme les anthroponymes, la toponymie est très évocatrice également.

2.2. Ancrage local de la toponymie

Les toponymes dans notre corpus sont nombreux. Nous nous en tiendrons à l'étude de quelques-uns parmi les plus significatifs pour notre propos. Dans *Le fils de-la-femme-mâle* de Bandaman Maurice, l'espace d'Awuinklo, selon Pierre N'da, « Awuinklo »[35] est formé de deux lexèmes baoulé : « awuin » qui signifie « égoïsme, individualisme », et « klo » signifiant « village, cité ». Le nom composé signifie donc littéralement « la cité de l'égoïsme ». Il y règne

32. Tiburce Koffi, *Mémoire d'une tombe*, op. cit, p. 118.
33. Ibid., p. 119.
34. Ibid., p. 119.
35. Pierre N'Da, « Les noms propres et les mots de la langue maternelle chez Maurice Bandaman », op. cit., p. 189.

en effet l'individualisme et l'égoïsme. Au-delà de l'axe syntagmatique sur lequel pourrait se situer cet espace, l'on peut aisément lui trouver des significations implicites. « Awuinklo » est certes un espace fictif mais rapproché d'un espace réel, il est le symbole des cités africaines sous les soleils des indépendances dans lesquelles seul le capitalisme est la valeur suprême. Il en résulte, comme dans toute société capitaliste, le règne de l'individualisme. C'est, semble-t-il, le lot des sociétés africaines engagées dans la course au développement et ayant perdu leurs valeurs cardinales de solidarité, d'union et de cohésion.

Chez Tiburce Koffi, la réalité est tout aussi flagrante quand il met en scène une révolution militaire orchestrée par quatre jeunes gens Sama, Kansar, Ilboudo et Bélem, tous originaires d'un pays pauvre, Yalèklo devenu Sran-ouflè-dougou : « Sran-ouflê-dougou(…) ce pays ne s'est pas toujours appelé ainsi, cependant, on l'appelait Yalêklo »[36]. Rapportant au contexte socio-politique négro-africain, le roman africain et singulièrement le roman ivoirien de la période située après les indépendances est essentiellement une littérature de mœurs politiques. Il est très proche de la réalité sociopolitique africaine de cette époque et Yalêklo en est une belle démonstration. Yalêklo, est un substantif adjectival qui signifie littéralement en Baoulé, yalê (pauvreté) et klo(village) : « le village de la pauvreté ».

Ces jeunes révolutionnaires vont organiser une insurrection avec l'appui des groupes de résistance qui s'étaient créés à yalêklo puis « ballaient » Hassadé Mohane du palais présidentiel : « Yalêkloises et Yalêklois […]la situation catastrophique et insoutenable dans laquelle le président Hassandé Mohane et ses hommes conduisaient le pays, exigeait de chacun d'entre nous, un sursaut national. […] nous avons uni nos forces pour résister à celles qui nous faisaient régresser[…] celles-ci viennent de connaitre la victoire des forces de résistance patriotique sur le pouvoir sclérosé et inutile d'Hassandé Mohane »[37]. Cette victoire du bien sur le mal débouchera sur l'avènement de la nouvelle république : Sran-ouflê-dougou.

Composé de trois lexèmes dont deux en Baoulé Sran (homme)-ouflê (nouveau) et de dougou (village ou pays) en Malinké (Dioula), une langue qui

---

36. Tiburce Koffi, *Mémoire d'une tombe*, op. cit., pp. 28-29.
37. Ibid., p. 331.

est parlée dans la partie Nord de la Côte d'Ivoire. Sran-ouflê-dougou est le nouveau nom attribué à l'ex-Yalêklo comme pour effacer l'impact de la mauvaise connotation de l'ancienne dénomination sur ces habitants. Sran-ouflê-dougou ou encore le miracle d'une révolution est un nouveau pays avec un nouveau régime, reconnu et accepté par un nouveau peuple. À travers la toponymie de Yalêklo devenu Sran-ouflê-dougou dans la suite de l'intrigue, Tiburce Koffi s'est inspiré essentiellement du contexte sociopolitique marqué par l'ascension à la souveraineté nationale, mais également, partout en Afrique, par l'exercice despotique du pouvoir.

Somme toute, l'ancrage local de la toponymie permet de mieux exprimer les réalités africaines. En le faisant, les écrivains ne se contentent nullement de décrire des situations mais, jettent un regard scrutateur sur l'ensemble des sociétés africaines.

Lorsqu'une langue étrangère est acquise comme langue seconde en contexte culturel pour servir de moyen de communication dans un environnement multilingue, elle subit, ce faisant, des transformations dont le résultat peut aboutir à la création de variétés distinctes de la langue d'origine. C'est le cas du nouchi.

2.3. Le nouchi ou le français populaire ivoirien

Le nouchi est une langue hybride c'est-à-dire constituée de plusieurs autres langues en occurrence les langues « ivoiriennes, l'anglais et l'espagnol »[38]. Le nouchi est par ailleurs la langue de prédilection du zouglou, chanson populaire très en vogue en Côte d'Ivoire depuis les années 1990[39]. C'est ce qui explique que même des personnes dotées d'un certain bagage intellectuel parlent ''nouchi'' ou emploient des termes ''nouchis'' par le jeu de l'interférence linguistique. L'origine du nouchi est à décrypter à travers la morphologie du mot :

---

38. Koia Jean-Martial Kouame, « Le nouchi : creuset de la diversité culturelle et linguistique de la Côte d'Ivoire », *Linguistique contrastive et interculturalité, La francopolyphonie*, vol. 1, n° 7, 2012, p. 76.

39. Jean-François Kola, « Chanteurs Zouglous de Côte d'Ivoire. Des griots des temps modernes ? » *Éthiopiques : Revue socialiste de culture négro-africaine*, n° 80, 2005, p. 27.

Étymologiquement, "nouchi" est un mot mandingue ; morphologiquement, il est formé de la juxtaposition des deux monèmes suivants : "nou" qui signifie "narine" et "chi" qui signifie "poils". Littéralement traduit, nouchi désignerait donc "les poils qui débordent des narines". Ainsi dit, "nouchi" devient un symbole qui fait référence aux jeunes délinquants et enfants de la rue qui vivent dans un état de dénouement total au point de ne pouvoir prendre soin de leur corps[40].

Créé donc dans la rue, le nouchi est un parler à caractère argotique, crypté. Laurent Alain Abia Aboa avance qu'aujourd'hui : « l'usage du nouchi est bien différent de celui observé en 1990, année de la "découverte scientifique" de ce langage »[41]. Actuellement, le nouchi a largement dépassé le cadre argotique. Il est devenu un parler populaire employé dans les lieux publics, marchés, établissements scolaires et universitaires, etc. Akissi Béatrice Boutin affirme : « Certains éléments du lexique nouchi se sont même rapidement généralisés dans le français de Côte d'Ivoire. L'extension du nouchi se poursuit chez les jeunes, déscolarisés comme universitaires »[42]. Ce sont les expressions telles : Go, gahou, koro, bradri, enjaillement, faire choco, obaoba, saho[43] qui sont aujourd'hui insérés dans des œuvres littéraires :

[…] *Té, té…mais, vous les hommes, vous êtes forts quoi. Madeleine tu as vu comment le **gar** a doublé la **go**. Si tu n'as pas peur des hommes du Foni, tu vas mourir de courte maladie, **pian** […] Moi, Madeleine Ako, si tu mets piment dans mes yeux comme **ça là**, tu vas me chercher avec torche sous soleil de midi. C'est l'homme qui a peur sinon. **C'ça l'homme appelle Djinandjougou.** Tout le monde me connait*[44].

---

40. Noël Ayéwa Kouassi, « Mots et contextes en FPI et Nouchi », *Actualité scientifique : Mots, termes et contextes*, Bruxelles, Edition Archives contemporaines/AUF-LITT, 2006, p. 226.
41. Aboa Alain Laurent Abia, « La dynamique du français en milieu urbain à Abidjan », *Le français en Afrique*, n° 30, 2016, p. 175.
42. Akissi Béatrice Boutin, Description de la variation, Etudes transformationnelles des phrases du français de Côte d'Ivoire, Thèse de doctorat, Université de Grenoble III,2002., p. 81.
43. Diégou Bailly, *La traversée du guerrier*, op. cit., p. 189.
44. Ibid., p. 32.

Le nouchi apparaît en outre, selon Jean-Martial Koi Kouamé, comme : « le creuset de la diversité culturelle et linguistique ivoiriennes »[45]. En effet, sur le plan culturel, le nouchi est en train de jouer un rôle important étant donné qu'il transpose en lui les réalités linguistiques, sociales et culturelles des Ivoiriens. La place du nouchi dans le domaine culturel ivoirien est d'autant réelle qu'il fait aujourd'hui partir des modes d'expressions utilisés dans la plupart des genres musicaux modernes prisés en Côte d'Ivoire. Diégou Bailly le met en relief en ces termes :

> *Boss, c'est du zigrap*[46], *du vrai* underground *freestyle. Il part de rien pour créer le mystère. Cette culture rebelle qui analyse l'impasse de l'existence dérange parce qu'elle parle du tréfonds de la vie ; parce qu'elle décrit les réalités de cette société qui se désagrège sous nos yeux. […], le* zigrap, *dans son essence, se veut une expression musicale inspirée de la tradition des griots et des conteurs et chante le combat quotidien des jeunes dans les sicobois*[47].

L'impact culturel du nouchi ne passe plus inaperçu à travers les médias ainsi que des hommes politiques ivoiriens qui mesurent aujourd'hui l'ampleur et la portée du nouchi en Côte d'Ivoire. En tant que phénomène sociolinguistique, le nouchi contribue d'une certaine manière à une reconstruction sociale. De la sorte, les locuteurs du nouchi cherchent à affirmer, à travers ce code, leur esprit créateur et à manifester leur volonté de liberté. On peut donc dire que le nouchi est une manifestation de l'identité linguistique ivoirienne, se construisant non seulement de brassage culturel, mais aussi, à partir des langues locales nichées dans le français.

Quels peuvent être, pour les romanciers ivoiriens, les enjeux à la fois littéraires et identitaires, de la promotion de ces techniques narratives ?

---

45. Jean-Martial Kouame, « Le nouchi : creuset de la diversité culturelle et linguistique de la Côte d'Ivoire », op. cit., p. 74.
46. *Zigrap*, un genre musical socio-culturel exprimant la misère du peuple.
47. Diégou Bailly, *La traversée du guerrier*, op. cit., p. 93.

3. Les langues ivoiriennes comme recours pour suppléer le français

La nouvelle génération d'écrivains à laquelle appartiennent les écrivains de notre corpus opère une révolution linguistique. Elle se veut avant tout une autonomie du point de vue aussi bien de l'écriture que de la pensée. L'on constate : « [...] une certaine originalité de la littérature négro-africaine qui, quelques décennies auparavant, vivait, on le sait, une situation de « crise, de stéréotypie et de silence »[48].

3.1. Une révolution syntaxique

Au niveau des structures des phrases, la forme syntaxique des langues locales s'impose aussi au français. Dans le syntagme nominal de certaines langues africaines, les noms ne sont pas accompagnés de déterminants ou, s'ils le sont, ces derniers sont postposés aux noms qu'ils déterminent. « L'enfant s'en va » en baoulé, une langue ivoirienne, se dit [ba su ko]. Littéralement, on a la disposition suivante : Enfant s'en va. Il y a absence de déterminant du nom. Par ailleurs, « Un enfant s'en va » se traduit [bakun su ko], c'est-à-dire : enfant un s'en va. Ici, le déterminant vient après le nom avec une forte accentuation sur celui-ci. Ce type de dispositions syntaxiques explique le fait qu'on puisse trouver des phrases comme : « Depuis quand enseignant joue dans film ? »[49] ; « On dit ça donne cancer dans cerveau... »[50]. Il y a également des redondances dans l'enchaînement des constituants de la phrase : « Film – là va parler gros gros français. Oh ... »[51], dans le roman de Diégou Bailly. Cette construction, avec la répétition de l'adjectif qualificatif ''gros '', loin d'être un phénomène d'écriture a un but stylistique, est une façon typique africaine de parler.

Dans l'œuvre *Le fils de-la-femme-mâle*, la syntaxe est tout aussi complexe avec des propositions indépendantes apposées à des énoncés adverbiaux. Cet exemple de cinq (5) propositions indépendantes juxtaposées illustre notre propos : « Le combat débuta au petit matin, dura jusqu'à la mort du jour, continua à la naissance de la nuit, se prolongea à la résurrection du jour, se

---

48. Séwanou Dabla, *Les nouvelles écritures africaines : écrivains de la nouvelle génération*, Paris, L'Harmattan, 1986, p. 5.
49. Diégou Bailly, *La traversée du guerrier*, op. cit., p. 137.
50. Ibid., p. 30.
51. Ibid., p. 5.

poursuivit jusqu'à la nouvelle mort de la nuit, puis à la nouvelle naissance de la nuit et à la deuxième résurrection du jour »[52]. Elles sont suivies d'une proposition elliptique qui peut se réécrire avec le verbe de la précédente. On aurait alors : « Le combat débuta au petit matin puis se poursuivit à la nouvelle naissance de la nuit et à la deuxième résurrection du jour ».

À travers l'usage de l'ellipse comme procédé d'écriture dans les productions littéraires de certains écrivains ivoiriens, les auteurs démontrent à en point douter leur attachement à la tradition de l'oralité.

À défaut de produire tout leur texte en langues ivoiriennes, les auteurs ont recours au métadiscours. Quelle que soit sa forme dans le roman, la langue ivoirienne utilisée est porteuse de métadiscours riches et se présente comme une pratique immanente au discours narratif, c'est-à-dire qu'elle fait partie intégrante du récit. On comprend pourquoi, des auteurs comme Charles Nokan, Jean-Marie Adiaffi, Bandaman Maurice, Diégou Bailly et Tiburce Koffi ne se gênent plus et dans leurs styles ils font accompagner le français par des langues de la Côte d'Ivoire car :

> […] *toutes les langues sont belles pour ceux qui les parlent, pour tous ceux dont c'est le moyen de communication […]. De toutes les façons ne pensez pas que les Blancs nous apporteront nos nations sur un plateau d'or : il faut les bâtir avec nos cerveaux, nos sangs et nos sueurs […] comme tout ce qui est vivant, la langue est souple et s'adapte aux nouvelles conditions. D'abord, nos langues sont aussi belles que les autres. Elles ont fait leurs preuves en permettant la production de cette belle littérature, de cette profonde philosophie, que sont la littérature et la philosophie de la grande civilisation ashanti ; et plus loin de nous les civilisations du Manding, du Congo, du Bénin. Aucune langue ne naît riche ; c'est l'usage qui l'enrichit*[53].

52. Maurice Bandaman, *Le fils de-la-femme-mâle*,op. cit., p.82.
53. Jean Marie Adiaffi, *La carte d'identité*, op. cit., pp. 104-107.

4. Une affirmation identitaire doublée d'une volonté de s'affranchir du français

Les romanciers ivoiriens vont par la complexité de l'œuvre innover tous les aspects de la réalité narrative. C'est dans ce même contexte que Roger Tro Dého dit :

> [...] *les déviances esthétiques attribuées à Charles Nokan, Jean-Marie Adiaffi, Maurice Bandaman, Koffi Kwahulé, Diégou Bailly, Werewere-Liking et Tiburce Koffi, parce qu'elles obéissent à l'air du temps, mais aussi et surtout parce qu'elles perdurent dans le temps, finissent par se normaliser et par constituer de nouvelles règles d'écriture [...] Les nouvelles écritures romanesques ivoiriennes étant doublement liées au temps, il serait alors plus approprié de les saisir comme des « modulations génériques du roman »*[54].

C'est le signe aussi que le renouvellement de l'écriture et ce que l'on a identifié comme étant un phénomène de nouveau ne pouvait être une réalité tangible que par un recours constant aux formes esthétiques traditionnelles africaines. Il s'agit, dit Mouralis de : « [...] montrer au lecteur que l'œuvre qu'on va lire rompt avec les discours tenus par les Européens et les discours que ceux-ci ont parfois suscités chez les Africains et exprime le point de vue d'un Africain authentique »[55].

Les résurgences des langues africaines dans les œuvres littéraires sont, en ce sens, une nécessité vitale pour les écrivains africains qui s'astreignent à une véritable « veille stratégique » pour sauver ce qui peut encore l'être, les foyers de manifestations des traditions africaines étant devenus des phénomènes marginaux, évanescents dans une Afrique qui se veut de plus en plus être plus occidentale que de l'occident.

Sortis de la colonisation politique et économique, les auteurs tels Adiaffi, Maurice Bandaman, Diégou Bailly et bien d'autres, ne veulent plus admettre la « colonisation linguistique » qui, en réalité, est une perte d'identité. Car ils

---

54. Roger Tro Dého et al., *L'(In) forme dans le roman africain, Formes, Stratégies et significations*, op. cit., p.103.
55. Bernard Mouralis, *Littérature et développement*, Paris, Silex, 1984, p. 367.

sont conscients que pendant leur formation intellectuelle et contre leur gré, ils furent liés à leurs cultures et à la culture occidentale héritée de la colonisation. S'ils s'efforcent de faire survivre leurs langues maternelles, ils sentent aussi la nécessité de les introduire dans leurs romans. Par leur style, ils refusent donc que leur langue maternelle, et partant les langues africaines soient phago-cytées par le français : « [...] Si nous enterrons nos langues, dans nos cer-cueils, nous enfouissons à jamais nos valeurs culturelles, d'autant plus profon-dément que n'ayant pas d'écriture, la langue reste l'unique archive »[56].

L'utilisation des différentes langues par les auteurs brise les limites de leur écriture. Désormais, tout lecteur doit pouvoir lire leur roman. La cohabitation de plusieurs langues dans le roman traduit l'existence d'une nouvelle langue, mais et surtout une nouvelle façon de penser et de communiquer en toute liberté le fruit de sa pensée.

Conclusion

Dans cette contribution, il s'agissait d'étudier la déconstruction narrative et « formatting » linguistique dans la littérature africaine d'expression française (le cas du « nouveau roman » ivoirien). De cette analyse, il ressort que le roman africain francophone est en pleine mutation. À l'image des potiers, les écrivains ivoiriens créent des formes inédites en intégrant des substantifs et groupes de mots des langues locales aux côtés des mots français dans le roman. Par l'incorporation de ces mots dans les productions littéraires sérieu-ses, les nouveaux romanciers ivoiriens lui donnent de la valeur scientifique. Ils tentent, par ailleurs, d'assujettir le français à leurs langues locales et à leur vision du monde. Au-delà de l'affirmation de leur identité culturelle, c'est le désir d'une certaine indépendance culturelle, précisément linguistique. Et derrière cette disposition, se cache leur désir profond de s'affranchir du français :

Dans tous les pays souverains en effet, la littérature porte le sceau de l'intelligence, de la sensibilité et du génie du peuple. Elle a donc une vocation nationale. Qu'elle soit, à un moment donné, exclusivement écrite dans une langue totalement étrangère à ce

---

56. Jean Marie Adiaffi, *La carte d'identité*, op. cit., p. 107.

peuple ne peut être qu'accidentel ; comme c'est le cas de la littérature ivoirienne moderne. Il s'agit de mettre un terme à cette situation. La littérature ivoirienne doit s'exprimer dans les langues ivoiriennes[57].

Quant aux proverbes, chants et autres formes de littérature orale, à travers leur usage, les romanciers ivoiriens se posent comme de fervents défenseurs d'un art de vivre africain mis à mal.

Céline KOFFI, Ph.D

57. Bruno Gnaoulé-Oupoh, *La littérature ivoirienne, La Littérature ivoirienne*, op. cit., p. 409.

Bibliographie

Corpus

ADIAFFI, Jean-Marie, *La carte d'identité*, Paris/Abidjan, Hatier/CEDA, 1980.

BAILLY, Diégou, *La traversée du guerrier*, Abidjan, CEDA, Mars 2004.

BANDAMAN, Maurice, *Le fils de-la-femme-mâle*, Paris, L'Harmattan, 1993.

KOFFI, Tiburce, *Mémoire d'une tombe*, Abidjan, CEDA/NEI/ Présence Africaine, 2009.

NOKAN, Charles, *Yasoi refusa l'orange mûre de Nianga*, Abidjan, Frat-Mat, 2010.

Ouvrages critiques et généraux

ABIA, Aboa Alain Laurent, « La dynamique du français en milieu urbain à Abidjan », *Le français en Afrique*, n° 30, 2016.

BOUTIN, Akissi Béatrice, *Description de la variation, Études transformationnelles des phrases du français de Côte d'Ivoire*, Thèse de doctorat, Université de Grenoble III, 2002.

CHEVRIER, Jacques, *Littérature d'Afrique noire de langue française*, Paris, Nathan, 1999.

DABLA, Séwanou, *Les nouvelles écritures africaines : écrivains de la nouvelle génération*, Paris, L'Harmattan, 1986.

DUMONT, Pierre, « L'insécurité linguistique, moteur de la création littéraire : merci, Ahmadou Kourouma », in *Diversité culturelle et linguistique : quelles normes pour le français ? IXe sommet de la Francophonie*, Beyrouth, 2001, pp. 115-121.

FANON, Franz , *Peau noire, masques blancs*, Paris, Seuil, 1952.

GNAOULÉ-OUPOH, Bruno, *La littérature ivoirienne*, Paris, KARTHALA/ CEDA, 2000.

JOUBERT, Jean-Louis, *La poésie*, Paris, Armand Colin, 2003.

KOLA, Jean-François, « Chanteurs Zouglous de Côte d'Ivoire, Des griots des temps modernes ? » *Ethiopiques : Revue socialiste de culture négro-africaine*, n° 80, 2005, pp. 27-52.

KOUAME, Koi Jean-Martial, « Le nouchi: creuset de la diversité culturelle et linguistique de la Côte d'Ivoire », *Linguistique contrastive et interculturalité, la francopolyphonie*, vol.. 1, n° 7, 2012, pp. 69-77.

KOUASSI, Noël Ayéwa, « Mots et contextes en FPI et Nouchi », in *Actualité scientifique : Mots, termes et contextes*, Bruxelles, Archives contemporaines/AUF-LITT, 2006, pp. 226-237.

KOUROUMA, Ahmadou , *Les soleils des indépendances*, Paris, Seuil, 1970.

MOURALIS, Bernard, *Littérature et développement*, Paris, Silex, 1984.

N'DA, Pierre, « Les noms propres et les mots de la langue maternelle chez Maurice Bandaman », in *Francophonies littéraires et identités culturelles, sous la direction d'Adrien Huannou*, Paris, L'Harmattan, 2000, pp. 137-153.

---, « Proverbes, ordre et désordre, société et individu », *Notre librairie*, n°86, Janvier- mars 1986, pp. 31-37.

RIESZ, Janos et al., « *La carte d'identité* : interview avec Jean-Marie Adiaffi », in *Bayreuth African Studies series*, n° 8, 1986, pp. 29-48.

TRO, Dého Roger et al., *L'(In) forme dans le roman africain, Formes, Stratégies et significations*, Paris, L'harmattan, 2015.

---, *Les ressources de la tradition orale et la création romanesque chez Jean-Marie Adiaffi et Maurice Bandaman*, thèse de doctorat, Université de Cocody.

Pour citer cet article :

Céline KOFFI, « Déconstruction narrative et « formatting » linguistique dans la littérature africaine d'expression française : une implication narratologique à l'ère du temps. Cas du « nouveau roman » ivoirien », *Revue Legs et Littérature* n° 17, vol. 2, 2021, pp. 197-222.

Transmission et sauvegarde d'une langue en danger – l'amazighe – au Maroc et chez la diaspora marocaine en France

Radia SAMI est doctorante en lettres au Laboratoire de Recherches et d'Études sur l'Interculturel de la Faculté des Lettres et des Sciences Humaines de l'Université Chouïab Doukkali, El Jadida, au Maroc. Faisant de la recherche dans le domaine de la sociolinguistique, ses contributions scientifiques abordent les langues au Maghreb, au Maroc et chez la diaspora.

Résumé

L'amazighe est une langue orale qui possède une histoire écrite plus que millénaire. Bien qu'il a pu être transmis par filiation pendant presque 5000 ans, à l'aube du XXIᵉ siècle, l'UNESCO déclare que l'amazighe est en danger. Au Maroc, il est la langue maternelle de 28% de la population. Il a été nettement minoré pendant une longue période malgré qu'il n'ait pas toujours été minoritaire. Depuis la décolonisation du Maroc, nombreux sont les Amazighes qui ont émigré pour travailler en France. Ils sont environ deux millions, selon l'Enquête Famille de 1999. Ils constituent l'une des communautés les plus nombreuses de la métropole qui veille à la transmission de leur langue et de leur culture à leur descendance. En revanche, on ne connaît pas grand-chose de précis concernant la pratique et l'évolution de la transmission de l'amazighe. Le terrain reste donc à explorer. Cette communication ambitionne d'examiner comment l'amazighe se transmet et se maintient, à travers les générations pour résister au déclin, au Maroc et chez la diaspora en France. L'observation des politiques linguistiques des deux pays, l'étude de la mobilité des populations amazighophones et de leur attitude face à l'hégémonie des langues plus puissantes, ainsi que les résultats d'une enquête quantitative collectée auprès de 120 informateurs, ont permis de constater l'apparition d'un bilinguisme transitionnel chez les jeunes générations amazighophones, entraînant une substitution progressive de l'arabe à l'amazighe au Maroc et du français à l'amazighe dans la diaspora en France.

Mots clés

Amazighe, affaiblissement, maintien, transmission, diaspora

TRANSMISSION ET SAUVEGARDE D'UNE LANGUE EN DANGER – L'AMAZIGHE – AU MAROC ET CHEZ LA DIASPORA MAROCAINE EN FRANCE

Introduction

L'amazighe, au Maroc, est une langue des origines et un facteur fondateur de l'identité, de la communauté et de la socialisation. Les parlers amazighes pratiqués sur le territoire national font partie de l'ensemble amazighe qui couvre toute l'Afrique du Nord, le Sahara et le Sahel ouest-africain. Dans le passé, l'amazighe s'étendait, de manière continue, sur un domaine immense allant de la frontière égypto-libyenne jusqu'aux Iles Canaries et de la Méditerranée jusqu'au sud du fleuve Niger au nord du Burkina Faso avec des frontières sud assez mobiles en fonction de l'avancée et du retrait des groupes Amazighophones Touaregs. Aujourd'hui, la langue amazighe couvre, de manière discontinue, une aire géographique immense, sous forme de zones linguistiques d'importance très inégale, relativement isolées et séparées par des îlots arabophones plus ou moins importants. Cette langue est actuellement présente, à des degrés divers de densité démographique, dans une dizaine de pays : Maroc, Algérie, Tunisie, Libye, Égypte, Niger, Mali, Burkina Faso et Mauritanie. Bien que l'amazighe se soit éteint aux Îles Canaries depuis l'arrivée des Espagnols, il existe, néanmoins, un mouvement se réclamant de l'identité amazighe. Dans l'ensemble, cité plus haut, le Maroc est, de loin, le pays qui compte la population amazighophone la plus importante, suivi de l'Algérie. Or, malgré la préexistence et l'omniprésence de l'amazighe au Maroc depuis longtemps, nombreuses sont les embûches qui ont restreint son parcours, et qui l'ont placé dans la zone rouge marquée depuis l'indépendance du pays par l'interdit et le dénigrement lésant ainsi sa transmission. Par ailleurs, la mondialisation a provoqué et facilité la mobilité des gens et le contact des langues et des cultures. En conséquence, la langue, qui a toujours été transmise en résistant aux siècles et aux invasions multiples, risque aujourd'hui de connaître le déclin voire la disparition. Quant aux Amazighes qui ont habité pendant longtemps dans des régions reculées, après l'indépendance du Maroc, ils se sont déplacés massivement de la zone rurale vers des espaces urbains et du royaume vers l'étranger, notamment vers la France. Suite à ces vagues migratoires vers les villes et l'hexagone, l'amazighe s'est transporté de son milieu « monolingue » pour s'implanter dans de nouveaux territoires où il est confronté à des langues plus puissantes. À tel point qu'il devient parmi les principales langues reçues, puis retransmises dans les grandes agglomérations marocaines ainsi qu'en métropole. Il est parlé par un nombre important d'immigrés Amazighophones et devient une des langues de France. Mais son maintien face à la langue de la République n'est pas chose aisée pour les jeunes générations diasporiques d'origine amazighe.

L'objectif de cet article est de voir comment l'amazighe résiste à la perdition qui le guette et se transmet à travers les générations et les territoires. Sachant qu'il s'agit d'une langue en danger selon la nomenclature de l'UNESCO, quelles sont les conditions de son maintien aujourd'hui dans les deux contextes, marocain et français ? Quelle est la politique adoptée par les deux États pour assurer ce maintien ? Et quel comportement adopte la communauté amazighophone à l'égard de sa langue d'origine ?

L'observation de la situation de l'amazighe nous conduira à découvrir les paysages linguistiques des deux pays, et la place qu'occupe cette langue dans leurs politiques linguistiques. Nous étudierons, suivant une démarche sociolinguistique, les effets de la mobilité de la communauté amazighophone et son attitude face à l'hégémonie des langues plus puissantes. Une enquête quantitative, ciblant une population amazighophone, a été également effectuée dans une région au sud du Maroc. Les 120 questionnaires, administrés, collectées, traitées puis analysées, nous permettrons d'examiner les formes de la sauvegarde et de la transmission de l'amazighe à travers les générations.

I. Considérations contextuelles

Le contexte conceptuel dans lequel s'établit le champ linguistique, au Maroc et en France, est le résultat d'événements historiques qui se sont succédés, au fil des siècles, et qui ont fait de leurs terres, avec des différences distinctes, le carrefour des cultures et d'idiomes.

1. Le marché des langues au Maroc, domination, concurrence et complémentarité

L'universalisation des échanges linguistiques entre les locuteurs à « langues hypercentrale, supercentrale, centrale et locale »[1] au niveau mondial entraîne l'interaction et le contact des langues. Des rapports de compétition, de conflit et de domination résultent de ce contact au détriment des langues en danger. Ces dernières sont ainsi exposées à l'affaiblissement puis à la disparition à court ou à moyen terme. Au Maroc, après une longue période de margina- lisation, l'amazighe est la langue qui s'est retrouvée en situation de déclin lors de son contact avec d'autres langues plus influentes[2]. Au niveau sociolin- guistique, l'amazighe s'est limité à des fonctions généralement dépourvues de prestige social et d'utilité socioéconomique.

1.1. Le Maroc, un paysage sociolinguistique multilingue

La situation sociolinguistique du Maroc est caractérisée par son multilin- guisme. Sans être aussi complexe que le panorama linguistique de certains pays de l'Afrique subsaharienne, le paysage linguistique marocain est hétéro- gène. Les codes linguistiques que les locuteurs Marocains peuvent utiliser pour le besoin de communication sont, d'un côté, les langues nationales, à savoir, l'arabe standard, l'arabe marocain, le hassanya et l'amazighe, et de l'autre côté, les langues étrangères qui sont le français, l'anglais et l'espagnol. Ces langues se distinguent par leur statut, leurs fonctions et leurs usages. Le contact entre toutes ces langues a un impact sur leur transmission, en

---

1. Abram de Swaan, *Words of the World, Malden*, Cambridge, Polity Press, 2001, p. 16.
2. La langue n'a pas de pouvoir en elle-même, c'est la communauté qui octroie du pouvoir (important, faible ou nul) à la langue.

occurrence sur celle de l'amazighe, qui s'est trouvé situé tout en bas de l'échelle dans ce paysage linguistique diversifié et stratifié.

1.2. Strates des langues nationales

L'arabe standard, dit arabe littéraire ou arabe littéral, a un statut privilégié que lui confère la religion islamique. Même s'il n'a pas de locuteurs natifs, il est la langue liturgique des Marocains et la langue officielle des institutions publiques. Il est aussi la langue des médias, de la presse et de l'enseignement du primaire au supérieur. Enfin, il est la langue du pouvoir symbolique et le code de la culture savante des élites. Dans sa relation diglossique avec l'arabe dialectal, l'arabe standard détient les fonctions prestigieuses de langue officielle formelle, il est la variété haute et considéré dans le discours nationaliste comme un moyen de lutte contre l'aliénation linguistique et culturelle que les langues de l'occident sont censées produire chez leurs usagers arabophones.

L'arabe dialectal ou l'arabe marocain, qu'on appelle le darija[3], est la langue maternelle et naturelle des Marocains non Amazighophones. Mais, il occupe une position mineure dans la relation diglossique qui l'unit à l'arabe littéral. Le darija est l'idiome le plus utilisé dans le pays tant du point de vue du nombre de ses locuteurs qu'en termes d'espaces de sa diffusion. Selon le recensement de 2014, il est utilisé par 90,9% de la population.

Sur une aire géographique étendue au Sahara marocain, on parle un autre dialecte arabe dit hassanya. Il est la langue maternelle des Sahraouis vivant de Oued Noun au Sud du Maroc.

L'amazighe est historiquement la langue autochtone du Maroc. Il a été une langue essentiellement orale mais il possède un système d'écriture appelé tifinagh datant de deux millénaires et demi. En 2003, son corpus a été standardisé et aménagé. Aujourd'hui, avec ses trois variantes, le tachelhit, le tamazight et le tarifit, il est devenue une langue véhiculaire en passe de remplir ses nouvelles fonctions de langue officielle.

---

3. Il y a encore débat à propos du genre du mot « darija ». Pour certain, toutes les langues sont au masculin dans la langue française. Cette règle devrait donc s'appliquer au darija. Pour d'autres, la pratique a imposé une féminisation de la darija, due éventuellement à l'opposition qu'on voit souvent entre le genre en arabe et le genre en français. Ainsi, plusieurs écrivains dont des linguistes ont institué l'usage de « la » darija au féminin.

Le tableau[4] ci-dessous indique les pourcentages des langues locales utilisées au Maroc.

Tableau 1 : *Langues locales utilisées (non exclusives) au Maroc selon le recensement (RGPH) 2014 en %*			
	Masculin	Féminin	Ensemble
Darija	92.2	89.7	90.9
Tachelhit	14.2	14.1	14.1
Tamazight	7.9	8.0	7.9
Tarifit	4.0	4.1	4.0
Hassania	0.8	0.8	0.8

Source : *HCP, Direction de la statistique*

1.3. Place des langues étrangères au Maroc

Les langues nationales au Maroc sont concurrencées par le **français**. Cette langue étrangère jouit, dans la politique linguistique marocaine, d'un statut de fait et non de jure. D'un côté, il est présent presque dans tous les secteurs de la vie sociale : dans la politique éducative, le marché du travail et la promotion sociale ; de l'autre, l'idéologie nationaliste tente de minimiser son importance. Le français est la seule langue parlée, lue et écrite au Maroc. Il est utilisé dans les médias, la publicité, la presse et l'affichage ; il a été jusqu'à une date récente, la langue exclusive des études supérieures scientifiques et techniques.

Quant à l'**espagnol**, il a été la langue des institutions du protectorat espagnol au Maroc dans quelques régions du nord et du sud. Il a beaucoup perdu, depuis l'indépendance, de son importance par rapport au français. Aujourd'hui, son statut est celui de la troisième langue étrangère après le français et l'anglais.

Contrairement aux français et à l'espagnol, l'**anglais**, au Maroc, n'est pas un héritage colonial. Cela lui confère un statut de langue étrangère neutre, loin de toute connotation négative. Il est associé à la modernité, à la science, à la technologie et à la globalisation. Il concurrence de plus en plus le français, surtout dans le domaine et les usages consacrés auparavant à ce dernier tel l'enseignement et le tourisme. Toutefois, le français reste la langue étrangère dominante au Maroc.

---

4. Le tableau nous a été délivré par le Haut-commissariat au plan (HCP).

Si la situation sociolinguistique au Maroc est composite, du fait que les strates locale, centrale et supercentrale s'y imbriquent et entretiennent des relations de domination, de concurrence et de complémentarité ; en France, la donne linguistique se veut plus homogène au nom de la République.

Figure1: *Dynamique des langues au Maroc*

2. La France : monolinguisme républicain vs plurilinguisme migratoire

En France, le monopole de la langue française est jusqu'à nos jours incontestable. Elle est déclarée, *de facto*, seule langue de la République, de par la Constitution de 1958 : « La langue de la République est le français »[5], *de jure*, comme seule langue officielle, suite à une modification de cet article apportée par la loi constitutionnelle du 25 juin 1992. Pour cette raison, le Conseil de l'Europe incite la France, vieux territoire d'immigration et pays des Droits de l'Homme, en se basant sur le principe général de l'égalité absolue des langues et du relativisme culturel, à être plus démocratique vis-à-vis des langues utilisées sur son sol, en occurrence les langues de l'immigration.

2.1. Langues d'immigration dans le paysage linguistique français

Au lendemain de la Première Guerre mondiale, la France devient la première terre d'immigration au monde, dépassant même les États-Unis, pour répondre aux besoins de mobilisation de soldats lors des deux Guerres mondiales et par la suite pour répondre au déficit de main-d'œuvre. Dès lors, des groupes humains entiers ont quitté leur territoire et se sont implantés dans l'hexagone. Ce flux d'étrangers entraîne l'arrivée et le maintien, en métropole, des langues immigrantes comme l'arabe, le portugais, l'amazighe, le wolof, le mandarin, etc. Selon l'enquête famille de 1999, les migrants, en France, représentent 150 nationalités différentes.

Par leur nombre et par leur diversité, les langues de l'immigration deviennent, par conséquent, une composante importante dans la palette linguistique de la France. Le contact entre ces langues et le français produit une certaine transformation dans leurs structures et leurs fonctions. De ce fait, tous ces

---

5. Voir l'article 2 de la Constitution de1958.

idiomes subissent un processus de changement important selon les générations. Si on prend l'exemple de l'amazighe[6], les premières générations d'immigrés amazighophones utilisaient majoritairement leur lan-gue maternelle, vu qu'ils maîtrisaient peu ou pas la langue d'accueil, leur amazighe n'est donc marquée, au niveau lexical, morphologique et phono-logique, que superficiellement par le français. La deuxième génération, plus intégrée dans la société française, grâce à l'école et au travail, utilise plus la langue d'accueil et l'intègre souvent dans sa langue d'origine, à travers un lexique, des expressions et des structures empruntés au français. Quant à la troisième génération, en général, elle n'a qu'une connaissance passive de sa langue maternelle. C'est ainsi que le contexte migratoire favorise la substi-tution progressive du français à l'amazighe, pratiquement, dans toutes ses fonctions.

La domination du français dans la politique linguistique « républicaine » fait que le futur des langues immigrantes se voit compromis tant qu'un remaniement de la Constitution française ne sera pas envisagé dans une France où le paysage linguistique s'enrichit de plus en plus à cause du phénomène migratoire. Néanmoins, l'amazighe fait partie des principales langues reçues puis retransmises en France, mais comment est-il arrivé puis transplanté sur le sol français ?

2.2. Introduction de l'amazighe en France

Depuis les débuts du XXe siècle, les Amazighes émigrent pour travailler en Europe et principalement en France. La carte ci-dessous[7] montre la distri-bution des Amazighes en Europe de l'ouest et leur présence massive à l'hexagone.

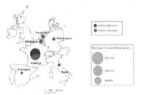

Carte 1: Les Amazighophones dans quelques pays européens (carte CRB-INALCO)

Les premiers concernés par une migration massive vers la France sont les Amazighes du Souss, appelés berbères ou « Chleuhs », précise J. Ray :

6. Les Amazighes sont parmi les premières populations qui se sont déplacées et installées massivement en métropole. Consulté le 14 mars 2020.
URL : https://www.axl.cefan.ulaval.ca/europe/france-1demo.htm
7. URL : http://www.inalco.fr/langue/berbere-langues-berberes. Consulté le 28 janvier 2021.

> *L'immense majorité des émigrés marocains appartiennent aux*
> *tribus du sud, presque tous berbères [...] on peut estimer à 8*
> *ou 9000 originaires du Sud, le nombre des Marocains présents*
> *en France fin 1936 [...]. Les autres parties du Maroc repré-*
> *sentent une minorité pratiquement négligeable, de 5 à 8%* [8].

En effet, un mode de recrutement dans la région de Souss a été adopté par les employeurs français depuis la période de l'entre-deux-guerres. En 1918, Lyautey[9] a imposé, en réaction à la résistance acharnée des populations du Sud contre le colonisateur, que le recrutement des candidats à l'immigration en France soit exclusivement constitué de personnes originaires du Sud du Maroc. Selon lui, c'est le moyen adéquat « pour pacifier les indigènes en leur prodiguant du travail rémunéré qui les arrache à la dissidence »[10]. Cette politique de transplantation a donné naissance à des groupes sociaux de migration issus des mêmes villages amazighophones et qui se sont installés en France. Ils travaillaient dans la même société et habitaient souvent dans les mêmes quartiers. Renfermés dans un espace restreint, rarement en contact en dehors de leur cercle étroit, des réseaux claniques amazighophones, familiaux et/ou villageois, se sont formés de la sorte à la métropole. En accueillant et entre-tenant les nouveaux arrivants, ces réseaux jouent l'intermédiaire socioculturel, économique et surtout linguistique jusqu'à ce qu'ils trouvent un premier travail. Ainsi, dans les banlieues surtout parisiennes, des ghettos ama-zighophones se sont constitués où la langue de communication omniprésente est L'amazighe. Cette langue devient, par conséquent, un « substitut au terri-toire » pour ces immigrés. La transmettre aux jeunes générations est une expression d'attachement à leurs origines. Ainsi, l'amazighe s'enracine en France et y devient parmi les dix premières langues d'immigration les plus parlées[11]. Examinons à présent les conditions dans lesquelles s'opèrent le maintien et la transmission de l'amazighe de génération en génération.

---

8. Alain Rey, « D'une révolution l'autre », A., Rey, F., Duval, G., Siouffi, *Mille ans de langue française : Histoire d'une passion*, Paris, Perrin, 2007, p. 982.

9. Le premier Résident général au Maroc (1912-1925).

10. Hubert Lyautey, *Choix de lettres de Lyautey, 1882-1919*, Paris, Armand Colin, 1947, p. 303, cité par A. Baroudi, *Maroc, impérialisme et émigration*, Paris, Sycomore, 1978, p. 66.

11. Selon une enquête de l'INSEE (Institut national de la statistique et des études économiques) intitulée « Langues régionales, langues étrangères : de l'héritage à la pratique », publiée le 21 février 2002. Cette enquête comme celle de 1999 a montré que les langues de l'immigration en France se transmettent mieux que les langues régionales et que l'amazighe est parlé par 150 000 locuteurs. Source : Site du CEFAN, Consulté le 08 mars 2021.
URL : http://www.axl.cefan.ulaval.ca/europe/france-1demo.htm

II. Transmission et sauvegarde de l'amazighe

Organisée par une puissance à la fois interne et externe, consciente et inconsciente, la transmission de l'amazighe traverse les lieux et les personnes pour assurer un passage permanent de la culture, des idées, des valeurs et des savoirs.

1. Transmission de l'amazighe à travers les générations

Bien que l'amazighe n'ait pas été une langue d'écriture, il a pu coexister et se maintenir pendant des siècles face à des langues plus puissantes, il se transmet toujours, à travers les générations, grâce à plusieurs facteurs. La famille élargie et la vie en communauté sont, en effet, deux systèmes très répandus chez les Amazighophones. Ils contribuent énormément à sa transmission. À travers ces systèmes, l'unité de la maisonnée est garantie ainsi qu'une transmission à la fois verticale et horizontale. Les grands-mères, par exemple, jouent un rôle important dans le maternage des petits qu'ils bercent affectueusement par les contes amazighes. Dans les milieux migratoires, les liens de voisinage et les groupes claniques se fondent sur un réseau de relations étroites qui fait revivre les gestes et les mots de la terre d'origine, veillant de la sorte à la transmission non seulement de la langue amazighe, mais aussi de ses coutumes, ses rituels, ses mythes, ses conduites, ses traditions, ses valeurs et ses savoir-faire. Mais à la suite de « la négation et de l'expulsion » de l'amazighe en tant que langue, culture et identité, ses locuteurs souffrent aujourd'hui d'une violence symbolique au sens bourdieusien. Ils vivent dans une situation d'inconfort, d'insécurité linguistique et parfois même de haine de soi. « Ils se sentent rejetés et bannis par des personnes présumées être détenteurs d'une norme linguistique et culturelle prestigieuses »[12]. C'est ainsi que les jeunes générations amazighes abandonnent progressivement leur langue initiale pour adopter une des langues fortes qui condamne la leur au déclin.

2. Transmission de l'amazighe à travers les territoires

L'amazighe a été préservé pendant des siècles dans des zones rurales, montagneuses et désertiques difficiles d'accès où son usage était quasi exclusif et la fréquentation des populations allogènes très réduite, voire ab-

---

12. Ahmed Boukous, *Essais de politique et d'aménagement linguistiques*, Rabat, IRCAM, 2018, p. 217.

sente. « Isolés dans une véritable île montagneuse en plein désert du Sahara, [les Amazighes] ont préservé dans les meilleures conditions possibles autant la langue que des traditions ancestrales berbères »[13]. Mais l'aridité de ces régions, la rareté des précipitations et l'obsolescence des pratiques agricoles ont poussé un grand nombre de ses habitants à émigrer vers les villes à la recherche d'une amélioration de leur situation socio-économique.

2.1. Exode rural

Depuis les années 1960, la communauté amazighophone a connu un flux migratoire intense du rural vers l'urbain à cause de la précarité répandue dans leurs régions[14]. Cette dynamique est manifeste dans le taux d'urbanisation croissant qu'a connu le Maroc de 1960 à 2014. Ce taux a doublé en passant de 29,1% à 60,3%, aujourd'hui, il atteint 63,9%.

Figure 2 : *Population légale du royaume de 1960 à 2014 selon le milieu de résidence (Taux d'urbanisation)*

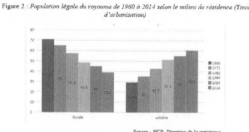

Source : *HCP, Direction de la statistique*

Ainsi, les grandes agglomérations urbaines marocaines (comme Casablanca, Agadir, Marrakech, Tiznit et d'autres) connaissent une concentration communautaire amazighophone très élevée. À travers ce mouvement migratoire, les amazighs ont transplanté leur langue dans de nouveaux territoires où les parlers dominants sont arabes.

2.1. Migration externe

Suite aux vagues migratoires vers les grandes métropoles internationales au XXᵉ siècle, les Amazighes ont introduit leur langue, également à l'étranger, dans des villes telles Paris, Bruxelles, Amsterdam, Barcelone, Québec, etc. Le regroupement familial ou clanique a permis aux premiers arrivants amazighs

13. 13. Charles de Foucauld, *Dictionnaire Touareg-Français*, Paris, Imprimerie Nationale, 1951, p. 73.
14, D'après la carte de pauvreté du Haut-Commissariat au Plan. Consulté le 15 février 2021. URL: https://www.hcp.ma/Pauvrete-vulnerabilite-et-inegalite_r99.html

de restituer les structures du pays d'origine, et de maintenir ainsi le lien affectif et culturel avec ce dernier par le biais de leur langue maternelle. Les troisième et quatrième générations, nées dans ces pays, transmettent de moins en moins l'amazighe vu leur « identité plurielle » et leur soumission à une pression linguistique extérieure de langues plus puissantes. Si les premières générations amazighes ont voulu maintenir et sauvegarder leur langue d'origine, en y voyant un substitut au territoire, les jeunes générations vivent, quant à elles, une rupture linguistique provoquée par la dévalorisation de l'amazighe. Cette langue, utilisée isolément en famille avec les parents et la fratrie, marque leur différence et leur séparation des autres ; alors que la langue du monde extérieur (du pays d'accueil) est une langue de socialisation, de savoir et d'ouverture.

En définitive, la perte de l'amazighe est un fait incontestable, elle est provoquée par son contact avec des langues plus valorisées et accentuée de génération en génération. L'amazighe est certes longuement marginalisée, mais jalousement préservé par sa communauté contre une disparition qui la guette.

3. Résistance de l'amazighe au déclin

L'amazighe est considérée par les linguistes comme une langue « miraculeuse » et « phénoménale » du fait qu'il a pu résister pendant des millénaires, tout en restant limité dans l'oralité comme seul refuge pour se perpétuer. Il a co-existé, depuis la plus haute Antiquité, avec des langues plus puissantes telles la langue latine, romaine, hiéroglyphe, phénicienne, punique, etc. Toutes ces langues ont disparu, tandis que l'amazighe existe et se transmet toujours à travers les générations. Il est encore parlé par des dizaines de millions de locuteurs à travers le monde. Cette vivacité serait due à « la parfaite adéquation à l'environnement nord-africain qui lui a servi de berceau [...] mais aussi grâce à sa valeur intrinsèque reconnue par les spécialistes tels A. Basset, 1929, L. Galand 1978, E. Laoust, Challamel 1920... »[15]. Néanmoins, l'homme amazighe reste la force première de cette langue.

Historiquement, ce dernier a toujours défendu vigoureusement son indépendance et préservé son identité. Il n'a cessé de résister, à travers les siècles, au colonialisme, aux guerres, aux conflits, aux multiples invasions, aux

---

15. Mohamed Chafik, *Le Darija marocain, domaine d'occurrence entre l'amazighe et l'arabe*, Casablanca, Imprimerie Mâarif Al Jadida, 1999, p. 21.

différentes catastrophes naturelles et aux contacts avec diverses langues plus puissantes. Depuis le XIIIᵉ siècle avant J.-C, les amazighes ont fait face aux invasions des Phéniciens, des Carthaginois, des Grecs, des Romains, des Vandales, des Wisigoths, des Arabes, des français, des Espagnols... Pour mieux se préserver, ils se sont attachés fortement à leur terre, mais aussi à leurs traditions, « Le trait le plus net de l'esprit berbère sera [...] un profond respect pour la coutume des ancêtres, un attachement indéfini à des rites, à des symboles même si le sens est oublié depuis des millénaires »[16] ; et pour se défendre davantage, ils se sont souvent réfugiés dans des zones reculées tels les montagnes et les Sahara. En outre, la nature était dure dans les régions où les Amazighes se sont installés, leurs terroirs se caractérisent généralement par des reliefs difficiles ou montagneux, des sécheresses récurrentes, une obsolescence des pratiques agricoles et des catastrophes naturelles récidivantes. Le tableau ci-dessous montre, à titre d'exemple, les catastrophes naturelles dans une région amazighophone.

Tableau 2 : *Les catastrophes naturelles à Tiznit et à ses environs*

Année	Nature de la catastrophe	Source
1680	Epidémie	خلال جزينة 3: 129
1721	Peu de nourriture et beaucoup de maladies/ coup de vie cher et famine	خلال جزينة 3: 129
1742	Sécheresse	الصعيد: 247
1745	Epidémie et peste	تاريخ الصعيد 270
1748-1752	Epidémie et peste	المحصول 3: 186.185.115
1762	Famine et infestations acridiennes	الأمين البراق: تاريخ الأيتة
1799	Famine	
1803	Excès de précipitations	خلال جزينة 2: 124
1853	Famine et vie chère	المحصول 15: 12.10
1872	Sécheresse ardente	
1882	Sécheresse	المحصول 14: 15
1889	Peu de précipitations	
1901	Sécheresse et famine	
1912	Famine	من أفواه الرحل 1: 119-118
1915	Epidémie	المحصول 76: 02
1926-1930	Années dures et famine	
1942	Année du bon	
1944	Inondations	خلال جزينة 4: 32
1961	Secousses séismiques	
1970	Secousses séismiques	
1986	Inondations	

Source : *Tiznit, la mémoire commune*

Malgré la pauvreté et l'austérité de ces régions, elles sont devenues paradoxalement des lieux de préservation et de maintien de la langue, de la culture et des coutumes amazighes. D'ailleurs, Foucauld nous révèle[17] que l'écriture tifinagh/libyco-berbère et le premier dictionnaire de l'amazighe ont été sauvegardés par les Touaregs dans le désert de l'Afrique du Nord. Le Sud du Maroc également, détient de précieux trésors de la littérature amazighe.

---

16. Cité par Hassan Rachik, *Le proche et le lointain*, Paris, Parenthèses, 2012, p. 107.
17. Charles de Foucauld, *Dictionnaire Touareg-Français*, Paris, Imprimerie Nationale, 1951, p. 17.

4. Maintien de l'amazighe au Maroc

Le Maroc, dont la population autochtone est amazighe, est un espace culturel et linguistique pluriel. Au milieu d'une mosaïque de langues et de variétés de langues et après une longue période de marginalisation, l'amazighe se maintient de fait et de droit.

4.1. Maintien local de l'amazighe

L'amazighe se conserve au niveau local via plusieurs actions :

• Il est corrélé avec le quotidien des Amazighophones qui produisent leur vie de tous les jours à travers l'amazighe, c'est leur langue de communication instinctive, langue des échanges avec leurs enfants et leur entourage et langue de la création artistique et littéraire orales : conte, chant, devinette, proverbes, etc.

• L'endogamie est un phénomène très fréquent chez la communauté amazighe, elle joue un rôle important dans le maintien de leur langue d'origine. Lorsque les deux parents , ou du moins l'un d'eux est amazighophone, ils veillent à transmettre l'amazighe aux enfants.

• L'éveil d'une conscience identitaire nait chez l'élite amazighophone.

• La consolidation de l'action associative défendant la sauvegarde de l'amazighe.

• La production culturelle écrite devient de plus en plus prolifère ces deux dernières décennies dans le domaine littéraire, artistique, poétique, théâtral et cinématographique.

Le maintien de l'amazighe est donc assuré localement via les politiques linguistiques familiales et la conscience identitaire et culturelle de la communauté amazighophone. Au niveau institutionnel également, de nombreuses mesures ont été élaborées et adoptées pour préserver et consolider la transmission de l'amazighe.

4.2. Maintien institutionnel de l'amazighe

À la fin des années 1990, le climat politique change au Maroc : les droits de l'Homme et la démocratie s'installent au cœur du débat politique. Le mouvement identitaire amazighe saisit cette évolution. Ainsi, une reconnaissance officielle et sociale de l'amazighe s'est traduite en 2001 par la création de l'Institut Royal de la Culture Amazighe se chargeant de la standardisation et l'aménagement linguistique de cette langue ainsi qu'à la promotion de sa culture. Par la suite, en 2003, l'amazighe a intégré le système éducatif, et en 2011, est devenu langue co-officielle aux côtés de l'arabe. Tous les domaines sont dès lors concernés par l'usage de l'amazighe : l'enseignement, les médias, l'administration, la justice, l'affichage, l'environnement économique et technologique de même que la recherche scientifique. Une chaîne de télévision (TV8) et plusieurs antennes de radios diffusent leurs programmes entièrement en amazighe. Néanmoins, le domaine de l'enseignement est le plus prioritaire vu qu'il assure la formation des autres disciplines.

4.3. L'amazighe dans la politique éducative au Maroc

L'enseignement officiel de l'amazighe a été lancé en 2003 à l'école primaire en raison de trois heures hebdomadaires. Le programme de son intégration dans le système éducatif marocain avait fixé l'année 2008/2009 pour généraliser cet enseignement verticalement et horizontalement afin d'atteindre tout le primaire et tout le collège. Le même programme a fixé l'année 2010-2011 pour le généraliser au cycle qualifiant. L'amazighe a été introduit également dans tous les CRMEF (Centres Régionaux des Métiers de l'Enseignement et de la Formation) du royaume depuis 2006. En 2007, des filières dédiées aux Études amazighes ont vu le jour dans plusieurs institutions universitaires.

Toute cette dynamique que connaît l'amazighe vise à lutter contre la disparition qui le guette dans sa terre d'origine, mais comment se maintient-il dans sa terre d'immigration ?

5. Maintien de l'amazighe en France

Les Amazighophones sont largement représentés dans les populations issues de l'immigration en France (cf. Carte 1). Ils sont estimés à environ deux millions d'individus selon l'Enquête famille de 1999. Vu leur importance effective et leur système de regroupement clanique, ils ont introduit leur langue à la métropole. Toutefois, l'hégémonie du français, seule langue officielle de la République, empêche les langues de France, en l'occurrence l'amazighe, de se faire une place dans la palette linguistique de l'hexagone. Certes, le pays reconnaît la présence sur son sol des langues régionales, minoritaires et de la migration, mais son engagement pour les promouvoir rencontre peu de soutien de la part des instances décisionnelles. D'ailleurs, la France a signé, en 1992, la *Charte européenne des langues régionales et minoritaires*, mais ne l'a toujours pas ratifiée en raison de l'article 2 de la Constitution de 1992.

En ce qui concerne l'intégration de la diaspora amazighe dans la société française, elle se fait par le biais de la langue et par l'intermédiaire de l'école. En revanche, l'insertion de l'amazighe dans le système éducatif français est quasi absente en le comparant avec d'autres langues d'immigration comme l'arabe ou l'espagnol. Quelques tentatives individuelles ou dans le cadre associatif essayent de combler le manque d'éducation formelle dans leur langue d'origine. La pratique d'un enseignement officiel mais optionnel se fait au niveau du Baccalauréat. L'Institut national des langues et civilisations orientales (INALCO) a commencé d'enseigner, depuis 1913, la linguistique, la littérature et la civilisation amazighes. Actuellement, l'Institut propose un cursus complet de l'amazighe, de la licence au doctorat. Bref, l'enseignement de l'amazighe en France est encore très limité, il n'assure pas pour autant sa préservation face à l'affaiblissement accéléré qui pourrait engendrer sa disparition chez la diaspora. Étant donné que les sphères éducatives formelles en France contribuent de manière restreinte au maintien de l'amazighe, la diaspora adopte, de ce fait, des comportements vis-à-vis de sa langue et de sa culture d'origine, visant leur protection et leur préservation.

6. Comportement de la communauté amazighophone à l'égard de sa langue d'origine

Deux attitudes sont adoptées par les Amazighophones vis-à-vis de leur langue maternelle, les premiers, plus loyales envers l'amazighe, voient que le sauve-garder et le transmettre est un devoir, voire une obligation ; quant aux seconds, plus pragmatiques, ils considèrent que leur langue maternelle ne progresse pas au rythme des besoins d'une société en perpétuels changements.

6.1. Loyauté de la communauté amazighophone

Parmi les Amazighophones se développe un fort sentiment identitaire, exprimant une volonté solide et révoltée de défendre leur langue maternelle,

considérée comme une valeur centrale forte dans leur système de représentations. La conscience identitaire et linguistique des Amazighs a donné naissance, à partir des années 1960, à un mouvement culturel militant[18] composé
de plusieurs associations. Ce mouvement est passé d'une action culturelle de
sensibilisation et de mobilisation à une action revendicative, voire à la contestation sociopolitique. Par la suite, un collectif d'intellectuels amazighophones
(universitaires, écrivains, poètes, artistes, industriels et cadres) a signé, en
2000, le « Manifeste berbère » interpellant ainsi le gouvernement en l'enga-
geant à se pencher sur les revendications du mouvement amazighe. Grâce à
l'activité fébrile de la société civile, l'amazighe a pu se faire une place aujour-
d'hui dans le système éducatif, la Constitution et la société.

6.2. Pragmatisme des Amazighophones

Une deuxième attitude est adoptée par une partie de la communauté amazighophone convaincue qu'on n'apprend pas une langue pour l'apprendre, mais
elle doit avoir une fonction symbolique et pratique et une utilité prag-matique.
Leurs interrogations sont généralement en rapport avec la finalité de l'implan-
tation de l'amazighe, son rendement réel, son impact sur l'amélioration des
conditions de leur vie, etc. Ainsi, les jeunes générations d'Amazighophones
qui sont prises dans l'enchaînement d'un marché linguistique aux lois impito-
yables, se trouvent dans l'obligation d'apprendre des langues plus valorisées
symboliquement et matériellement. Les préoccupations des jeunes sont alors
orientées vers d'autres sphères où l'amazighe ne figure pas nécessairement sur
la liste des langues qui assurent la promotion sociale. Soumis aux effets de ces
lois, les locuteurs ont tendance à minorer leur langue mater-nelle jusqu'à la
perte. Dans une étude effectuée en 2003, Sadiqi révèle que nombreuses sont
les familles amazighophones qui parlent à leurs enfants en darija même si elles
connaissent l'amazighe. Selon l'auteure, ces familles considèrent leur langue
maternelle liée au village et aux traditions alors que le darija facilite à leurs
enfants l'intégration dans leur société. Dans une autre étude réalisée en 2014,
Choukrani et Houang constatent que plusieurs étudiants abandonnent leur
langue maternelle l'amazighe, car, pour eux, elle n'apporte pas de revenus.
Ces étudiants considèrent les langues étrangères - français et anglais - plus
importantes et utilitaires que les langues nationales dans le domaine
économique.

---

18. Les associations amazighes étaient actives autant en Europe qu'au Maghreb.

7. Étude de terrain

Voulant voir de notre côté comment l'amazighe se transmet aujourd'hui à travers les générations, nous avons effectué une étude de terrain à Tiznit en janvier et février 2021. L'enquête nous a permis d'analyser les fonctions, les usages et le degré de maîtrise de cette langue chez les informateurs. Ainsi, 120 questionnaires ont été administrés et collectés visant une population hétérogène quant à : son lieu de naissance, son âge, son genre, son niveau d'études et sa situation socioprofessionnelle[19].

L'analyse des données collectées révèle une détérioration au niveau de la maîtrise de l'amazighe, à travers trois générations. En effet, en demandant aux enquêtés de juger et d'ordonner le degré de maîtrise de l'amazighe, sur une échelle croissante de 1 à 5, chez leurs grands-parents, frères et sœurs, conjoint(e) et enfants, les résultats sont significatifs. La première génération parle couramment l'amazighe à 87,5%, ce degré de maîtrise diminue à 64,2% chez la deuxième génération et n'atteint que 34,2% chez la génération des enfants. Le nombre élevé des « non réponse » chez la troisième génération peut également s'expliquer par la non maîtrise totale de l'amazighe chez l'enfant. Ainsi cette case est souvent laissée vide (31,7%). L'analyse de la variable « maîtrise de l'amazighe » affirme aussi l'omnipré-sence de l'endogamie chez les Amazighes du sud du Maroc. À peine 5% des conjoints des enquêtés ne maîtrisent pas du tout l'amazighe et plus de 63% le maîtrisent à des degrés différents. Lorsque les deux parents sont amazighes, ils – ou du moins un des deux – transmettent leurs langue d'origine à leurs enfants.

Figure 3/Tableau 3 : *Degré de maîtrise de l'amazighe chez trois générations*

	Non réponse	1: Couramment	2	3	4	5 : Pas du tout	TOTAL
Degré de maîtrise de l'amazighe chez les grands-parents	5,8%	87,5%	0,8%	3,3%	0,8%	1,7%	100%
Degré de maîtrise de l'amazighe chez les frères et sœurs	7,5%	64,2%	15,0%	6,7%	2,5%	4,2%	100%
Degré de maîtrise de l'amazighe chez le/la conjoint(e)	30,8%	47,5%	10,8%	5,0%	2,5%	3,3%	100%
Degré de maîtrise de l'amazighe chez les enfants	31,7%	34,2%	12,5%	8,3%	7,5%	5,8%	100%
Ensemble	18,9%	58,3%	9,8%	5,8%	3,3%	3,8%	100%

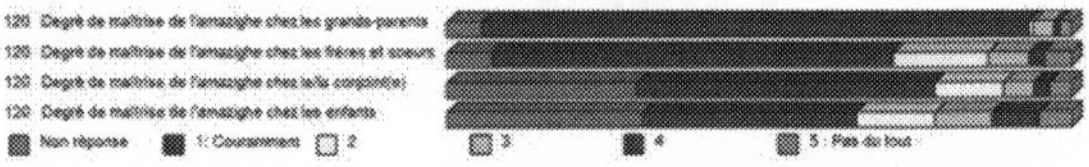

Ainsi, la transmission de l'amazighe, de génération en génération, connaît une dégradation considérable (Figure 3). La perte de la langue d'origine est compensée, dès lorsn par l'usage d'autres langues présentes dans l'entourage

19. Une ville au sud du Maroc dont 88% de sa population est amazighophone (HCP, Recensement de 2014).

du locuteur. L'arabe marocain est le premier concurrent de l'amazighe, il est adopté par 81,2% des informateurs comme langue usuelle auprès de l'amazighe (89,2%) et le français, un peu moins avec 36,7% comme taux d'usage.

Figure 4 : Langue(s) usuelle(s)

L'emploi de l'arabe marocain, presque autant que l'amazighe dans un milieu amazighophone, révèle un bilinguisme transitionnel menant vers une commutation de l'amazighe par le darija.

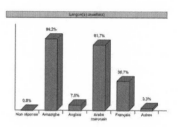

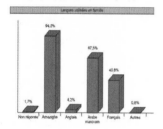

Figure 5 : *Langue(s) utilisée(s)en famille*

L'usage du darija envahit également les foyers. Comme nous l'avons signalé supra, l'enquête a été effectuée dans une ville où la population est largement amazighe. 94,2% des enquêtés utilisent leur langue d'origine au sein de leur famille. Mais en parallèle, 67,5% emploient également l'arabe marocain dans le même contexte. L'urbanisation semble être un puissant levier du changement linguistique. Elle a intégré l'arabe non seulement au niveau macro mais également micro.

D'après la Figure 6, bien qu'un grand nombre de parents (70,3%) choisissent de parler exclusivement en amazighe avec leurs enfants, mais la concurrence de l'arabe marocain reste très présente surtout en dehors de la maison.

Figure 6 : *Parlez-vous l'amazighe avec vos enfants ?*

Parler l'amazighe avec les enfants			
Moyenne = 2,08 'Très souvent'			
	Nb	% cit.	
Exclusivement	64	70,3%	70,3%
Très souvent	0	0,0%	0,0%
Assez souvent	6	6,6%	6,6%
Occasionnellement	4	4,4%	4,4%
Rarement	11	12,1%	12,1%
Jamais	6	6,6%	6,6%
Total	91	100,0%	

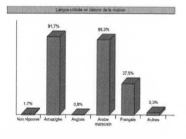

Figure 7 : Langue(s) utilisée(s)en dehors de la maison

En effet, le darija prend davantage de place en dehors de la maison en le comparant avec son usage dans les foyers. 88,3% des enquêtés disent l'utiliser dans les marchés/souk, les cafés et restaurants, les lieux de loisirs, etc.

Dans l'administration, l'usage de l'ama-zighe régresse face à l'arabe marocain. Plus de 90% des enquêtés déclarent re-courir au darija dans les hôpitaux, les tribunaux, les arrondissements, etc., alors que l'amazighe n'est utilisé que par 73,3% des participants à l'enquête. Cela

Figure 8 : *Langue(s) utilisée(s) dans l'administration*

Langue utilisée dans l'administration	Nb	% obs.
Amazighe	88	73,3%
Anglais	0	0,0%
Arabe classique	13	10,8%
Arabe marocain	109	90,8%
Français	41	34,2%
Autres	4	3,3%
Total	120	

pourrait s'expliquer par, le fait que, généralement ceux qui travaillent dans ces espaces sont d'origine arabophone (médecins, enseignants, fonction-naires...). Et un amazighe - qu'il soit dans sa terre natale ou ailleurs - adopte et s'adapte souvent avec la langue de son interlocuteur. Cette attitude est le résultat d'une marginalisation subie par l'Amazighe pendant une longue période.

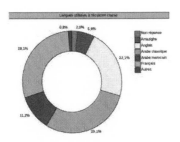

Figure 9 : Langue(s) utilisée(s) à l'école
En 2003, l'amazighe a intégré le système éducatif marocain. Toutefois, sa place y est encore très limitée. Quelque 5,6% des enquêtés emploient l'amazighe dans les salles de cours alors que plus que la moi-tié 51,2% utilisent le français et l'anglais.
Certes l'amazighe est concurrencé par le darija, il semble que les langues étrangères s'imposent également face à lui surtout dans les usages formels tel l'école. Enfin, une vraie présence de l'a-mazighe dans l'enseignement et sa généralisation effective horizontalement et verticalement, aurait contribué positivement à sa transmission à travers les générations et les lieux.

Conclusion

Bien que la transmission de l'amazighe est assurée dans les foyers par la plupart des familles, l'analyse des données collectées démontre une détério-ration au niveau de sa maîtrise de génération en génération. Si les grands-parents ont pu préserver leur langue grâce à leur isolement (dans des régions reculées ou des ghettos), aujourd'hui, dans un monde globalisé, les jeunes générations sont de plus en plus ouvertes et davantage en contacts avec des langues plus puissantes. Ce contact se renforce autant à cause de la mobilité des populations amazighophones (exode rurale, immigration, commerce). De cette dynamique résulte un bilinguisme transitionnel entraînant une substitution progressive de l'arabe à l'amazighe au Maroc et du français à l'amazighe dans la diaspora en France.

Si l'amazighe meurt, nous risquons de perdre des siècles de savoir et de traditions qui ont fait de nous ce que nous sommes. La sauvegarde et la revitalisation de la langue et de la culture amazighes devraient constituer pour les sociétés qui les portent, un enjeu primordial, en l'occurrence dans leurs politiques linguistiques et éducatives. Cela contribuera, éventuellement, à leur développement et à leur stabilité.

En définitive, « Un pays qui perd sa langue perd sa culture ; un pays qui perd sa culture perd son identité ; un pays qui perd son identité n'existe plus. C'est la plus grande catastrophe qui puisse lui arriver »[20].

Radia SAMI, PHDC

---

20. Michel Serres, *Défense et illustration de la langue française aujourd'hui*, Paris, Le Pommier, 2018, p. 55.

Bibliographie

<u>Ouvrages</u>

ATOUF, Elkbir, A*ux origines historiques de l'immigration marocaine en France 1910-1963*, Paris, Éditions Connaissances et Savoirs, 2009.

BAROUDI, Abdallah, *Maroc, impérialisme et émigration*, Paris, Sycomore, 1978.

BLANCHET, Philippe, *Discriminations : combattre la glottophobie*, Limoges, Lambert-Lucas, 2019.

BENZAKOUR, Fouzia, GAADI, Driss, QUEFFÉLEC, Ambroise, *Le Français au Maroc. Lexique et contacts de langues*, Bruxelles, Duculot - AUPELF-UREF, 2000.

BOUKOUS, Ahmed, *Essais de politique et d'aménagement linguistiques*, Rabat, IRCAM, 2018.

CALVET, Louis Jeans, *La guerre des langues et les politiques linguistiques*, Paris, Payot, 1987.

CAMPS, Gabriel, *Les berbères : Mémoire et identité*, Paris, Actes Sud, 2007.

CHAFIK, Mohamed, *Le Darija marocain, domaine d'occurrence entre l'amazighe et l'arab*e (titre en arabe, traduit par nous-même), Édition de l'Académie du Royaume du Maroc, série : Dictionnaires, Casablanca, Imprimerie Maarif Al Jadida, 1999.

CHAKER, Salem, *Une décennie d'études berbères (1980-1990), Bibliographie critique*, Alger, Bouchène, 1993.

FOUCAULD, Charles (de), *Dictionnaire Touareg-Français*, Paris, Imprimerie Nationale, 1951.

FILHON, Alexandra, *Langues d'ici et d'ailleurs : transmettre l'arabe et le berbère en France*, Paris, INED, 2009

FISHMAN, Joshua Aaron, *Language and Ethnicity*, Amsterdam & Philadelphia, J. Benjamins Pub. Co, 1991.

GALAND, Lionel, *Langue et littérature berbères. Vingt-cinq ans d'études*, Paris : Éditions du CNRS, 1979.

IAZZI, El Mehdi, *Norme et variations en amazighe marocain (aspects morphophonologiques). Pour une approche polynomique de l'aménagement linguistique*, Thèse de Doctorat, Université Ibn Zohr, Agadir, 2018.

IRCAM, Asinag, *Revue de l'IRCAM*, n°14, Rabat, IRCAM, 2019.

POUESSEL, Stéphanie, *Les identités amazighes au Maroc*, Paris, Éditions Non-lieu, 2012.

RACHIK, Hassan, *Le proche et le lointain, Un siècle d'anthropologie au Maroc*, Marseille, Parenthèses, 2012.

SERRES, Michel, *Défense et illustration de la langue française aujourd'hui*, Paris, Le Pommier, 2018.

SWAAN, Abram de, *Words of the World, Malden*, Cambridge, Polity Press, 2001.

UNESCO, *Atlas des langues en danger dans le monde*, Paris, Éditions Unesco, 2010.

Articles

CHAKER, Salem, « Le berbère », H*istoire sociale des langues de France*, (G. Kremnitz, dir.), Rennes, Presses Universitaires de Rennes, 2013, pp. 597-607.

CONDON, Stéphanie, REGNARD, Céline, « Héritage et pratiques linguistiques des descendants d'immigrés en France », *Hommes & migrations*, 2010, pp. 44-57.

CRYSTAL, David, « Langues en péril. La diversité linguistique : un atout pour l'humanité », *Courrier International*, Paris, Groupe Expansion, 2000, pp. 36-37.

DEPREZ, Christine, « Langues et espaces vécus dans la migration : quelques réflexions », *Langage et société*, vol. 3 N° 121-122, Paris, Fondation Maison des sciences de l'homme, 2007, pp. 247-257.

HÉRAN, F., FILHON, A & DEPREZ, C.,: « La transmission familiale des langues en France », Résultats d'une enquête nationale. *Éducation et Sociétés Plurilingues*, N°12, 2002, pp. 13-18.

MABROUR, Abdelouahed, « Statut du français au Maroc », in Bacha, Jacqueline, Ben Abid-Zarrouk, Sandoss, Kadi-Ksouri, Latifa, et Mabrour, Abdelouahed., *Penser les TIC dans les universités du Maghreb*, Paris, L'Harmattan, 2016, pp. 53-61.

REY, Alain, « D'une révolution l'autre », Rey, Alain, Frédéric Duval, Gilles Siouffi, *Mille ans de langue française : Histoire d'une passion*, France, Perrin, 2007, pp. 959-1030.

SADIQI, Fatima, 2003, «Aperçu sociolinguistique sur l'amazighe au Maroc : une identité multimillénaire», *Le Matin*, 29 juin 2003.

VATZ LAAROUSSI, Michèle, « Les relations intergénérationnelles, vecteurs de transmission et de résilience au sein des familles immigrantes et réfugiées au Québec », *Enfance Familles Générations*, N° 6, 2010, pp. 389-390. URL : http://www.erudit.org/revue/efg/2007/v/n6/index.html

Pour citer cet article :

Radia SAMI « Transmission et sauvegarde d'une langue en danger – l'amazighe/le berbère – au Maroc et chez la diaspora marocaine en France », *Revue Legs et Littérature* n° 17, vol. 2, 2021, pp. 223-247.

Les modalisateurs : stratégie de la vulnérabilité chez Calixthe Beyala. Le cas de *La petite fille du réverbère* et *La Plantation*

Rose épse Kapseu DJUEHOU SANGO est titulaire d'un Doctorat en Français, parcours : Science du Langage, avec option Stylistique Française de l'Université de Ngaoundéré au Cameroun. Le titre de sa thèse est La question de style dans quelques romans de Calixthe Beyala. De l'énonciation à une stylistique de l'individu.

Résumé

La présente contribution se donne pour objectif de démontrer le fonctionnement des modalisateurs dans deux romans de Calixthe Beyala ; La Petite fille du réverbère *et* La Plantation, *en prenant appui sur la stylistique génétique, Leo Spitzer, qui étudie le style d'un auteur par rapport aux expériences personnellement vécues, à son « spiritus ». On entend par modalisateurs, un code de discours issu des masses défavorisées en Afrique subsaharienne d'après les indépendances, qui, permet à l'auteur, non seulement de restreindre son degré d'adhésion au sujet de la communication, de réinventer le discours, mais aussi de pouvoir surmonter les tabous sociaux, tout en mettant en exergue les péripéties de la démocratie déchue. En analyse, la stylistique génétique, Leo Spitzer, s'intéresse d'une part à la description des procédés qui régissent les modalisateurs, encore appelés hybrides lexicaux, Hélène Berici, d'autre part à la portée socio-économico-politique et stylistiques. Le processus d'appropriation en emploi connotatif actualise l'énonciateur à travers l'implicite dans un discours social. Sous ce rapport, nos investigations sur l'extrait débouchent sur la morphologie à travers le marquage lexical, le transfert de classe grammaticale, la charge connotative des noms propres, et les (180-190 mots)*

Mots clés

Modalisateurs, vulnérabilité, Afrique, stylistique génétique, morphologiee

LES MODALISATEURS : STRATÉGIE DE LA VULNÉRABILITÉ CHEZ CALIXTHE BEYALA. LE CAS DE *LA PETITE FILLE DU RÉVERBÈRE* ET *LA PLANTATION*

Introduction

Les modalisateurs sont des tournures grammaticales par lesquelles l'auteur restreint sa présence, marque une distance par rapport à ce qu'il dit. En d'autres termes, c'est une sorte de désengagement face à son degré d'adhésion au sujet de la communication. Notre contribution s'investit sur les modèles de construction des modalisateurs et leurs capacités à inscrire l'être fictif dans le discours nonobstant son caractère impersonnel. L'implicite prend de l'ampleur dans ce genre de discours. Il n'y a plus effet de transparence intérieure, mais plutôt un effet de masquage de discours. Ce sont des marqueurs par lesquels, l'énonciateur affiche son attitude face à son énoncé, à son interlocuteur et à la situation d'énonciation. Les couches sociales défavorisées, dotées d'une connaissance scientifique assez limitée font usage des modalisateurs pour inhiber leur indigence.

Dans ce sillage, ils indiquent le degré d'engagement de l'énonciateur sur ce qu'il énonce. Au-delà de cette observation, l'étude sur les hybrides lexicaux sur le plan de la morphologie dérivationnelle avec ses trois grands types de mécanisme néologique (composition et recomposition – dérivation savante –

---

1. Loïc Depecker, « Quelques aspects des vocabulaires spécialisés de la fin du XXᵉ siècle : entre créativité lexicale et parallélisme sur l'anglais ll ». *La banque des mots* n° 60, pp. 103-134.

affixation) est bien implantée en lexicologie récente. À juste titre, Depecker avoue : « certains auteurs étudiant le phénomène d'hybridation lexical dépassent ce cadre morphématique traditionnel. Ainsi parle de lexies complexes hybrides et de syntagmes hybrides »[1]. Sous ce rapport, nos investigations sur les modalisateurs dans *La Plantation* et *La Petite fille du réverbère* de Calixthe Beyala porteront sur le fonctionnement du marquage lexical, du transfert de classe grammaticale, de la charge connotative des surnoms et les intérêts.

1. Marquage lexical

En linguistique, on entend par lexico-sémantique, une science qui étudie les unités significatives (lexèmes), puis leurs combinaisons, leurs fonctionnements dans un système socio-culturel donné. La sémantique, science du langage du point de vue sens (polysémie, synonymie, changement de sens), construit sur la base des relations unissant les unités signifiantes. Au préalable, il est question de se situer en langue et non en discours, ensuite de considérer la lexicologie en tant que partie de la grammaire et d'établir ses relations et ses rapports avec la sémantique comprise alors comme la partie de la linguistique qui étudie, analyse et explique le fonctionnement du sens dans les langues naturelles.

Le Cameroun a été dominé par la puissance coloniale française, qui impose le Français comme langue officielle. Pour maintenir une bonne collaboration, l'état approuve ce choix, même après les indépendances. Mais cette langue ne tardera pas à être influencée compte tenu de la diversité ethnique, culturelle, et le problème de consommation quotidienne en place. A ce sujet, un linguiste Gérard Marie Noumssi approuve :

> *Le français se retrouve ainsi sur un territoire dont les diversités (ethniques géographiques et culturelles) déterminent ses modalités d'appropriation et d'expansion et surtout les variations sociolinguistiques auxquelles il sera soumis. Se pose alors la question du développement et du devenir d'une langue importée et superposée aux langues nationales. D'abord perçue comme interlangue, le français acquiert progressivement un statut d'interlecte dont les principaux facteurs d'évolution sont l'hétérogénéité et la variabilité*[2].

2. Gérard Marie Noumsi, « Dynamique du Français au Cameroun : créativité, variations et problèmes sociolinguistiques », *Le français en Afrique*, n°19, pp.105-117. URL : www.unice.fr/bcl/ofcaf/19/NOUMSI.pdf

Le phénomène va aboutir à une mixture du Français moderne et du sociolecte africain. Ce sont les procédés qui entrent dans la formation des mots dans l'affixation. En fait, il s'agit traditionnellement des mots d'origine grecque ou latine déjà connus, et utilisés de plus en plus par les locuteurs en langue française.

Suite à ce phénomène on assiste à une sorte de morphologie par adjonction d'un préfixe ou d'un suffixe à une base non habileté à admettre un dérivé. On rencontre souvent des dérivés dont la base n'est pas un simple phonème, mais un morphème pouvant être employé de manière autonome. Ces morphèmes sont appelés des paléo-morphèmes ou pseudo -morphèmes. Ils se comportent comme des bases autonomes et forment des dérivés susceptibles d'intégrer la langue française.

En effet, l'on a affaire à deux domaines d'investigations différentes : la morphologie et la lexico-sémantique en langue avec toutes les virtualités signifiantes, et toutes les actualisations de sens. Notons bien que la sémantique a pour base la production et le conditionnement de sens dans les langues naturelles. Mais on ne doit pas confondre théorie sémantique et théorie de la référence. Car nous décrivons le sens de la lexie à partir de ses traits sémantique, mais l'analyse de la référence du mot se fera à partir du rapport qui existe entre lui et l'objet désigné (réel ou virtuel).

1.1. Les paléomorphèmes

Par exemple, en français standard un pseudo morphème autonome comme « **Conduire** » (base), le processus de dérivation : préfixe(*RE*)+base+ suffixe (*ION*), aboutit à « **reconduction** ». Ainsi, le transfert de catégorie grammaticale est possible ou non selon qu'on emploie uniquement un préfixe ou un suffixe.

Contre toute attente, nous retrouvons dans l'écriture de Calixthe Beyala, des possibilités de création des paléo-morphèmes à partir d'une base non habilité à admettre une adjonction d'affixe. Néanmoins, il ressort de ce dérèglement affixal un sens. Gaston Gross, mène déjà des recherches sur la recomposition classique et déclare : « celle-ci en vogue surtout depuis le 18ᵉ siècle consiste en la jonction de deux éléments tirés directement du grec et du latin et appelés, selon les linguistes confixes, quazimorphèmes, pseudomorphèmes ou paléomorphèmes »[3]. Nous avons pu repérer dans ses œuvres romanesques des pseudo morphèmes capables de changer de catégorie grammaticale ou non selon le type d'adjonction affixale à partir des morphèmes, qui n'accordent aucune possibilité d'adjonction affixale à droite ou à gauche. Nous y retrouvons aussi des cas de dérivation qui conduisent à un changement de catégorie grammaticale appelé transfert de classe. Selon l'actualité mondiale, une langue qui ne se transforme pas court vers sa perdition.

1.1.1. Le paléo-morphème par affixation adjectivale

En français, l'adjectif qualificatif est un mot qui donne les caractéristiques d'une chose, d'une personne ou d'un animal. En linguistique certains critiques le conçoivent comme un élément qui « colore nos propos »[4], d'autres le considèrent comme « la graisse du style ». L'extrait ci-dessous pourra nous servir d'illustration.

> *C'était une banalité à pleurer, si bien que, malgré les vapeurs de l'alcool qui tourne boulaient son cerveau, il comprit que c'était une fille intranquille dans le bocal d'une famille sans histoire. Une ces fille qui recherchent des sensations fortes....Elle avait rencontré Isidor, un blanc à fumailleries[5].*

Nous retrouvons ici des procédés qui entrent dans la formation des mots par affixation sans être un élément d'origine greco latine employé conventionnellement.

« in » + tranquille	$\Longrightarrow$	intranquille
Préfixe + radical	$\Longrightarrow$	morphème

Toutefois, la base « tranquille » est une lexie : adjectif qualificatif, singulier féminin, ayant une autonomie dans l'emploi, n'accordant aucune affixation à gauche. Mais l'auteur a réussi à adjoindre un préfixe « in » à « tranquille » - « intranquille ». Ce lexème indique le trouble et l'inconfort dans lequel se trouvait Sonia, cette fille, dont la pauvreté de sa famille a fait d'elle une fille

3. Gaston Gross, *Les expressions figées en Français*, Paris Ophrys, 1996, p. 55.
4. Cathérine, Fromilhague et Anne Sancier-Château, *Introduction à l'analyse stylistique*, Paris, Dunod, 1996, p. 43.
5. Calixthe Beyala, *La Plantation*, Paris, Albin Michel, 2002, p. 43. .

assez mouvante, une dévergondée. Ainsi, l'adjectif « tranquille » se comporte désormais comme base, qui, oscille vers la langue française avec un préfixe « in ».

1.1.2. Le paléo-morphème par affixation nominale

Ici, le système de formation des paléo morphèmes se manifeste par affixation nominale, c'est-à-dire à partir d'un nom, morphème pouvant s'employer de manière autonome, n'accordant au départ, aucune affixation à gauche en langue française. L'auteur a pu rompre les limites par son esprit en horreur et son aptitude criarde à la créativité.

> *Blues cornu s'ennuyait comme trois lézardes à tète rouge, parce que, à dix-huit ans on préfère se déhancher au milieu d'une musique endiablée que de bailler dans cette désambiance. Elle aurait mieux aimer se promener dans les sousbois que d'assister à cette mascarade d'autant plus grotesque que le pasteur gesticulait et prononçait ses sermons a la manière ample d'un homme politique*[6].

Cette lexie « ambiance » depuis son origine ne pouvait être dérivée qu'à droite, jamais à gauche. Mais aujourd'hui, l'adjonction d'un préfixe « de », « ambiance » génère un sens linguistiquement parlant, Il indique le calme, mais un calme attristé dans une collectivité qui aime la danse.

« de » + ambiance ⟹	désambiance
Préfixe + radical ⟹	morphème

Ce système ne facilite-t-il pas l'usage de la langue française aux masses défavorisées africaines fatiguées du français standard, d'une part, une émulation du train- train quotidien dans leurs multiples activités rémunératrices d'autre part ? Au regard du fonctionnement de ces morphèmes après affixation, la classe grammaticale demeure la même. Par ailleurs, il existe d'autres types de dérivation qui affectent la catégorie grammaticale.

---

6. Ibid., p. 22.

1.2. Transfert de classe grammaticale

Il consiste en des opérations linguistiques utilisées pour former un mot nouveau dans le but d'enrichir le vocabulaire de la langue française. Dans ce cas, l'on procède par l'utilisation des données linguistiques existant déjà dans la langue française à l'origine. Néanmoins, il existe aussi des cas de transfert de classe grammaticale dans les textes romanesques soumis à notre étude dont les données linguistiques étaient inexistantes en la langue française conventionnelle. Le transfert peut se faire par :

• Dérivation : formation de mot par adjonction affixale d'un préfixe ou d'un suffixe à une base.

• Formation de nouveaux mots : il s'agit de la création des mots nouveaux par affixation à une base existante ou non.

• Les nominalisations : elles consistent en la transformation d'une séquence verbale en un morphème employé comme nom. Elles peuvent aussi, selon le contexte, transformer une séquence verbale en un morphème employé comme verbe.

• Les nominalisations nominales : Elles consistent en la transformation d'une phrase en une unité lexicale par enchâssement des éléments de la première sur la lexie nouvelle. Dans notre cas, il s'agit de la transformation d'une phrase pour obtenir un mot nouveau par enchâssement. Ce procédé se fait de plusieurs manières : la verbalisation des noms et des adjectifs issus de la transformation des groupes verbaux de type : V + N / N + V / V + N + SP / N + ETRE + ADJ.

Ce sont autant de groupes verbaux, desquels sont dérivés soit un verbe, un nom, un adjectif. Les désinences verbales jouent le rôle de verbalisation, nominalisation, adjectivation. Ce système en français intègre au système verbal les noms crées ou empruntés qui dénomment les objets nouveaux. Ainsi, on pourra aboutir à des phénomènes de verbalisation d'adjectif, de nom et des onomatopées...

1.2.1. La verbalisation adjectivale

C'est la transformation d'un adjectif en verbe conjugué ou pas. Les verbes dérivés des adjectifs sont issus de plusieurs structures syntaxiques où l'adjectif intègre peut être un attribut ou un complément circonstanciel de manière. La structure syntaxique : N + ETRE + ADJ / N + V + ADJ, enchâssée, aboutit par une dérivation conjuguée à de nouveaux mots tels que nous pouvons démontrer dans les textes suivants : « Elle était au fait des codes en usages sociaux les plus minutieux de la France. Elle joyeusait lorsqu'on servait un bœuf bourguignon ou un steak de zébu sauce tartare »[7].

Nous percevons ici une sorte d'enchâssement des éléments de la structure verbale dans une lexie nouvelle.

SN+ être + attribut ⟹ *Elle était joyeuse*

La phrase s'est enchâssée « elle était joyeuse » (attribut) dans l'unité syntaxique « joyeux », pour aboutir par dérivation conjuguée à un verbe issu de l'adjectif : « joyeusait »,

Base (Adjectif) + Suffixe (Verbal) ⟹ Mot nouveau
Joyeux + ait ⟹ joyeusait

Le mot nouveau qui entre dans le vocabulaire de la langue, facilite quelquefois la communication aux groupes sociaux qui mettent l'accent sur les intonations (les langues africaines). L'opération se fait par dérivation conjuguée. Le verbe conjugué à l'imparfait, troisième personne du singulier, indique l'état d'une personne enchantée, qui manifeste le plaisir. Il existe aussi des cas de dérivation d'adjectif en verbe, qui après enchâssement parait complète, c'est-à-dire à gauche et à droite. « La soupçonner de le manipuler était une idée folle, illogique, démente, presque, qui ne pouvait que l'amener à **s'automalheurer**.Il s'approchât d'elle et, ses mains à plat, entreprit de lui masser les épaules »[8].

La structure verbale enchâssée dans ce passage se présente comme suit :

SN + SV + attribut ⟹ *elle se sent malheureuse*

Cette phrase *elle se faisait malheureuse* + forme passive s'est enchâssé dans l'adjectif « malheureux » pour aboutir par dérivation impropre à cette formule : préfixe + base + suffixe verbale.

---

7. Ibid., p. 78.
8. Ibid., p. 101.

Préfixe (Adverbe) + base (Adjectif) + suffixe XE

"suffixe" (verbal) ====⇒ mot nouveau

S'auto + malheureux + er ====⇒ s'automalheurer

Ce verbe nouveau à l'infinitif « s'automalheurer » signifie se sentir malheureux, peut être désormais conjugué à tous les temps.

En définitive, l'adjectif malheureux passe de la classe adjectivale pour la classe verbale. Dans la même optique, nous avons pu repérer des noms qui ont subi des transferts de classe grammaticaux par le même procédé.

1.2.2. La verbalisation nominale

La verbalisation des noms issus de la transformation des groupes verbaux de type : V + N, V + N + GP en de nouveaux morphèmes. Dans ce cas, les groupes verbaux ou les verbes sont dérivés de ces noms par enchâssement. La désinence joue le rôle de verbalisateur.

Généralement, les verbes dérivés des noms sont issus de plusieurs structures syntaxiques où le nom intégré est sujet, objet direct locatif ou complément prépositionnel. Ce système fondamental en français intègre au système verbal les noms créés ou empruntés qui dénomment les objets nouveaux. « Quelques mendiants, les yeux torves patron ! Patron ! Donnez-nous un morceau de paradis patron ! Ils bénissaient ceux qui leur jetaient des pièces et malédictionnaient ceux qui seraient les cordons de leurs bourses : sale pingre ! Sale macaque de sa mère ! »[9]. Le verbe dérivé du nom dans ce cas n'est pas le fruit d'une simple suffixation, mais d'une transformation de la structure syntaxique du genre SN + SV pour aboutir à un mot nouveau conjuguée.

Ils prodiguaient des malédictions

SN + SV + COD ====⇒ ⇓ V (par enchâssement)

S + V + malédictions ⇓ Malédictionnaient

Le nom intégré « malédictions », complément d'objet direct du verbe « prodiguaient » s'est effectué par enchâssement munie de la désinence verbale

---

9. Ibid., p. 140.

« aient » appelé encore verbalisateur pour aboutir à « malédictionnaient ». En définitive, le morphème « malédictions », féminin, pluriel, de la catégorie du nom, glisse par transfert à la catégorie des verbes au travers d'un enchâssement du syntagme verbal « Ils prodiguaient des mlédictions» pour aboutir à la création d'un mot nouveau, verbe conjugué à l'imparfait, 3ème personne du pluriel : « malédictionnaient ». Le processus d'enchâssement s'applique-t-il a d'autres types de morphèmes ?

1.2.23. La verbalisation des onomatopées

C'est un processus de formation de nouveaux mots. IL s'agit d'une opération linguistique sur des données non existantes dans la langue française originale, mais issues des données orales africaines. Toutefois, ces opérateurs se feront par enchâssement des groupes nominaux dans les croupes verbaux pour obtenir une lexie nouvelle.

N + V ..... GN + antécédent générique verbal = verbe nouveau

Il plia en triturant ses fesses avec un contentement vorace. Ses seins tikiltikilaient et des sons ferrailles fuguaient de sa gorge. Le fier quinquagénaires se relookait en hercule, en Samson. Il n'en revenait pas de réussir à faire gémir une femme de vingt ans sa cadette[10].

SN + SV
ses seins faisaient tikiltikil
N + V + onomatopée ⟹ tikiltikilaient

« tikiltikilaient » a été obtenu par enchâssement de l'unité syntaxique « Ses seins faisaient tikiltikil + aient = verbe à l'imparfait (3ème personne du pluriel), jouant aussi le rôle d'un antécédent générique de l'onomatopée « tikiltikil » pour aboutir à la lexie nouvelle « tikiltikilaient », plus adaptée dans l'espace africain. Le point capital de ce qui a été dit réside dans le modèle de construction des mots et des types de morphèmes obtenus après construction. Par affixation, on relève des lexies adjectivales et verbales. Qu'en-est-il du sens connoté ?

10. Ibid., p. 100.

2. La charge connotative des surnoms

La charge connotative est fondée sur l'inversion de la valeur de vérité à travers l'ironie. C'est une sorte de portrait d'une société qui est projetée sur le nom. L'adhésion des interférences dénote une analogie entre caractérisation et connotation. À cet effet, on peut parler de charge connotative sans faire allusion à la caractérisation implicite. Dans les romans narratifs fictionnels, le choix des noms propres donne des indications sur le personnage. Face à un certain type de nom, Le lecteur peut se faire une idée avant d'entrer en contact avec à la réalité qui en découle.

L'auteur nous propose, « un pacte de lecture » réaliste à travers les noms connotatifs. Ce sont des noms attribués aux personnages pratiquant des métiers dérisoires, parfois honteux. Par ailleurs, ces types de nominations arbitraires sont porteurs de la motivation personnelle de l'auteur.

2.1. Inversion de la valeur de vérité

L'attitude énonciative définie comme antiphrase, débouche sur un dédoublement de l'instance énonciative avec les marques d'une rhétorique de détournement assez élevée. Cathérine Kerbrat Orecchioni porte un regard rebuffade sur le caractère excessivement imagé sans aucune crédibilité de la connotation, et, explique : « Les marques connotatives sont des signes d'une rhétorique du détournement qui anime l'ensemble de l'énoncé, et qui lui donne son ton » « l'ironie »[11]. L'extrait ci-dessous fera foi :

> *Notre chef avait de la chance de réagir encore. Moi j'étais habitué à trop de misères. Elles m'émouvaient rarement car, généralement, je ne les remarquais plus soudain monsieur Robes Pierres traversa la foule et décréta : « ça c'est une saloperie de son excellence président – à-vie ! Assassinat politique ! « Ces morts nous recouvrèrent de peur comme un vieil arbre. Silencieux, nous rencontrâmes chez nous[12].*

La charge connotative s'avère assez forte dans ce nom attribué au dirigeant d'un pays. Il est question d'un vieux métier. La caractérisation est fortement

11. Cathérine Kerbrat Orecchioni, *Problème de l'ironie, Linguistique et sémiologie*, Paris, Didier, 1976, p. 11.
12. Calicthe Beyala, *La petite fille du réverbère*, Paris, Albin Michel, 1993, p. 153.

implicite. De même, les marques du locuteur de son époque et de la collectivité se dessinent systématiquement à travers ce surnom : « son excellence président-à-vie ». C'est en même temps un embrayeur et un terme évaluatifs qui créent un choc émotionnel chez lecteur, et, marquent aussitôt les traces de l'auteur- narrateur.

Ce groupement arbitraire donne déjà les indications sur le personnage. Bien qu'il soit arbitraire, il y a une intense motivation en deçà. Ce sont les noms attribués aux chefs d'États africains, une sorte de portrait à portée satirique face à la gérance sans pudeur. La satire concerne leur vaine manière de gérer la démocratie sans tenir compte des clauses, l'indétermination de la durée du mandat et le refus du pouvoir au peuple. Au cœur d'une société démocratique qui a perdu le sens de la démocratie, l'écriture de désenchantement trouve un terrain fertile.

> *Et vous y croyez, vous ? Demanda sarcastique. Vous m'amusez franchement. Vous vivez sur cette terre depuis suffisamment longtemps pour savoir que **le président élu démocratiquement à vie** promet des choses qu'il ne fait pas. Où sont les routes, les écoles, les hôpitaux qu'il a annoncés lors des dernières élections ?*[13].

La charge connotative est fondée sur une inversion de la valeur de vérité. L'attitude énonciative, dans cet énoncé, repose sur l'ironie, définie comme antiphrase. Dès lors, on assiste à un dédoublement de l'instance énonciative. Compte tenu de cette duplicité, Ducrot établit une relation entre l'ironie et la polyphonie énonciative en ce sens que, dans le discours ironique, le locuteur L ne prend pas à son compte les propos qu'il est en train de tenir : il fait mention d'un énonciateur E, dont il se déclare implicitement non solidaire : « Parler de façon ironique, cela revient, pour un locuteur L, à présenter l'énonciateur comme exprimant la position d'un énonciateur E, position dont on sait par ailleurs que le locuteur L n'en prend pas la responsabilité, et bien plus qu'il la tient pour absurde »[14].

Au sujet de la place des noms propres dans le texte de fiction, Herschberg apporte un éclairage, « Si l'on peut admettre que le nom propre n'a pas de

---

13. Calixthe Beyala, *La Plantation*, op. cit., p. 33.
14. Oswald Ducrot, *Le dire et le dit*, Paris Minuit, 1984, p. 211.

sens dans le langage ordinaire, il n'en va pas de même dans un texte de fiction. Les noms propres nom de personnes et de lieux, y sont de toute évidence l'objet d'une recherche et d'une motivation sémantique. Ils permettent de dénommer un monde, de le classer, d'en orienter les significations »[15].

Le nom « président élu démocratiquement à vie » caractérise implicitement un président d'un pays à régime démocratique ne pratiquant aucune loi de la démocratie. De ce fait, il ressort de cette appellation ironique le ridicule et la satire. Au- delà des caractéristiques implicites, octroyées aux nouveaux dirigeants des pays africains à travers le nom, le discours ironique lié à cette appellation pour le locuteur L ne l'engage aucunement, mais devient plutôt la responsabilité de l'énonciateur dont il se déclare implicitement non solidaire. En deçà du pouvoir patriarcale, réside un métier sordide dans l'optique de résoudre les problèmes de consommation.

> *M. cornu ferait mieux de l'envoyer dans une institution en Europe, sinon elle finira fille mère » constataient les rombières. « Un sans-jupon, renchérissaient les sœurs dont la beauté s'effritait dans la lumière de blues. Une serpillière que même un chien dédaignerait ! Une marie-madeleine la honte*[16].

Les romans narratifs fictionnels ont l'art de présenter des faits de style chargés d'une connotation dominante, par une exposition implicite d'une réalité désagréable. En effet, ces nominations dénotent les plus vieux métiers du monde. Il s'agit des noms en relation avec la prostitution, l'alcoolisme etc... **Une Marie-madeleine la honte**. L'appropriation de la langue est manifestée par l'usage du substantif féminin « la honte ». Nom ridicule, comique, porte en lui-même une charge connotative assez pertinente. Il apparaît ici les traces du locuteur dans l'énoncé. Selon le locuteur L, ce nom connote le plus vieux métier du monde ; (la prostitution), un sale métier déshumanisant, déshonorant exprimé sous un style comique, amusant. Bref, la responsabilité de cette caractéristique implicite revient à E, l'énonciateur, qui semble toujours se désolidariser.

> *Je hochai la tête et l'entretins de mes premières démarches, toutes échouées. Maria-Magdalena-des saints- amours me*

---

15. Anne Herschberg Pierrot, *La stylistique de la prose*, Paris Belin, 1993, p. 234.
16. Calixthe Beyala, *La Plantation*, op. cit., p. 32.

regarda et l'attendrissement noya son cœur. Ces hommes de
Kassalafam, me dit-elle, étaient tous braves, mais leurs esprits
n'avaient jamais franchi l'horizon de leurs cabanes. Ils
avaient prouvé leur grossièreté intrinsèque à mon égard en
refusant d'assumer leur paternité?[17]

L'implicite jaillit indéniablement du nom, à savoir sa longueur, les mots qui le déterminent, et leur signification. Au regard de tous les paramètres évoqués précédemment, la présence de ces noms dans le texte semble être chargée de moult motivations de la part de l'auteure : ***Maria-Magdalena-des-saints amours***. Sous ce nom comique, la marque du locuteur est aussitôt repérée par sa longueur. Un regard panoramique dans les romans de notre auteur nous a permis d'identifier le type de métier qu'exercent les personnes portant des noms marginaux. Ce nom porte une charge connotative assez importante permanemment attribuée aux personnages marginaux. Il s'agit des femmes exerçant le plus vieux métier du monde : la prostitution, combattue tant bien que mal dans toutes les sociétés du monde.

L'auteure, pour exprimer son désarroi face à ce métier ignoble, emploie des noms comiques marginalisés dans notre société. Mais il faut percer l'abcès pour voir ce sale métier caché sous ce nom au travers des faits de style : l'implicite. Le locuteur L met à découvert le non-dit exprimé sous le nom ***Maria-Magdalena-des-saints-amours***. En somme la connotation a permis au narrateur-auteur de se dérober.

2.2. Les facteurs de variation des modalisateurs

La variation langagière s'opère de manière singulière ou collective entre les individus, les communautés et les états. La langue mère est influencée la conjoncture socio-économique. Les guerres, les marchés, l'école, l'expansion sont des facteurs non négligeables. Sur ce, l'extrait met en exergue une langue influencée par la pauvreté. Ainsi, *s'automalheuse, tikiltikilaient, le président élu démocratiquement à vie, Maria-Magdalina-des-saints-amours* sont autant de noms de surnoms et mots comiques chargés d'une forte motivation.

L'indigence socio-économique de la populace de Kassalafam met ce personnage dans un désarroi immense. Sur ce, il n'a plus qu'un choix : se

---

17. Calixthe Beyala, *La petite fille du réverbère*, op. cit., p. 120.

prostituer pour survivre. D'où le nom masqué *Maria-Magdalina-des-saint-Amours*, qui signifie chez les hommes de Kassalafam la femme dévergondée. Dans le même sillage, les peuples zimbabwéens dépouillés de leurs terres, réduits à une extrême pauvreté, développent un goût avoué pour le leadership et un esprit de vagabondage sexuel. C'est le cas de son excellence *président –à-vie* par cupidité et de *Marie Madeleine la honte*, devenue une prostituée pour subvenir au besoin de la famille. En réalité, le problème de consommation dans les bidonvilles développe aussi une création langagière inédite (les paléomorphèmes) dans le but de se ressourcer pour combler le vide créé par des imposteurs et la culture occidentale. Au final, l'étude stylistique de ces extraits est loin de se limiter au fonctionnement des morphèmes, plutôt, doit rechercher une appréhension nouvelle afin de meubler la tablette stylistique et idéologique.

2.3. Les valeurs expressives et impressives

L'interprétation intervient dans le processus du discours narratif par l'affixation, le comique, l'inversion de la valeur de vérité, caractéristiques particulières qui renferment les termes évaluatifs ; marques de son producteur. Le locuteur éprouve dans l'expression connotative, la manifestation libérale et totale de ses sentiments. Ici, l'affectif et l'intellect sont intensément ressentis dans des caractérisants non pertinents, dont Fromilhague exprime en ces termes : « sortir le mot de leurs gonds »[18].

Le récepteur perçoit avec efficacité le message grâce au comique qui s'y dégage. En fait, il est question des noms à tendance comique, bien que nous ne soyons pas en comédie. La comédie ici n'est qu'apparente. Cependant, une forte motivation réside en dessous. Ces lexies qui sortent de l'ordinaire ne peuvent être gratuites dans les romans narratifs fictionnels. En fait, ils sont chargés d'engagement notoire. Les traces de l'énonciateur dans l'énoncé interpellent le locuteur A à retrouver l'élément implicite B. Ils peuvent constituer dans sa communauté selon Dubois, Giacomo, Guespin et al « un dialecte social réduit au lexique de caractère parasite ; il n'a pour but de n'être compris que des initiés ou de marquer l'appartenance à un groupe »[19]. Leur présence dans le texte peut justifier d'après Essono un autre souci, « Par le désir de for-

18. Cathérine Fromilhague, Anne Sancier-Château, *Introduction à l'analyse stylistique*, Paris, Dunod, 1996. p. 218.
19. Jean Dubois, Mathee Giacomo, Louis Guespin et al., *Grand dictionnaire de linguistique et des Sciences du langage*, Paris, Larousse, 2007, p. 110-131.

ger une langue « simple » sur le plan phonologique, morphologique et même syntaxique. C'est donc par souci de simplification et non par esprit de complaisance ou de vandalisme linguistique...Il fallait contourner la complexité des langues européennes, se libérer du carcan de ces langues trop rigides qui étouffent toute expressivité »[20].

Au demeurant, la modalisation constitue un moyen privilégié de communication efficient, dans les zones à risque en ce temps d'insécurité généralisée dans le monde. Il peut éventuellement être un facteur de négociation et de médiation dans le règlement pacifique des conflits. Une opération de maintien de la bonne humeur chez les peuples vulnérables. Cependant, son état de langage populaire n'exclut pas son appartenance à un code langagier propre à une communauté, servant de contact en cas d'insécurité.

Au regard de ces types de nomination, il s'avère indubitable qu'ils sont attribués aux irresponsables sociaux. Après lecture, nous constatons que *Maria-Magdalina-des-saint-Amours, le président élu démocratiquement-à-vie*, sont attribués à des individus vivant en marge de la société. Mais l'énonciateur les a caractérisés implicitement de vagabonds, d'imposteurs... Le texte illustre la rigueur d'un style au service d'une esthétique de l'écart, écart non par rapport à la norme, mais par rapport à un standard usuel. Ces écarts observés dans la modalisation, constituent un moyen de survie. Ainsi, comme le souligne Adam, ce propos ne doit pas cacher l'existence d'une « compétence narrative »[21], qui permet de comprendre, de résumer, de mémoriser et de reconnaître que tout récit doit appartenir à notre aire culturelle.

Conclusion

Dans l'ensemble, l'emploi des modalisateurs dans l'univers hostile se renouvelle sans cesse à travers une fécondité de procédés linguistiques qui revêt une valeur stylistique indéniable. Cet exercice nous a permis de relever et de décrire les différents mécanismes linguistique et stylistique des hybrides lexicaux. Les paléomorphèmes ou pseudomorphèmes, le transfert de classes grammaticales par affixation verbale, les charges connotatives des noms propres et les valeurs sont autant de ressources linguistiques qui ont apporté une

---

20. Jean-Marie Essono, « Le Cameroun et ses langues », Collectif, *Cameroun 2001 : Politiques, langues, économie et santé*, Paris, L'Harmattan, 2001, p. ---.
21. Jean Michel Adam, *Le texte narratif*, Paris, Nathan, 1995, p. 5.

bouffée d'oxygène à la culture langagière de ce peuple qui croupissait sous le joug de l'indigence et du français standard. Au-delà de la conjoncture socio-économique, le masquage de discours revêt une valeur de discrétion monumentale en ce temps d'instabilité lié aux multiples désastres dans le monde. Ces écarts observés dans la modalisation constituent un moyen pour rendre l'expression vivante, à la limite comique en vue d'une communication rentable concrète dans un univers en perpétuelle perturbation. Comme nombre d'actes de discours, la narration vise à amener l'interprétant potentiel à une certaine conclusion ou à l'en détourner. En somme, ces indices évaluatifs, marquent la présence de l'énonciateur dans son écriture, son état d'âme meurtrie face à l'inconfort des populations dans les bidonvilles. Au final, la présence des paramètres personnels de Calixthe Beyala dans l'énoncé par l'affixation, le comique et l'inversion de la valeur de la vérité, constituent un moyen efficace d'invectiver l'imposture de la société patriarcale africaine pour une action salutaire.

Sango Rose DJUEHOU, Ph.D

Bibliographie

Corpus

BEYALA, Calixthe, *La petite fille du réverbère*, Albin Michel, 1993.

---, *La Plantation*, Paris, Albin Michel, 2002.

Textes théoriques

ADAM, Jean Michel, *Le texte narratif*, Paris, Nathan, 1995.

BERICI, Hélène, Néologisme, « spécialisés » dans *Les médias et la vie quotidiènne : aspects morphologiques et sémantiques. Néologie lexicale*, N° 6, GRIL, Université Paris 7, 1994.

DEPECKER, Loîc, « Quelques aspects des vocabulaires spécialisés de la fin du xxème siècle : entre créativité lexicale et parallelélisme sur l'anglais ». *La banque des mots*, no 60, 2000, pp. 103-134

DUBOIS, Jean, GIACOMO, Mathee, GUESPIN, Louis et al 2007. Grand dictionnaire de linguistique et des Sciences du langage. Paris : Larousse, 2007.

DUCROT, Oswald, *Le dire et le dit*, Paris Minuit, 1984.

ESSONO, Jean-Marie, « Le Cameroun et ses langues », Collectif, *Cameroun 2001 : Politiques, langues, économie et santé*, Paris : L'Harmattan, 2001, pp. 110-131.

FROMILHAGUE, Cathérine, SANCIER-CHATEAU, Anne, *Introduction à l'analyse stylistique*, Paris, Dunod, 1996.

GROSS, Gaston, *Les expressions figées en Français*, Paris Ophrys, 1996.

HERSCHBERG, Pierrot Anne, *La stylistique de la prose*, Paris, Belin, 1993.

KERBRAT, Orecchioni Cathérine, *Problème de l'ironie, Linguistique et sémiologie*, Paris, Didier, 1976.

MEUNIER, André, 1974, « Langue et communication », in *Langue Française*, n° 21, Paris, Larousse, 1974, pp. 90-126.

NOUMSI, Gérard Marie, « Dynamique du Français au Cameroun : créativité, variations et problèmes sociolinguistiques », *Le Français en Afrique*, n° 19, 2004, pp. 105-117. URL : www.unice.fr/bcl/ ofcaf/19/NOUMSI.pdf

NOLKE, Franck, *Le regard du locuteur. Pour une linguistique des traces énonciatives*, Paris, Kime, 1993.

SPITZER, Léo, *Études de style*, Paris, Gallimard, 1970.

Pour citer cet article :

Sango Rose DJUEHOU, « Les modalisateurs : stratégie de la vulnérabilité chez Calixthe Beyala. Le cas de *La Petite fille du réverbère* et *La Plantation* », *Revue Legs et Littérature* n° 17, vol. 2, 2021, pp. 249-268.

Des stratégies diégétiques de la barbarie esclavagiste dans *Le Dernier survivant de la caravane* d'Etienne Goyémidé

Auteur de quatre ouvrages dont Jacques Fame Ndongo. Le scribe du génie africain *(2019), co-auteur de* Le Genre dans tous ses états. Perspectives littéraires africaines *(2017), d'une soixante-quinzaine d'articles scientifiques, dont « Stratégies de désaliénation, déficit émancipatoire et modélisation d'un monde alternatif dans* Trop de soleil tue l'amour de Mongo Beti *», Pierre Suzanne EYENGA ONANA est Maître de Conférences à l'Université de Yaoundé I. Participant à de nombreux colloques (inter)nationaux (France, Gabon, Côte d'Ivoire, Burkina Faso, Togo et Bénin), il enseigne, entre autres, l'épistémologie des littératures africaine et africaine-américaine, les modalisations littéraires du vivre ensemble et les Gender Studies.*

Résumé

Le Dernier survivant de la caravane *(1985) d'Etienne Goyémidé retrace le parcours inhumain des villageois faits esclaves. Les esclavagistes venus des territoires actuels du Tchad et du Soudan déciment le village et dépouillent et le dépouillent de ses hommes et animaux. Dès lors, on s'interroge sur les tenants et les aboutissants d'une telle flambée de haine et de violence dirigée par des hommes contre d'autres hommes. Quels sont les ressorts diégétiques de la barbarie esclavagiste tels qu'ils s'offrent dans la trame goyémidéenne ? La sociocritique d'Emond Cros oriente la présente réflexion, qui s'organise en trois parties. La première est axée sur l'examen du génotexte. Elle scrute les modes d'inscription de l'Histoire dans le récit. La deuxième partie s'intéresse au phénotexte. Il s'agit de questionner l'esthétique à l'œuvre dans le roman par le biais de son double ancrage intergénérique et interartial. La dernière partie interroge la vision du monde de Goyémidé sur l'esclavage au moment même où certains Afro-descendants entreprennent d'exorciser le mythe du non-retour, en choisissant, par exemple, de revenir à Bimbia au Cameroun, Ouidah au Benin, ou encore Cape Coast au Ghana.*

Mots clés

Intergénéricité, stratégies diégétiques, barbarie esclavagiste, génotexte, phénotexte

DES STRATÉGIES DIÉGÉTIQUES DE LA BARBARIE ESCLAVAGISTE DANS *LE DERNIER SURVIVANT DE LA CARAVANE* D'ÉTIENNE GOYÉMIDÉ

« Chaque livre propose une libération concrète à partir d'une aliénation particulière »[1]. Tel est le cas pour *Le Dernier survivant de la caravane* d'Étienne Goyémidé, qui relate la vie de paisibles paysans brutalement sortis de leur univers bucolique par une vague d'esclavagistes inhumains qui les réduisent à la servitude du jour au lendemain. Préservé de la torture parce qu'étant allé à la chasse avec son chien, l'un des survivants, parviendra à sauver les esclaves les plus chanceux et rétablira les siens dans leur dignité d'homme. Inspiré de la réalité, ce récit innove en ceci qu'il aborde « un sujet qui n'a pas encore été traité par les écrivains centrafricains, [qui] ont accordé leur préférence à la confrontation entre populations oubanguiennes et colons français »[2]. Tidiane N'Diaye[3] pointe du doigt les manquements d'une solidarité humaine agissante en relevant que ce phénomène a touché le monde entier car il existait dans toutes les communautés humaines et dans toutes les aires de l'histoire. C'est ainsi que nombre d'hommes n'ont cessé d'être réduits en objets de trafic par leurs semblables. Dans la dynamique des rapports entre nations, l'esclavage n'est pas une pratique nouvelle. La particularité du texte

---

1. Roland Bourneuf et Réal Ouellet, *L'Univers du roman*, Paris, PUF, 1972, p. 211.

2. Cf. Jean Dominique Penel, préface du roman.

3. Tidiane N'Diaye, « La traite négrière arabo-musulmane », in *Notre Librairie*, n° 169, Paris, CultureFrance, 2008, p. 31.

de Goyémidé réside dans le fait que l'esclavage n'est pas le fait de ce que certains critiques tels que Chibani[4] qualifient de « mauvais Blancs », ni de la traite atlantique mais aussi des musulmans, parmi lesquels des Noirs. Les esclavagistes blancs seront progressivement remplacés par des Africains. Ces derniers connaîtront un sort différent »[5].

La narration, pour le moins originale, du fait esclavagiste chez Goyémidé s'opère à travers une expressivité poignante dont l'esthétique marque la curiosité du critique littéraire. Il s'agit alors de voir comment l'esthétique de la barbarie esclavagiste s'articule et déploie une signification autre du fait narré à travers la mise en faisceau de biais et codes esthétiques révélateurs qui touchent l'émotion du lecteur. Dès lors, en quoi le roman scruté apparaît-il sous la forme d'une fresque culturelle, une sorte de griotisme, dont la visée est de replonger les générations présentes et futures dans les méandres de l'Histoire dramatique de l'esclavage interafricain ? Autrement dit quels sont les ressorts diégétiques que laisse circuler la barbarie esclavagiste dans la trame diégétique en question ? Notre étude comporte trois parties. La première scrute l'inscription de l'Histoire dans le récit en vue de montrer en quoi les faits sociaux qui entourent le romancier au quotidien irriguent son œuvre littéraire. Ceux-ci constituent la substance première de sa fable, puisque le « romancier [...] qui écrit maintient le réel au bout de son regard »[6]. Mais ce producteur de microcosmes et bâtisseur d'utopies n'est en rien un historien. Il ne se contente donc pas de reproduire le réel inspirant, mais de le construire à nouveaux frais grâce à sa compétence narrative. Il s'agit ainsi de produire une histoire neuve de la cité compromise grâce à la magie du verbe et le sens profond du discours, mais également l'expressivité de la langue, c'est-à-dire l'art ou l'esthétique du scripteur. Voilà pourquoi la deuxième partie de l'étude se préoccupe du décryptage des dynamiques intergénérique et interartiale que polarise le roman goyémidésien. Cette option justifie le fait pour le narrateur de convoquer plusieurs arts au cœur d'un même récit et, en même temps, déployer sa fable à travers un assortiment de genres dont la signifiance attise un regard critique. La dernière partie s'intéresse au message sous-jacent que véhicule le romancier sur la question de l'esclavage intercontinental. Elle tient

---

4. Chibani, « Malek Chebel, L'esclavage en Terre d'Islam », in *Notre Librairie* n° 169, Paris, CultureFrance, 2008, p. 38.
5. En ce que « la dimension prise par la traite et l'esclavage dont [ils] ont été victimes dépasse en traitement des victimes, en durée et en horreurs tout ce qui l'avait précédé », N'Diaye, « La traite négrière arabo-musulmane », in *Notre Librairie* n° 169, op. cit., p. 31.
6. Roland Bourneuf et Réal Ouellet, *L'univers du roman*, op.cit., p. 214.

en ceci que tout démiurge entend contribuer au renouvellement de sa société à partir du cri de révolte que charrie son roman. Certains perçoivent ce cri comme un authentique discours sur le monde[7].

La sociocritique d'Edmond Cros oriente la réflexion. Pour Cros, celle-ci « ne s'intéresse pas à ce que le texte signifie mais à ce qu'il transcrit, c'est-à-dire aux modalités d'incorporation de l'histoire, non pas d'ailleurs au niveau des contenus mais au niveau des formes »[8]. De sorte que le texte émerge de la coïncidence de deux discours complémentaires : le phénotexte et le génotexte.

1. Le génotexte ou l'historicité de la barbarie esclavagiste

Si l'on postule que les faits humains sont déterminés par une histoire, dont le caractère est d'abord collectif[9], alors on peut affirmer, d'une part, que la sociocritique se donne comme objectif de mettre à jour les modalités qui gèrent l'incorporation de l'histoire dans les structures textuelles[10]. Elle laisse donc penser au génotexte, lequel opère « avec des catégories conceptuelles et correspond à une énonciation non grammaticalisée, en ce sens que cette énonciation n'est pas encore mise en formule »[11]. Autant affirmer que le génotexte participe de la stratégie de relecture de la trace de l'histoire dans le texte littéraire.

1.1. L'Histoire ou les travers d'un génocide relaté et/ou occulté

À l'instar de la colonisation et de l'exploitation des soldats Africains comme Tirailleurs sénégalais lors des guerres de libération françaises (Première et Deuxième Guerres Mondiales), évocation faite par Boubacar Boris Diop à travers le récit des affres desdits phénomènes dans *Thiaroye, Terre rouge*, l'esclavage relève assurément des tabous de l'Histoire contemporaine mondiale. Dans son ouvrage *Le Génocide voilé. Enquête historique*, Tidiane N'Diaye entre dans les méandres de l'Histoire africaine afin de confondre tous ceux qui soutiennent que « les Africains ignorent tout de leur histoire, fût-elle

---

7. Henri Mitterand, *Le Discours du roman*, Paris, PUF, 1980, p. 5.
8. Edmond Cros, *La Sociocritique*, Paris, L'Harmattan, 2003, p. 18.
9. Jacques Dubois, « Sociocritique », in Delcroix Maurice et Hallyn Ferdinand (dir.), *Introduction aux études littéraires. Méthodes du texte*, Paris : Duculot, 1987, p. 290.
10. Edmond Cros, *La Sociocritique*, op.cit., p. 14.
11. Ibid., p. 14.

écrite ou orale »[12]. De fait, la traite des hommes fut initiée et pratiquée par des Arabes sur le continent, bien avant le commerce triangulaire orchestré par les marchands européens. L'Afrique Noire fut d'abord, pour les explorateurs, le pays de l'or. Ainsi, pour se procurer ce précieux métal, les Arabes ont fait du Soudan, aux Vème et IXe siècles, une annexe commerciale du Maghreb et de l'Egypte, surtout pour contrôler les voies d'accès que les Almoravides, un ordre militaro-religieux, déclencheront dès 1042 une guerre sainte, qui se terminera par la destruction de Koumbi Saleh, la capitale de l'empire du Ghana, en 1076. Tidiane N'Diaye déclare :

> *Une traite négrière fut pour la première fois inventée et planifiée par les Arabes lorsque (l')émir et général Abdallah ben Saïd imposa aux Nubiens la livraison annuelle et forcée de centaines d'esclaves. La majorité des hommes objets de ce contrat était prélevée sur les populations du Darfour. Il faudra attendre que les Arabes se lassent de la Nubie, leur premier "réservoir" d'esclaves, pour qu'ils se lancent à l'assaut du reste du continent africain*[13].

Le Dernier survivant de la caravane ramène en effet le lecteur de Goyémidé jusqu'aux interstices de la grande Histoire des razzias qu'a connue l'ex Oubangui Chari devenue République Centrafricaine. Le roman offre une symétrie frappante entre temps de la narration et temps de l'Histoire qui oblige le préfacier J. D. Penel à affirmer que :

> *le récit du vieux Ngalandji correspond pleinement à l'histoire centrafricaine passée [car] sur le fond, son authenticité n'est pas discutable [...]. Historiquement, les heurts violents avec les esclavagistes venus du nord (les territoires actuels du Tchad et du Soudan) se déroulèrent bien antérieurement à la colonisation et eurent des effets non moins négatifs sur les pays*[14].

---

12. Kagni Alem Amemdjrodo, in *Culture Sud* n° 169, Paris, Vasti-Dumas, 2008, p. 37. Toutes les informations fournies dans cette sous-partie sont tirées de l'analyse de l'ouvrage *Le Génocide voilé. Enquête historique* de Tidiane N'Diaye, paru chez Gallimard en 2007.
13. Ibid., p. 37.
14. Jean Dominique Penel, préface du roman, op. cit., p. 2.

Au moment où Goyémidé publie son œuvre, un pan important de l'histoire centrafricaine commence à être abordée. La pertinence de l'information véhiculée dans le fragment supra positionne le texte examiné comme un témoignage vibrant des événements réels. D'ailleurs, à la 4ᵉ page de couverture du roman, on lit : « si encore aujourd'hui, le pays Banda demeure démographiquement déficitaire, c'est parce qu'il a été littéralement vidé de ses habitants à la suite des razzias esclavagistes qui décimèrent les populations de l'Oubangui, pendant toute la première moitié du XIXᵉ siècle ». Cependant, si le récit goyémidésien s'inscrit dans l'Histoire oubanguienne, il invoque en filigrane les premiers explorateurs européens de l'Afrique centrale tels que l'Allemand Schweinfurth. Le récit examiné s'abreuve aussi à la source des écrits de cet auteur atypique car « il a donné des estimations chiffrées du nombre de personnes enlevées annuellement et dont une grande partie mourrait sur les chemins de l'exil »[15]. Bien plus, cet explorateur « a mentionné les lieux de convoyage et leur durée, les prix pratiqués pour les transactions sur ce bétail humain, etc... »[16]. Force est donc d'affirmer, à la suite de Kagni Alem, qu'effectivement, les Africains connaissent le servage, mais en aucun cas ce phénomène ne peut être rapproché de la traite. Si on part du principe que le roman est avant tout un récit, force est d'admettre que « le romancier se place entre le lecteur et la réalité qu'il veut lui montrer et il l'interprète »[17]. Comment s'inscrit ladite réalité dans le texte goyémidésien si ce n'est à travers l'évocation du pays de Banda ?

1.2. Le pays Banda : un chronotope symboliquement chargé

Dans l'entendement de Bakhtine (1978), le chronotope renvoie à la combinatoire inaltérable entre espace et temps dans le récit, lequel apparaît « le seul art à être un art du temps et un art de l'espace »[18]. Le roman de Goyémidé n'échappe pas à ce postulat. Il se déroule au pays Banda, dont peut témoigner le voyageur inconnu tunisien Cheïck Mohamed el Tounsy en 1800. Les historiens ont reconstitué le temps passé ou les périodes les plus récentes de la ruée esclavagiste et ses conséquences. Ils soutiennent que :

---

15. Ibid., p. 3.
16. Jean Dominique Penel, préface du roman, op.cit., p. 3.
17. Roland Bourneuf et Réal Ouellet, *L'univers du roman* op.cit., p. 24.
18. Marie Eve Thérenty, *L'Analyse du roman*, Paris, Hachette, 2000, p. 43.

> *le territoire occupé par les Banda s'étendait plus au Nord jusqu'au Darfour Kordofan, mais à la suite de la recrudescence de la chasse aux esclaves et notamment à cause de l'établissement en 1830 de Djougoultoum, un lieu tenant du roi du Ouaddaï, dans le Dar el Kouti (nord de la RCA), il s'ensuivit un exode massif des populations*[19].

Dans la logique de démystification du temps historique référentiel qui campe le récit, des indices existent également. Les indicateurs de chronotopie permettent même de situer la période approximative à laquelle se déroulent les événements narrés. Pour le préfacier, « si les événements retracés par Étienne Goyémidé semblent être légèrement postérieurs à cette période 1830-1845, ils se situent néanmoins exactement dans le même contexte géographique et politique. Le récit de Ngalandji est conforme à la réalité historique telle qu'elle s'est imposée avec toute sa cruauté dans cette région de l'Afrique centrale »[20].

Le texte de l'auteur centrafricain oblige à reconsidérer les rapports entre le social, l'histoire, et le littéraire (l'esthétique), parce que « le social et le littéraire ne sont pas de deux ordres distincts. [...] Ils sont en rapport d'interaction dynamique »[21]. Le décryptage des traces de l'Histoire référentielle dévoile des pans entiers d'un passé centrafricain douloureux. En témoigne une des pratiques socioculturelles consistant, chez les Banda, à se venger violemment après des tortures subies. Penel affirme à ce sujet : « de même qu'il serre de près l'histoire, le récit rapporte fidèlement des pratiques sociales locales qu'il ne faudrait pas prendre pour des fictions imaginées par l'auteur »[22]. Toutefois, la fiction goyémidésienne ne saurait se définir comme une fresque historique stricto sensu, d'autant que « la production du sens, c'est tout à la fois le sens produit et le mode de production du sens »[23]. L'examen du phénotexte conforte ce postulat.

---

19. Jean Dominique Penel, Préface du roman, op.cit., p. 4.
20. Ibid., op.cit., p. 4.
21. Jacques Dubois, « Sociocritique »,op.cit., p. 290.
22. Étienne Goyémidé, *Le dernier survivant de la caravane*, op.cit., p. 4.
23. Henri Mitterand, *Le discours du roman*, op.cit., p. 227.

2. Le phénotexte ou l'esthétisation de la barbarie esclavagiste

L'approche phénotextuelle renvoie au texte imprimé, conçu comme une des réalisations possibles de la langue. Autrement dit, l'examen du phénotexte invite à « s'interroger sur la façon dont une série verbale, textuelle, signifie les séries non verbales et en construit le modèle »[24]. Le trait caractéristique de la narration chez Goyémidé est la polyphonie langagière. L'une de ses déclinaisons est l'intergénéricité.

2.1. L'intergénéricité : un foisonnement de genres

L'intergénéricité étudie « les processus de production de sens provoqués par l'union ou l'affrontement de deux ou plusieurs genres, par l'entremise de stratégies diverses »[25]. Elle laisse ainsi penser à une œuvre baroque dont on sait qu'« elle réagit contre l'idée d'un modèle générique »[25]. Le phénomène de l'hybridation saisi comme « la combinaison de traits génériques hétérogènes dans une même œuvre »[27], transparaît à travers l'inscription dans le roman de genres de l'oralité.

« L'oralité caractérise une situation sociale dans laquelle la communication orale est privilégiée »[28]. L'ensemble de la fiction souscrit à cette vision de l'oralité car se déclinant sous la forme d'un long conte relaté par le vieux Ngalandji. Témoin de la mort humiliante de plusieurs membres de sa famille, ce personnage incarne la mémoire du clan de Létrogo. Son long conte s'amorce à la page 23 et ne s'estompe qu'à la page 127. Le narrateur sert de médiateur dans son récit et passe le témoin à Ngala. Les formules ouvroirs qu'utilise ce dernier replongent le lecteur dans un univers bucolique autour du feu : « ce soir-là donc, l'énigmatique Ngala était des nôtres »[29] ; Ouvert de façon spéciale, ledit conte s'achève, comme commencé, par la médiation d'un

24. Ibid., p. 24.

25. Arsène Blé Kain, Blé Kain, Arsène, « De l'intergénéricité et de l'interartiarité dans *Lumière de pointe-Noire* d'Alain Mabanckou ou le roman N'zassa en question », in *Nouvelle Revue d'esthétique*, vol. 1, n° 17, 2016, p. 78.

26. J. Semujanga, « De l'intergénéricité comme forme de baroque dans le roman de Sony Labou Tansi », in Jean Cléo Godin (dir.), *Nouvelles écritures francophones*, 2018, p. 203.

27. François Harvey, *Alain Robbe-Grillet : le nouveau roman composite. Intergénéricité et intermédialité*, Paris : L'Harmattan, 2011, p. 128.

28. Jean Cauvin, *Comprendre la parole traditionnelle*, Saint-Paul, Issy les Moulineaux, 1980, p. 15.

29. Étienne Goyémidé, *Le dernier survivant de la caravane*, op.cit., p. 23.

narrateur omniscient : « le vieux Ngalandji [...] venait de terminer le récit de cette caravane dont il était le dernier survivant »[30].

Dans le roman disséqué, les contes et légendes qui rythment le récit de Ngalandji sont entrecoupés de proverbes et d'adages. Ces formes sapientiales, qui s'enracinent dans la culture africaine, visent à traduire l'idée que « le plus fort n'est jamais assez fort pour être toujours le maître, s'il ne transforme sa force en droit et l'obéissance en devoir »[31]. Toutes les petites histoires qui jonchent la narration lui confèrent l'allure d'un récit enchâssé et digressif. Il s'agit pour le narrateur de montrer que les plus faibles, ici, les esclaves[32], développent toujours des stratégies porteuses dans l'optique de se libérer de l'hydre esclavagiste qui les enserre. Genre oral et genre écrit co-agissent ainsi grâce à la symbolique des métaphores. On peut évoquer le micro-conte :

• D'Ebérékeu, la vieille veuve, qui tue le puissant sorcier Lassou en s'armant d'un matériel dérisoire, aidée par des forces occultes ou l'intrusion dans le conte du fantastique, un autre genre ;
• Le roitelet qui tue l'éléphant qui le négligeait pourtant ;
• Un proverbe : « le lion qui a la dysenterie est bien obligé de faire comme n'importe quelle biche souffrant de la même maladie » ;
• Le lézard qui défie le lion lors d'une partie de chasse bien que le lézard, à l'instar d'Ebérékeu, ait recours au merveilleux pour relever son défi ;
• La légende du crapaud roi et de sa famille qui se font dévorer par les serpents, leurs éternels serviteurs ;

S'agissant de la narration, son point d'orgue est l'alternance entre rétrospections et prospections. Alors que le récit premier est en cours, le narrateur se rappelle avoir surpris un jour une conversation de ses parents prédisant un malheur imminent. Pour évoquer cet épisode du récit, il a recours à une prospection pour évoquer cet épisode du récit : « [...] Les trois notables parlaient d'un très grand malheur qu'allait connaître le village visiblement [...]

30. Ibid., p. 127.
31. Jean-Jacques Rousseau, *Du Contrat social ou Principes du droit politique*, Paris : UGE, 1963, p. 273.
32. On pense ici à Harriet Tubman aux Etats-Unis (1821 ou 1922 'date précise inconnue' - 10 mars 1913). Militante en faveur de l'abolition de l'esclavage afro-américain, ses actions permirent l'évasion de nombreux esclaves et lui valurent le surnom de Moïse noire, Grand-mère Moïse, on encore Moïse du peuple noir.
33. Étienne Goyémidé, *Le dernier survivant de la caravane*, op.cit., p. 37.

Les trois notables étaient visiblement inquiets, d'autant plus qu'ils sentaient venir quelque chose qu'ils ne pouvaient ni apprivoiser, ni juguler »[34]. Cette prospection a valeur de prémonition, en tant qu'elle établit une connexion entre le passé et le futur. Elle cristallise un message d'espoir dans la vie d'un esclave à l'article de la mort. Dans l'un des nombreux discours qui ponctuent le récit de Ngalandji, la Doyenne du village et épouse de Djawéra dessine le tracé d'une nouvelle espérance sur les pistes escarpées de la torture esclavagiste. Elle adresse un discours d'adieu à ses confrères en captivité. Au plus fort de la souffrance, elle leur prédit un avenir radieux sur un ton emphatique : « Koyapalo et tous ici rassemblés, [...] Il y en aura un, rien qu'un seul, pour conter son histoire aux générations futures »[35]. Cette prédiction révèle la foi de la Doyenne en un miracle qui changera le visage de l'esclavage. La suite du récit lui donne raison, puisque le vieux Ngalandji devient celui auquel elle et le Chef Koyapalo faisaient allusion.

Insérées dans le texte écrit, les énoncés lapidaires et autres variantes du genre oral polarisent une même visée : augurer la victoire finale des esclaves sur leurs maîtres lors du combat relaté au chapitre intitulé « le combat final ». En effet, la victoire du Chef Goyapalo, moins armé et de surcroît blessé et châtré, sur le chef des esclavagistes, plus armé que lui, traduit l'idée qu'à un moment de l'Histoire, ainsi que le soutiennent les Mânes et le Chef Banda, les esclaves ont bénéficié d'un adjuvant de poids afin de mettre un terme à la pratique de l'esclavage. Bien plus, les esclaves ne sont presque jamais déconnectés de leur culture, restant ainsi soudés face à l'ogre esclavagiste, comme le révèle le décryptage du phénomène de l'interartiarité.

2.2. Interartiarité et ancrage inter-générique

Pour l'essayiste Walter Moser, « l'interartialité [...] réfère à l'ensemble des interactions possibles entre les arts que la tradition occidentale a distingués et différenciés »[36]. Ce phénomène dialogique procède de la reconstruction des interactions entre arts et procédés artistiques. Dans le texte, deux formes d'art contribuent au renforcement de la dynamique diégétique qui sous-tend le récit du vieux Ngalangji : la musique et la danse.

---

34. Ibid., p. 60.

35. Ibid., p. 44.

36. Walter Moser, « L'Interartialité : pour une archéologie de l'intermédialité », Marion Froger et Jurgen Ernst Müller (dir.), *Intermédialité et socialité : histoire et géographie d'un concept*, vol. 14, Münster, Nodus Publikationen, 2007, p. 70..

Ressortissant au ludisme, la danse rythme l'ambiance festive au village, le soir, autour du feu, plus souvent pendant les vacances. En insérant cet art à l'entame du récit, Goyémidé souligne l'accalmie dans laquelle baignaient les peuples Ippy et Létrogo avant l'avènement de l'esclavage. La perte de ces valeurs traditionnelles identitaires arrache au narrateur omniscient cette pointe de nostalgie : « nous dansions, nous étions décidés à danser toute la nuit, s'il le fallait. Nous savions que nos parents nous laisseraient en paix, puisque c'était les vacances »[37]. De même, lorsque le vieux Ngalandji, dernier survivant de la caravane, esquisse quelques pas de danse devant ses confrères, il anticipe sur la joie qui caractérise la fin de son histoire marquée par la victoire des esclaves sur leurs bourreaux. Le destinateur raconte : « Ngalandji s'était levé et s'était mis à danser [...]. Voir Ngala danser ! De mémoire d'homme mûr pareil événement ne s'était pas produit dans le village »[38]. La joie de Ngala métaphorise le triomphe d'un équilibre retrouvé après les affres de l'esclavage génocidaire. Témoin oculaire de l'humiliation de son peuple, Ngalandji le rétablit dans son honneur en relatant à la jeunesse les aboutissants d'une épreuve farouchement remportée par leurs ancêtres. Il recolle ainsi à la tradition de danse et de chant qui définissait son village avant le grand massacre esclavagiste.

S'agissant du chant, il n'est pas sans rappeler l'historicité du *blues* dans les plantations américaines lors du commerce triangulaire. Il offre diverses déclinaisons et valeurs au lecteur. Plus souvent, il se déploie dans un contexte d'horreur, notamment après la montée de la violence perpétrée sur le village par ses ennemis esclavagistes, ironiquement désignés par les périphrases « diables cuivrés » ou « fantômes noirs ». Le climat de désolation dans lequel baigne le village pousse le vieux Djawéra à entonner un chant d'exhortation. Celui-ci se veut un véritable hymne à la bravoure et à la défiance, lorsqu'on sait que Djawéra, alors même que coule le sang des siens, prêche le courage en chantant de plus belle au moment où les esclavagistes le rouent de coups. Le narrateur auto-homodiégétique affirme que le vieil homme « voulait relever à sa manière le défi de nos envahisseurs »[39]. Le chant devient pour son peuple et lui, la seule arme efficace disponible face à la lâcheté du ravisseur. Le chant de désolation et d'exhortation entraîne l'artiste à se constituer martyr. Il convie la jeunesse à persévérer dans l'effort et à envisager une réaction

---

37. Étienne Goyémidé, *Le dernier survivant de la caravane*, op. cit., p. 23.
38. Ibid., p. 43.
39. Ibid., p. 34.

alternative telle que la vengeance. Au surplus, le chant a vocation à honorer la mémoire des défunts. Il se déroule de la sorte : « Gardez vos mains propres/ Gardez-vous de répandre sur elles les larmes et le sang de l'innocence/Les larmes et le sang de l'innocence engendrent et nourrissent la juste et inévitable vengeance/ Gardez-vous, mes chers enfants d'être les guerriers des ténèbres, / Soyez comme vos ancêtres, les guerriers du soleil radieux »[40].

En convoquant la figure de la comparaison, à travers l'usage du comparant « comme », Djawéra invite les jeunes au stoïcisme. Il les convie à imiter leurs ancêtres valeureux dans la lutte pour l'honneur du village. La preuve en est qu'il chante de plus belle en faisant fi des nombreux coups des esclavagistes qui lui lacèrent la peau. Le narrateur le confirme en avouant au sujet de Djawéra que « sa chanson s'enrichissait de couplets nouveaux. Ce débris humain était stoïque et intarissable. Fatigués, les fouetteurs s'arrêtèrent »[41]. L'ironie que charrie ce fragment procède de ce que, grâce au chant, l'artiste parvient à relever un hypothétique défi : celui d'épuiser ses bourreaux alors qu'en réalité, c'est lui qui endure leur violence. D'ailleurs, Djawéra mourra en chantant, rejoignant ainsi honorablement « ses parents, ses amis et les ennemis qu'il avait tués en combats loyaux »[42].

Lorsque dans la diégèse, il s'accompagne de la prolepse, le chant a vocation à entretenir une note d'espoir. Il traduit également la certitude, si l'on s'en tient au temps verbal du futur qui le charrie. En utilisant cet art, Koyapalo donne à son peuple la garantie d'une résurrection imminente après les horreurs perpétrées par les esclavagistes. Dans un discours empreint d'itération, il affirme aux siens : « je vous dis que nous ne mourrons pas tous. Il en restera un, rien qu'un seul, qui racontera à la terre, à la lune…Il en restera un, rien qu'un seul, qui racontera du haut de la montagne l'histoire de la caravane »[43]. La répétition visible dans l'expression « il en restera un, rien qu'un seul », renforce l'état de certitude qui anime le valeureux Chef au moment où son peuple est au plus mal face à la vague esclavagiste. Le Chef Koyapalo passe un message intrinsèque qui positionne le texte goyomidésien comme « un discours sur le monde »[44].

---

40. Ibid., p. 35.
41. Ibid., p. 35.
42. Ibid., p. 35.
43. Ibid., pp. 40-41.
44. Henri Mitterand, *Le discours du roman*, op. cit., p. 5.

3. Le roman : un discours sur le monde

Le romancier postule toujours l'avènement d'un monde neuf par la puissance de son écrit. La langue qu'il utilise et le déploiement de ses mots renforcent la vision innovante qu'il a du monde. En cela, écrire, c'est désorganiser le monde pour tenter de le reconstruire en le représentant autrement[45]. L'implicite qui réside dans ce propos est que le monde raconté s'articule sous la forme d'une imposture existentielle qui obère l'éclosion d'un monde utopique, plus propice à l'épanouissement de l'Homme. Autant le dire, l'esclavage a aliéné ses victimes ; mais la littérature travaille pour rétablir les colonisés dans leurs droits, en dessinant le tracé d'un monde plus gai pour tous. Quatre ressorts sous-tendent la vision goyomidésienne, à savoir : l'exorcisation de la violence esclavagiste ; la banalisation des droits humains : le plaidoyer pour une éventuelle réparation et l'appel à l'humanisme.

3.1. L'exorcisation de la violence esclavagiste

Évoquer, en 1985[46], les événements relatifs à l'esclavage du début du XIXᵉ siècle, revient à proposer des pistes de conjuration du malheur qui hante à ce jour la mémoire collective. Exorciser revient alors à diagnostiquer le mal qui mine la cité des hommes, afin de lui opposer une thérapeutique idoine. En tant que mal social, le phénomène de l'esclavage se décline à travers diverses modalités :

La barbarie[47]. Elle se voit par exemple lorsque le narrateur portraiture les esclavagistes. Épris de violence, ces derniers sont sans cœur. Ils prennent du plaisir à tuer. Dans un style asyndète, le narrateur déplore l'escalade de l'horreur dans laquelle les ravisseurs plongent le village : « on avait atteint les tréfonds de l'horreur avec cette décapitation de mon oncle. L'éclatement de cette tête de bébé, et toutes ces vieilles personnes soumises à la flagellation »[48].

Le musellement des villageois et les privations diverses. L'être humain, en principe, est un sujet né libre. Mais avec l'avènement de l'esclavage, il est

---

45. Roland Barthes, *Critique et vérité*, Paris, Seuil, 1966, p. 33.
46. Date de publication du roman de Goyomidé
47. Nous soulignons.
48. Étienne Goyémidé, *Le dernier survivant de la caravane*, op.cit., p. 32.

réduit à sa plus simple expression. Soumis à la violence, il est exposé à la mort pour peu qu'il se révolte contre un système qui le réifie. Le musellement des villageois transparaît dans les traitements pour le moins inhumains que leur imposent les esclavagistes. Le destinateur en témoigne :

> *Tous les hommes et les jeunes gens de sexe masculin eurent les mains solidement liées dans le dos. Puis, chaque groupe de trois fut placé entre deux bâtons posés sur les épaules ; très près du cou, l'intervalle entre deux individus n'excédant pas un mètre. Ce dispositif diabolique permettait juste de respirer ou de tousser, mais non de tourner la tête à gauche, à droite ou en arrière. L'impitoyable carcan de l'esclavage venait de nous priver de la liberté jusque dans ses formes et ses manifestations les plus élémentaires. Les femmes qui n'avaient pas de bébé eurent les mains attachées devant elles*[49].

Le musellement des esclaves se voit, par ailleurs, dans la réaction commune mais non concertée des villageois. Ils optent pour le silence, comme pour prendre du recul et développer, plus tard, des stratégies opportunes afin d'infléchir le cours de l'histoire. Le narrateur relève qu'« on nous fouettait encore mais ne sentions plus rien [...]. Tous les humains de notre village, parqués sur cette grande place, abandonnaient leur corps à la souffrance sans pousser le moindre gémissement. [...] Le silence librement consenti était de rigueur chez les "esclaves" »[50]. Le musellement des villageois articule un plaidoyer en vue d'une éventuelle réparation. Autant y voir un plaidoyer pour le respect des droits de l'homme.

3.2. Un plaidoyer pour le respect des droits humains

Le roman, pour Michel Butor, « est une forme particulière qui dépasse considérablement le domaine de la littérature, il est un des constituants essentiels de notre compréhension de la réalité »[51]. Le romancier, dans cette optique, est un facilitateur qui travaille à faire mieux comprendre la réalité de la vie sociopolitique. Son plaidoyer devient un impératif catégorique dans le sens de la postulation d'une éventuelle réparation. Au plan culturo-éthique,

---

49. Étienne Goyémidé, *Le dernier survivant de la caravane*, op. cit., pp. 37-38.
50. Ibid., p. 44.
51. Michel Butor, *Essais sur le roman*, Paris, Gallimard, 1978, p. 7.

l'homme africain manifeste un profond respect pour sa culture et voue un culte à ses morts. Birago Diop affirme d'ailleurs que « les morts ne sont pas morts »[52]. Mais l'avènement de l'esclavage bouscule les principes de vie et banalise ce précepte culturel qui a pourtant force de loi. Les cadavres de villageois assassinés sont vilipendés et abandonnés à la charogne. Alors que la caravane chemine inexorablement vers l'inconnu, une vieille femme décède. La tradition africaine aurait recommandé qu'on l'enterrât dignement. Mais les esclavagistes vilipendent la dignité des humains et banalisent les droits de l'Homme à la dignité. Le narrateur affirme : « ils [les esclavagistes] n'eurent aucun regret à s'en débarrasser, ils sortirent son corps du carcan, et l'abandonnèrent sur le bord du ruisseau, la face dans la boue »[53]. Les expressions « aucun regret » et « face dans la boue », puis, les verbes « débarrasser et abandonnèrent », traduisent le mépris qu'ont les esclavagistes pour la vie des autres.

De même, le droit à la santé des esclaves se trouve hypothéqué lorsque Poumédé, la jeune épouse enceinte de Kongbo, présente des signes d'inconscience dans une position où le carcan oblige ses deux vieilles compagnes de misère à s'étendre à même le sol pour essayer de la soulager. Les fouets à quatre branches terminées des boulettes de plomb entrent en action. L'idéal aurait voulu qu'on marque un temps d'arrêt pour permettre à la jeune femme de reprendre ses forces et récupérer de ses efforts surhumains. Mais aucune assistance ne lui est portée, au point qu'elle trépasse. Le fragment qui suit illustre tout le dépit du narrateur : « j'éclatai en sanglots en voyant ma belle-sœur étendue sans vie, abandonnés dans cette vaste plaine à la merci des chacals et des charognards. Était-elle réellement morte ? J'étais persuadé qu'elle n'était qu'évanouie, et qu'il aurait suffi de quelques soins pour la remettre d'aplomb. Mais voilà qu'on l'abandonnait froidement, la condamnant ainsi à mourir dans d'effroyables conditions »[54].

Durant le voyage de la caravane, le droit des humains à une nutrition décente est confisqué par les esclavagistes. Tout au long du trajet, seuls des « fruits secs et sucrés » sont distribués aux esclaves alors même que ceux-ci ne peuvent les consommer, car pris au piège de carcans. Le narrateur-dieu affirme : « nos mains solidement liées dans le dos ne pouvaient franchir l'obstacle du

52. Birago Diop, « Souffle » in *Leurres et lueurs*, Paris : Présence Africaine, 1948, p. 14.
53. Étienne Goyémidé, *Le dernier survivant de la caravane*, op. cit., p. 45.
54. Ibid., p. 76.

carcan, pour parvenir à notre bouche [...] Les hommes refusèrent leur part et la donnèrent aux femmes pour les enfants »[55]. Face à une telle flambée d'horreur et de mépris pour la vie, le texte de Goyémidé s'exhibe à la fois comme une sublimation de l'humanisme et une postulation du vivre ensemble.

3.3. Entre appel à l'humanisme et postulation du vivre ensemble

L'humanisme est un mouvement culturel et artistique européen de la Renaissance qui i en l'Homme. A travers lui, on fonde une confiance dans la nature humaine parce qu'on entend rendre l'humanité meilleure. L'humaniste cherche à acquérir la sagesse grâce à ses connaissances et à sa curiosité. Au plan politique, les humanistes sont des pacifistes dont l'intention est de construire une société idéale, à l'instar d'Erasme, De Montaigne, de Rabelais ou encore de Moore[56]. En clair, l'humanisme se révèle « une éthique de confiance en la nature humaine. Orienté à la fois vers l'étude et la vie, il prescrit pour but et pour règle, à l'individu comme à la société, de tendre sans cesse vers une existence plus haute. [...] Ainsi conçu, il exige un immense effort de culture ; il suppose une science de l'homme et du monde ; il fonde une morale et un droit ; et aboutit à une politique »[57].

En relisant la trame goyémidésienne, construite autour de l'esclavage intercontinental, force est de rappeler et d'établir qu'entre Africains, la recherche effrénée du profit a plongé le continent tout entier dans une grave crise humanitaire qui a vivement hypothéqué le vivre ensemble entre frères d'un seul et même continent. Vivre ensemble, « c'est promouvoir des valeurs, développer la solidarité, réorganiser notre vie commune sur la terre, former à la citoyenneté, prévenir les conflits, respecter les cultures, les religions, renforcer la volonté des individus à être des acteurs, apprendre à chacun à reconnaître en l'Autre la même liberté que soi-même »[58]. Dans le roman, les esclavagistes

---

55. Ibid., p. 52.

56. Lu URL : https://www.etudes-litteraires.com/figures-de-style/humanisme.php Consulté le 11 juin 2021. Voir aussi Erasme, *De l'éducation des enfants* (1529) ; Éloge de la folie, [trad. P. Mesnard], Paris, Vrin, 1509 ; Michel de Montaigne, « De l'institution des enfants », *Essais*, I, 26 ; Rabelais, « L'Abbaye de Thélène », *Gargantua*, chap. 57, (1534) et Thomas Moore, *L'Utopie*, 1560.

57. Albert Renaudet, « Humanisme », in *Dictionnaire des Lettres françaises, XVIe siècle*, sous la direction de Mgr Grente, Paris, Fayard, 1951, p. 227.

58. Cathérine Rouhier, *Compétences psychosociales-catalogue des outils de prévention*, Paris, Ireps, 2015, p. 34..

n'accordent aucun crédit aux relations interhumaines, pas plus qu'ils n'ava-lisent la liberté des peuples à disposer d'eux-mêmes. Le texte goyémidésien s'appréhende alors comme un vif réquisitoire adressé aux communautés esclavagistes qui se sont relayées sur les côtes africaines. Le romancier centra-fricain pointe ainsi son dard contre une pratique odieuse qui a négativement modifié le cours de l'Histoire. Le roman s'exhibe ainsi comme un devoir de mémoire à l'adresse de toutes les familles dont les membres furent à jamais disloqués.

En établissant donc Ngalandji comme dernier survivant de la caravane, Goyémidé l'érige en griot. Sa mission est de pérenniser la mémoire en la racontant aux jeunes générations. Il s'agit pour la jeunesse de prendre le té-moin afin de se définir comme des artisans du vivre ensemble en vue de bâtir une cité nouvelle. En établissant Ngalandji dans son rôle, le démiurge confère à l'Histoire son immortalité tant qu'elle n'a pas rendu son irrévocable verdict. Les esclavagistes qui ont décimé des centaines et milliers d'hommes appar-tiennent à une race de coupables dont le jugement est effectué par contumace devant les tribunaux de l'Histoire. Voilà pourquoi le récit de Goyémidé s'offre comme un appel à un nouvel humanisme. En tant que tel, « il commande à l'homme un effort constant pour réaliser en lui le type idéal de l'homme, à la société un effort constant pour réaliser la perfection des rapports humains »[59].

L'humanisme sublime des valeurs nouvelles fondées sur la recherche de la vertu. Il s'agit pour les victimes d'hier d'entonner l'hymne de la réconciliation bâti autour des idéaux de paix, afin que les atrocités nées de la barbarie escla-vagiste ne soient plus dupliquées. Cette pratique a malheureusement encore pignon sur rue dans certains pays comme le relève Ali Chibani relisant Malek Chebel : « l'auteur témoigne de la survivance de l'esclavage dans les pays qu'il a visités pour son enquête, comme l'Inde et la Mauritanie. C'est pour vaincre ces survivances que Malek Chebel a jugé bon de conclure sur une lettre adressée aux souverains des pays musulmans »[60]. Le sens de la mort du chef des esclavagistes est, à cet égard, significatif. Elle marque la fin d'une es-calade de haine et de violence, et le triomphe du bon sens sur l'irraison. Elle signifie davantage la fin d'une pratique violente qui a semé partout en pays Banda, désolation, mort et grincements de dents.

---

59. Albert Renaudet, « Humanisme », op. cit., p. 234.
60. Étienne Goyémidé, *Le dernier survivant de la caravane*, op.cit., p. 38.

Le nouvel humanisme qu'appelle l'écrivain de tous ses vœux, n'a cependant rien à voir avec l'oubli, parce que l'Histoire n'a pas définitivement réparé ses torts et ses travers. Le narrateur le relève en précisant que les survivants construisent un village nouveau « sur la haute berge de la rivière Kaada »[61]. Cette transhumance forcée instaure une nouvelle conception de la vie. Après le malheur subi au confluent des rivières Kossio et Yingou, à Banda, la première mission des villageois est de conjurer la douleur. Le narrateur la dit profonde, en nuançant ainsi ses propos : « mais il nous était difficile d'oublier ceux qui étaient morts dans notre lutte contre l'esclavage »[62]. Le nouvel humanisme dont les contours sont dessinés dans le texte se révèle en définitive une manière neuve de concevoir le monde afin que les humains y retrouvent le fumet de leur culture nationale déstabilisé par l'esclavage. Dans le roman, les morts ont à nouveau valeur et considération aux yeux des vivants, lesquels leur rendent leur poids d'antan. Le destinateur le déclare : « depuis lors, tous les ans, un groupe de jeunes gens s'est chargé de refaire ce chemin de la souffrance, pour déposer sur leur tombe une offrande »[63].

Conclusion

En somme, le rapport entre l'intergénéricité et l'interartiarité renforce et conforte la dynamique des stratégies diégétiques de la barbarie esclavagiste à l'œuvre dans *Le Dernier survivant de la caravane*. Ce roman apparaît alors sous la forme d'une fresque culturelle, une sorte de griotisme, dont la visée est de replonger les générations présentes et futures dans les méandres de l'histoire dramatique de l'esclavage interafricain. Il s'agit de la réécriture des affres d'une violence humaine appréhendée comme une flambée de haine dirigée par l'homme contre l'homme. Étienne Goyémidé en fait un plaidoyer, un réquisitoire, autant qu'un devoir de mémoire, en vue de dessiner les asymptotes d'un partenariat plus fécond entre l'Afrique et les divers continents ayant accueilli ses enfants esclavagisés par les soins d'un capitalisme à la fois outrageant et envahissant. En choisissant par exemple de revenir en Afrique[64], les arrières petits-enfants des fils et filles d'Afrique très tôt déportés, attestent de l'urgence à nouer de nouveaux partenariats avec les

---

61. Ibid., p. 127.
62. Ibid., p. 127.
63. Ibid., p. 127.
64. À Ouidah au Bénin, Bimbia au Cameroun ou encore Cape Coast au Ghana

Afro-descendants. Il s'agit pour eux d'entonner l'hymne des retrouvailles, en faisant le chemin inverse, cette fois-ci de l'Europe et des Amériques, vers l'Afrique. Il s'agit, en définitive, de postuler que l'Histoire peut parfois de se reproduire, mais en sens inverse, afin de conjurer toute prédiction fataliste qui la confine dans les chemins de l'oubli.

Pierre Suzanne EYENGA ONANA, Ph.D

Bibliographie

ALEM ALEMDJRODO, Kangni, « N'Diaye, Tidiane, *Le Génocide voilé. Enquête historique* », *Notre Librairie/Culture Sud*, n° 169, Paris, CultureFrance, 2007, p. 37.

BAKHTINE, Mikhaïl, E*sthétique et théorie du roman*, Paris, Gallimard, 1978.

BARTHES, Roland, *Critique et vérité*, Paris, Seuil, 1966.

BLE KAIN, Arsène, « De l'intergénéricité et de l'interartiarité dans *Lumière de pointe-Noire* d'Alain Mabanckou ou le roman N'zassa en question », *Nouvelle Revue d'esthétique* vol. 1, n° 17, 2016, pp. 77-87.

BOURNEUF, Roland, OUELLET, Réal, *L'univers du roman*, Paris, PUF, 1972.

BUTOR, Michel, *Essais sur le roman*, Paris, Gallimard, 1978.

CAUVIN, Jean, *Comprendre la parole traditionnelle*, Saint-Paul, Issy les Moulineaux, 1980.

CHIBANI, Ali, « Malek Chebel, L'esclavage en Terre d'Islam », *Notre Librairie/Culture Sud* n° 169, Paris, CultureFrance, 2008, p. 38.

CROS, Edmond, *La Sociocritique*, Paris, L'Harmattan, 2003.

DILI PALAÏ, Clément, « L'Esthétique de la parole dans *Le Sorcier signe et persiste* de Camille Nkoa Atenga », *Revue Lectures* 3, Yaoundé, PUY, 2005, pp. 233-248.

DUBOIS, Jacques, « Sociocritique », DELCROIX Maurice et HALLYN Ferdinand (dir.), *Introduction aux études littéraires. Méthodes du texte*, Paris, Duculot, 1987, pp. 290-298.

GOYÉMIDÉ, Étienne, *Le Dernier survivant de la caravane*, Paris, Hatier, 1985.

HARVEY, François, *Alain Robbe-Grillet : le nouveau roman composite. Intergénéricité et intermédialité*, Paris, L'Harmattan, 2011.

MBANGA, Anatole, « Proposition pour une méthode d'analyse des textes littéraires francophones », *Imaginaires francophones* n° 23, 1995, pp. 421-430.

MITTERAND, Henri, *Le Discours du roman*, Paris, PUF, 1980.

MOSER, Walter, « L'Interartialité : pour une archéologie de l'intermédialité », FROGER, Marion, MÜLLER, Jurgen Ernst (dir.), *Intermédialité et socialité : histoire et géographie d'un concept* vol. 14, Münster, Nodus Publikationen, 2007, pp. 62-92.

N'DIAYE, Tidjane, « La traite négrière arabo-musulmane », *Notre Librairie/Culture Sud* n°169, Paris, CultureFrance, 2008, pp. 31-36.

PARAIN, Brice, *Recherches sur la nature et les fonctions du langage*, Paris, Gallimard, 1942.

ROUHIER, Catherine, *Compétences psychosociales-catalogue des outils de prévention*, Paris, Ireps, 2015.

ROUSSEAU, Jean-Jacques, *Du Contrat social ou Principes du droit politique*, Paris, Union Générale d'Éditions, 1963 [1762], pp. 1-198.

SEMUJANGA, Josias, « De l'intergénéricité comme forme de baroque dans le roman de Sony Labou Tansi », CLÉO GODIN Jean (dir.), *Nouvelles Écritures Francophones*, 2018, pp. 202-215.

THERENTY, Marie Eve, *L'Analyse du roman*, Paris, Hachette, 2000.

Pour citer cet article :

Pierre Suzanne EYENGA ONNANA, « Des stratégies diégétiques de la barbarie esclavagiste dans *Le Dernier survivant de la caravane* d'Étienne Goyémidé », *Revue Legs et Littérature* n° 17, vol. 2, 2021, pp. 269-290.

• Deuxième partie

Entretien

« L'Afrique est mon radeau ».
Entretien avec Théo Ananissoh au sujet d'À *feu nu*

Théo Ananissoh est né en 1962 à Bambari, en République Centra-fricaine, de parents togolais. Détenteur d'un doctorat en littérature générale et comparée à l'université de Paris 3 – Sorbonne nouvelle, il est l'auteur d'une demi-douzaine de romans dont cinq sont publiés aux éditions Gallimard, dans la collection « Continents noirs ».

Legs et Littérature (L&L) : *Vous avez publié en mai 2020, aux Éditions Awoudy du Togo, un court mais dense essai intitulé* À feu nu. *Un titre très poétique qui nous fait penser à Prométhée. Dites-nous un peu plus sur les profondeurs et les motivations pour un tel titre ?*

Théo Ananissoh (TA) : C'est un recueil de cinq essais publiés dans un journal togolais en ligne – letempstg.com – au fil de ces dernières années. C'est dire que ce sont des écrits com-mandés en quelque sorte par l'actualité socio-politique du Togo. Des textes qui réagissent à ce qui se passe ou advient dans le pays. Ma plume voudrait, dans ces essais, être comme brûlante. Un feu nu, c'est un feu dont les flammes sont à l'air libre comme par exemple la flamme d'une bougie ou d'un briquet. Disons que, dans ces essais, je ne prends pas de gants. Ce ne sont pas des pamphlets, pas du tout, mais le feu est cru et visible.

L&L : *C'est quand même un gros risque que de publier au Togo après sept romans édités majoritairement en France. Quel sens porte cette soudaine volonté de publier au Togo ? Est-ce une déclaration d'amour ? ?*

TA : Quand on écrit, on se situe de facto dans un milieu ou un contexte culturel donné. On doit être de quelque part quand on écrit et publie des œuvres littéraires. Je ne crois pas au « sans-frontiérisme » – ce qui ne veut pas dire qu'on est enfermé dans des frontières géographiques et culturelles. Je passe ma vie à lire des œuvres de toutes sortes d'origine. Mais on doit être basé. On doit avoir son humanité de base, les siens. Dans mon troisième roman, *Ténèbres à midi* (2010), un personnage énonçait cette idée que je suis en train de vous donner ici comme réponse. Donc, publier au Togo, après cinq romans édités en France et deux autres en Tunisie, n'est pas du tout « un gros risque » pour reprendre votre expression mais au contraire une cohérence retrouvée. Enfin, je suis de retour chez moi ! Le Togo est l'unique endroit sur Terre où je serai toujours intéressant et significatif. Si ! Que ce soit par le contenu de mes ouvrages ou par le fait d'être simplement un des auteurs de ce pays. Et j'ai pu vérifier cela lors d'une tournée que j'ai faite avec l'éditeur Awoudy à travers le Togo en décembre 2020 pour présenter *À feu nu*. Jamais on ne m'a lu et questionné autant qu'à l'occasion de cette tournée ! J'étais très heureux parce que partout, on avait lu *À feu nu* et on m'attendait avec des questions précises et parfois des contre-arguments. J'avais devant moi des gens qui commentaient un ouvrage dans lequel ils lisaient leur propre vie. Nous parlions de nous, eux et moi. C'est extrêmement délicieux. Ce n'est pas le cas quand je présente mes livres ailleurs dans le monde. Et désormais, cela me fatigue.

> *« Je ne crois pas au sans-frontiérisme »*

L&L : *Comment s'est donc fait le contact avec les Éditions Awoudy ? Avez-vous souvenance de votre première rencontre avec l'éditeur ?*

TA : J'ai connu les éditions Awoudy – Mawusé Heka, son fondateur et directeur – assez tôt, je pense en 2010 ou un peu après. Il m'a tout de suite proposé l'idée d'une publication collective, un recueil de nouvelles qui rassemblerait les principaux auteurs togolais. Je lui ai donné mon accord de principe. C'était sincère. J'appréciais l'effort de création d'une maison d'édition au Togo. Quand j'étais au lycée puis à l'université à Lomé, ça n'existait pas. Or, déjà, je rêvais de devenir écrivain. Donc, je voyais et appréciais dans l'unique pièce qu'occupait alors Awoudy le progrès que signifiait l'existence même embryonnaire d'une maison d'édition à Lomé. Ça ne s'est pas fait, ce projet d'ouvrage collectif. Au fond, tant mieux, il fallait, chacun de son côté, nous renforcer, nous améliorer avant de mieux nous retrouver. En 2010, j'en étais à mon troisième roman chez Gallimard. En 2020, quatre autres livres publiés plus tard, je suis plus sûr de moi et peut-être mieux connu pour publier carrément un ouvrage avec Awoudy. Comprenez-moi bien : édité cinq fois chez Gallimard, je suis assez tranquille et confiant en moi-même pour que cela soit évident que le fait de publier chez Awoudy est un acte éthique et je dirais patriote. Je m'occupe d'une collection – « Plume libre » – chez Awoudy et nous allons publier dans quelques mois le premier roman d'une série que j'espère longue et remarquable – une œuvre forte, originale, puissante d'une jeune auteure togolaise que je ne nomme pas afin de laisser à Awoudy l'honneur de le faire le moment venu. Il y a dix ans, préoccupé de m'accomplir moi-même littérairement en Europe, je n'aurais pas été disponible pour une telle collaboration avec Awoudy. Là, ayant écrit et publié un certain nombre de romans qui exigeaient de sortir de moi, je suis plus disponible pour être utile aux jeunes auteurs togolais à travers cette collaboration avec Awoudy. Il faut être épanoui soi-même avant de pouvoir aider les autres.

« Il faut être épanoui soi-même avant de pouvoir aider les autres »

En post-scriptum, afin qu'on le sache (un entretien comme celui-ci appartient à notre histoire littéraire, n'est-ce pas ?), je dois vous nommer ici, Kokouvi Dzifa Galley, puisque vous avez été celui qui m'a proposé de collaborer ainsi avec Awoudy dans le cadre d'une collection. Mon retour éditorial au pays doit beaucoup à vos conseils et informations avisés. À César ce qui est à César !

L&L : *À feu nu existe. Vos attentes sont-elles comblées ? Le livre est-il une réussite, je veux parler des conditions de sa fabrication et du produit fini ?*

TA : Éditorialement, Awoudy n'a pas fait moins que... Gallimard ! Si ! Je parle de toute la coopération à partir du premier contact jusqu'à l'impression du livre. L'objet est disponible, tout le monde peut en juger.

L&L : *Que peut apporter votre livre À feu nu à la scène littéraire togolaise ?*

TA : Est-ce vraiment à moi de répondre à une telle question ? *À feu nu* est un ouvrage produit par des années d'études et d'expériences littéraires acquises en Europe. Je n'y invente pas une forme particulière. Des essais personnalisés (où je dis : je) comme ceux-ci s'écrivent depuis toujours ailleurs dans le monde. Au Togo, sans doute, cela est inhabituel ou moins fréquent que d'autres formes plus impersonnelles. Disons qu'il est à souhaiter que l'on écrive chez nous, après un âge donné et un parcours littéraire conséquent, des « essais sur nous » où l'on se prévaut de ses expériences personnelles, de ses souvenirs, etc. J'ai écrit l'année dernière un autre essai plus long que ceux qui composent *À feu nu* où je reviens sur mes contacts et rapports avec l'écrivain togolais Togoata Apédo-Amah depuis que je l'ai vu surgir dans un amphithéâtre à l'Université du Bénin (de Lomé, aujourd'hui) en 1984. Ce texte, qui sera bientôt publié avec beaucoup d'autres, je l'espère, est un essai d'écrivain, de ces écrits qu'un écrivain consacre à un autre écrivain qu'il a connu et fréquenté. C'est une autre façon de lire un confrère en littérature. Un témoignage intellectuel.

À feu nu propose cela avec l'évocation de l'ancien ministre François Boko que j'ai connu à l'université par exemple. Voilà ce que je peux répondre à votre question.

L&L : *Vous êtes originaire du Togo. Votre grand-mère paternelle est originaire du Ghana. Votre grand-mère maternelle est originaire du Bénin, la même histoire que le Togo. Vous vivez en Allemagne. Vous êtes un homme étiré, un homme écartelé. On sait que tout écartèlement finit par une rupture de soi ou une reprise en main par soi. Comment vit-on cela, comment « penser et sentir » avec « autonomie » quand on se sent de quelque part et en même temps de nulle part ? .*

« J'ai très tôt eu un esprit je dirais politique, sensible à l'histoire de l'Afrique »

TA : En quelque sorte, j'ai très tôt été préparé à mon existence d'adulte. Je suis né en Centrafrique, j'ai passé une bonne partie de mon adolescence à Lomé, puis l'autre bien loin de là, à Dapaong, au nord du Togo. J'ai commencé mes études universitaires à Lomé puis les ai poursuivies et terminées à Paris. Avant même de soutenir ma thèse de doctorat, je me suis installé en Allemagne qui est devenue un peu comme le terminus de tous ces changements de lieux géographiques. Mais je ne me sens pas du tout « écartelé ». Vraiment pas. En fait, le tout est d'être clair à l'intérieur de soi-même, si j'ose dire. J'ai très tôt eu un esprit je dirais politique, sensible à l'histoire de l'Afrique. En Centrafrique, tous les gamins de ma génération ont été élevés dans le « mythe » – je dirais dans la mémoire glorieuse – de Barthélemy Boganda (1910-1959), le père de l'indépendance de ce pays. À moins de dix ans, je savais qu'il avait été assassiné par le colonisateur. Cela nous était dit explicitement. Il a trouvé la mort dans un accident d'avion en partant justement de la ville de Berberati où je vivais avec mes parents. Cela m'a marqué à vie, je pense. Cela m'a préparé à la conscience historique de ma situation d'Africain. Pourquoi je vous dis tout cela ? Pour vous signifier qu'ensuite, j'ai sans cesse recherché la cohérence entre mon désir d'être écrivain et l'histoire de l'Afrique, peu importe sa partie géographique. L'Afrique, ou si vous voulez, l'idée de l'Afrique est mon radeau, elle est ce qui me donne cohérence et ce qui donne sens et justification à mes efforts d'auteur. Extérieurement, on peut voir dans mes romans uniquement les réalités du Togo, mais en vérité, j'y introduis bien d'autres « choses » qui me viennent de la Centrafrique qui est quand même le lieu de mon enfance. Je ne sais pas si ce long développement que je fais répond bien à votre question. Je ne suis donc pas écartelé mais étonnamment en harmonie avec moi-même ; en particulier parce que j'ai la chance de vivre en quelque sorte dans un *no man's land* qu'est pour moi l'Allemagne vis-à-vis de la planète francophone. Je suis ailleurs, pas dedans, et je peux considérer l'ensemble et me situer avec calme par rapport à lui.

« Je ne suis donc pas écartelé mais étonnamment en harmonie avec moi-même »

Propos recueillis par Kokouvi Dzifa GALLEY

Ayayi Togoata Apedo-Amah : « Je m'inscris dans une écriture de la résistance et de la germination »

Ayayi Togoata Apedo-Amah est universitaire. Il est l'auteur de plusieurs réflexions et œuvres scientifiques dont Théâtres populaires en Afrique : L'exemple de la Kantata et du concert-party togolais *(essai, 2013). Il publie aussi depuis quelques années de la fiction :* Un continent à la mer ! *(théâtre, 2012),* Radio-Tout-Va-Bien-Au-Pays *(théâtre, 2014),* 5 octobre an zéro *(théâtre,2015),* Les trônes sacrés jumeaux *(théâtre, 2015),* La république des slips *(théâtre, 2015),* Noces sacrilèges de la treizième lune *(théâtre,2016),* Le maitre de l'empire *suivi de* La dette du mort *(théâtre, 2016),* Le chien qui fume *(nouvelle, 2017).*

Legs et Littérature (L&L) : *Vous avez écrit une pièce intitulée* La Guerre civile des aputaga *publiée aux éditions Awoudy, dans la collection Rideau en janvier 2015. La pièce fait 115 pages. Dites-nous qu'est-ce qui a impulsé l'écriture de cette pièce. Quel est l'élément déclencheur de ce texte ?*

Ayayi Togoata Apedo-Amah (ATA) : Je suis un passionné d'histoire. Je le suis d'autant plus que l'absence de la pratique de l'écriture a pénalisé les peuples d'Afrique quant à la connaissance de leur lointain passé. En tant que théâtrologue et dramaturge, il m'arrive de faire la liaison entre le théâtre et l'histoire. Quand je m'empare d'un pan d'histoire, mon genre de prédilection est la tragédie. La tragédie grecque de l'antiquité et la tragédie classique française du XVIIᵉ siècle, par leurs excès dans le cadre d'une esthétique rigide, interpellent au sujet de l'individu confronté aux limites que lui imposent la société et les dieux. Passions et raison sont au cœur des intrigues qui invitent à la compréhension d'une société à une étape de son histoire. En abordant l'histoire par le biais de la tragédie, je ne reprends pas les Anciens Grecs et les Classiques Français tels quels ; je fais œuvre de création en offrant aux amoureux de théâtre et de littérature une esthétique dramaturgique nouvelle basée sur la culture africaine à laquelle j'appartiens.

L'histoire du peuple guin, très riche en intrigues, autour desquelles règnent l'omerta et le mythe, m'a incité à utiliser le théâtre pour mettre au jour un pan d'histoire que la plupart des Guin ignorent. Le souci de démystification m'a poussé à camper des protagonistes excessifs dans leur égocentrisme et dans la défense de leurs intérêts qui s'opposent à l'intérêt national. Leur échec vient de leur incapacité à concilier ces deux intérêts en les hiérarchisant face aux colons européens. Les faiblesses d'hier demeurent encore aujourd'hui, d'où notre dépendance et les crises sans fin d'une gouvernance aux mains de guignols à la solde de nos ennemis impérialistes.

Les notables Guin contemporains ont toujours eu à cœur de cacher à leur peuple et aux autres la vraie histoire des aputaga. C'est pourquoi j'ai mis les pieds dans le plat avec d'autant plus de conviction que les traces de ces vieilles querelles de prédation du XIXe siècle perdurent encore aujourd'hui au XXIe siècle. Après avoir lu la pièce, plusieurs lecteurs Guin m'ont dit qu'ils ignoraient tout de ces guerres civiles du passé et ont juré qu'ils ne s'y associeraient en aucun cas si les aputaga actuels rallumaient les hostilités. D'ailleurs, leur autorité actuelle est purement symbolique.

L&L : *L'écriture de la pièce a commencé quand et a pris fin quand ? Combien de temps vous a pris son écriture ?*

ATA : L'écriture de *La Guerre civile des aputaga* a débuté le 21 novembre 2003 et a pris fin le 06 septembre 2004. En général, l'écriture d'une pièce de théâtre me prend beaucoup moins de temps. Mes pièces qui durent si longtemps, c'est qu'elles ont été abandonnées en cours de route, faute d'inspiration ou par souci de restructurer le plan de départ ou d'enrichir l'histoire prévue au départ. Il y a aussi le problème de disponibilité. Je suis parfois très occupé et je dois organiser mes travaux par rapport à mes priorités. Dans tous les cas, le projet initial d'écriture est toujours enrichi ou modifié au cours de la création. Je m'inscris dans une écriture de la résistance et de la germination.

L&L : *À la lecture de la pièce, on a l'impression d'être dans le réel, quelle est la part de fiction dans* La Guerre civile des aputaga *?*

ATA : Dans cette pièce, la réalité historique et la fiction font bon ménage, car il ne s'agit pas de l'œuvre d'un historien qui se doit de restituer les faits tels qu'ils se sont déroulés avec le maximum d'impartialité. Pour l'écrivain, une pièce historique n'a pas pour enjeu la vérité historique mais d'en faire un prétexte pour réfléchir, à partir du passé, sur certains aspects de notre existence actuelle. Il s'agit de faire parler le passé au présent. Les leçons du passé sont si négligées par les humains que nous traversons l'existence comme des aveugles en répétant les mêmes erreurs que nos prédécesseurs sur cette terre. Notre attitude relève de la défiance envers la sagesse et la rationalité

L&L : *Les personnages de Kwam Dessou, Laté Ahouawoto et Chacha ont-ils réellement vécu à Glidji, pour le roi, et à Aného pour les autres ?*

TA : Pour les aputaga, les responsables du port d'Aného à l'époque précoloniale, chargés par le roi des Guin de fixer les taxes aux navires européens qui faisaient du commerce sur la côte du royaume guin, les noms que j'ai choisis sont des noms

« Je m'inscris dans une écriture de la résistance et de la germination »

« Les leçons du passé sont si négligées par les humains que nous traversons l'existence comme des aveugles en répétant les mêmes erreur »

claniques ou de règne. Le souci de l'histoire m'a empêché de leur attribuer des noms réels, car à Aného, ces notabilités ont allumé l'incendie de trois guerres civiles au XIXe siècle sous le règne de différents Aputaga. Seul le nom de Chacha est authentique. Il s'agit du négrier afro-brésilien Chacha de Souza de Ouidah.

Pour ce qui concerne le roi, il a un nom générique, car les guerres civiles ont eu lieu sous le règne de plusieurs rois des Guin. J'ai donc fusionné toutes ces guerres civiles pour délivrer un discours sur la gouvernance, l'intérêt national et l'égoïsme nourri par la corruption. Ces guerres civiles prédatrices ont été à l'origine du déclin et de la colonisation du Guinyi.

« le blanc est une couleur récurrente comme le noir et le rouge. Ces trois couleurs sont les couleurs du vodu »

L&L : *Les personnages tels que le Roi des Guin, Laté Ahouawoto, Kwam Dessou sont tous vêtus de blanc. Sont-ils des prêtres vodu ? Que symbolise cette couleur blanche ?*

ATA : Dans mon esthétique théâtrale, le blanc est une couleur récurrente comme le noir et le rouge. Ces trois couleurs sont les couleurs du vodu, religion qui est le fondement de la culture des peuples ajatado du Golfe du Bénin. Le blanc dont sont revêtus ces personnages, est le signe de leur statut social : dans la culture guin, le roi, les chefs traditionnels et les prêtres vodu sont toujours vêtus de blanc.

L&L : *La figure de Chacha dans le roman* Esclaves de Kangni Alemdjrodo *est-elle la même que dans* La Guerre civile des aputaga *? Est-ce le même homme ?*

ATA : Il s'agit effectivement du même personnage historique dont la puissance financière et militaire était impressionnante grâce à son commerce d'esclaves avec les trafiquants européens. C'est lui, en tant que trafiquant d'armes à feu, qui a favorisé, par ses livraisons, la victoire du clan Akagban, représenté par Laté Ahouawoto, sur le clan Adjigo, représenté par Kwam Dessou. Il était donc impliqué à fond dans l'une des guerres civiles à Aného.

L&L : *Dans la pièce, Amah est le seul digne de la figure de héros. Il essaie à maintes reprises d'unir Kwam Dessou, Laté Ahouawoto et Chacha contre l'envahisseur. À la fin, il tente de sauver l'honneur du roi en lui proposant de le décapiter et d'emporter sa tête pour damer le pion à l'envahisseur. Le roi décline l'offre, conscient de sauver tout seul son honneur par le suicide. Amah, dans son combat pour sauver le Guenyi, finit par décapiter Kwam Dessou, Laté Ahouawoto et Chacha. Après un sanglant combat contre les colons, son cadavre est emporté par le Choeur :* « Alors le Choeur, de retour, déroule un tapis rouge derrière lui (Amah) et dépose un masque sur son visage puis l'emporte très lentement, sur le tapis, à reculons, en lui maintenant les bras horizontaux » *(p.115). Quelle est la fonction du masque dans cette pièce ?*

ATA : Cette scène finale est la mort apothéotique d'Amah qui a préféré la mort, les armes à la main, plutôt que d'avoir à subir la tutelle de l'ennemi colonialiste. Le tapis rouge est celui que l'on déroule de nos jours pour honorer un grand personnage. Il le parcourt à l'envers pour entrer dans la mort. Le Chœur lui rend cet honneur en l'élevant symboliquement au rang d'ancêtre en appliquant un masque sur son visage. Dans la religion vodu, les ancêtres sont vénérés et servent d'intercesseurs entre les hommes et Dieu et les divinités vodu. Amah a refusé tout compromis avec l'ennemi en tant que personnage tragique, en plaçant l'intérêt national au-dessus de toute autre considération. Sa situation est d'autant plus désespérée que son combat contre les Européens s'est engagé à armes très inégales. Un baroud d'honneur qui s'oppose à la trahison des personnages qu'il a exécutés en s'érigeant en justicier.

Amah est porteur des valeurs qui font défaut aujourd'hui.

« Dans la religion vodu, les ancêtres sont vénérés et servent d'intercesseurs entre les hommes et Dieu et les divinités vodu »

L&L : *Dans la pièce, les figures féminines, Ahlimba, épouse de Kwam Dessou, et Adakouvi, épouse de Laté Ahouawoto, sont des femmes qui ignorent l'intérêt national. Elles ont été incapables de conseiller leur mari pour qu'ils mettent ensemble leurs forces afin de faire échec aux colons blancs. Pourquoi ce choix ? Est-ce une réalité de l'époque ou est-ce une lecture avec les prismes d'aujourd'hui que vous avez faite ?*

ATA : Ces personnages féminins importants ne sont pas des faire-valoir. Elles ont essayé à un moment de raisonner leur homme mais quand la haine, la passion et les trahisons ont pris le dessus, leur vanité et leurs intérêts les ont perdues aussi. C'est la classe des notables qui estime que tout lui est dû et n'assume pas ses responsabilités historiques de résistance face à l'ennemi en négociant les miettes du pillage colonial. Entre le sacrifice et le confort de leurs positions acquises, elles ont choisi ce dernier, quitte à trahir le peuple. Mais mon côté féministe en a fait des femmes qui tiennent tête à leurs hommes. Elles ont toujours eu leur mot à dire.

L&L : *N'y a-t-il pas de femmes braves dans cette Aného du XIXe siècle pour vous servir d'héroïne ?*

ATA : Dans cette pièce, ce sont les hommes qui mènent la guerre civile. Elles sont aussi impliquées dans la folie de leurs époux. C'est un choix de l'auteur qui a voulu mettre en exergue la trahison des dirigeants du Guenyi et leurs lourdes responsabilités dans la colonisation de leur peuple et de leur pays. Ces deux femmes ont beaucoup de caractère. Adakouvi a connu une fin tragique qu'elle assume avec un certain courage. Ahlimba, enterrée vivante par son mari, suite à une odieuse calomnie d'infidélité de ses ennemis, a accepté son sort avec une rare dignité pathétique.

L&L : *Amah dit ceci : « Un peuple ou une civilisation se construit autour de valeurs et non de voleurs » (p. 112). La mort d'Amah est-elle l'échec du Guenyi ?*

ATA : Amah s'est sacrifié parce que tout était perdu et le pays défait. Cette défaite est d'abord illustrée par le suicide du Roi du Guenyi. Un pays sans tête dans un royaume est livré au chaos et à l'ennemi. Amah s'inscrit dans une époque nostalgique où le Guenyi était grand et dominateur sur la côte et l'arrière-pays. Amah incarne, à sa façon, cette grandeur déchue qui relève de la nostalgie. Contrairement aux trois ambitieux, il ne calcule pas. Il dit une vérité qui paraît utopique à ces derniers, lesquels refusent de compromettre leurs desseins avec des considérations morales. L'idéal de l'un s'oppose au matérialisme forcené des autres. La mort d'Amah représente à la fois la défaite du Guenyi et l'espoir d'une rédemption du peuple par son exemplarité.

« J'ai très tôt eu un esprit je dirais politique, sensible à l'histoire de l'Afrique »

L&L : *Amah déclare à la page 113 : « Mon sort ne dépend que de moi et de moi seul. Que les dieux et les esprits restent à leur place et les humains à la leur. Vouloir, c'est vivre ». Que voulez-vous dire à un adepte du vodu, à un chrétien ou à un musulman, par exemple, ou à un citoyen lambda ?*

ATA : En recourant à l'histoire, l'écrivain s'adresse à des contemporains auxquels les religions coloniales et esclavagistes bourrent le crâne en leur prônant la soumission et la résignation. Les sectes farfelues d'origine occidentale et arabe ont pris le pouvoir sur les esprits avec la complicité des pouvoirs politiques. Au Togo, face aux méfaits d'une dictature militaire criminelle, la potion magique proposée par les clergés sous influence étrangère est la prière, des pèlerinages, des jeûnes et beaucoup de cotisations. C'est dire qu'aucun Dieu ne viendra délivrer personne. La liberté s'arrache par la lutte. Il faut d'abord combattre ; la prière peut accompagner ou venir après.

« La liberté s'arrache par la lutte. Il faut d'abord combattre ; la prière peut accompagner ou venir après »

Elle ne peut se substituer à l'esprit rationnel et à la lutte. La colonisation mentale est la plus puissante des dominations, car le colonisé, n'ayant plus les chaînes de l'esclave aux poignets et aux pieds, a l'illusion de la liberté. Nos " indépendances" bidon en sont la parfaite illustration. Des Togolais naïfs s'égosillent en criant "ablodé" et en agitant des drapeaux du pays. Ils vivent dans la prison du mythe que la France colonialiste a fabriqué pour eux afin qu'ils se bercent d'illusions avec la complicité de partis politiques traîtres et en mission commandée. Au Togo et dans toute l'Afrique de l'ouest francophone, les pouvoirs illégitimes et leurs oppositions n'ont qu'une pratique politique de dépendance qui consiste à pleurnicher auprès de la France pour débloquer toute crise qui surgit. Vive le temps des colonies !

« La colonisation mentale est la plus puissante des dominations »

La libération ne viendra jamais par ces abrutis de politicards vendus à la France. C'est ce qu'ont représenté les traités avec les partages léonins signés par nos souverains africains sous la colonisation. Nos peuples aliénés vivent dans l'auto-mystification à cause du mensonge et de la propagande. L'objectif de nos pires ennemis de l'intérieur et de l'extérieur est d'en faire des zombies. Doit-on, à partir de cette réalité, être surpris de voir des individus célébrer, dans un état de transe, des indépendances et des démocraties fictives ?

Propos recueillis par Kokouvi Dzifa GALLEY

« Nos peuples aliénés vivent dans l'auto-mystification à cause du mensonge et de la propagande »

Troisième partie

Lectures

Hilaire Dovonon est un auteur béninois, diplômé en sciences de l'information documentaire. Ses talents de poète et de nouvelliste ont été couronnés par différents prix littéraires francophones. Il découvre dans le théâtre un nouvel espace pour sa plume et écrit sa première pièce en 2014.

Hilaire Dovonon, *La femme et la lionne*, Cotonou, Star Éditions, 2014, 106 pages.

Hilaire Dovonon est entré sur la scène littéraire avec son recueil de nouvelles *La floraison des baobabs* paru en 2006 aux éditions D'un Noir Si Bleu. S'il est connu pour la forte présence du sacré et du mystérieux dans ses textes, il n'était pas forcément attendu pour camper la même atmosphère lorsqu'il s'agirait de pièces de théâtre. En effet, l'auteur aime relater l'âme de l'Afrique traditionnelle, percer et "dévoiler" les secrets relevant du surnaturel, du monde de l'invisible. *La femme et la lionne*, publiée en 2014 à Star Éditions, retrace le parcours épique d'une prisonnière qui deviendra reine, en accédant au trône.

La beauté rebelle de Djaounta fait d'elle une rivale à abattre par les épouses du roi. Depuis qu'elle s'est retrouvée prisonnière et gardée dans une cellule au sein de la résidence du monarque, le majestueux palais a perdu sa quiétude. Elle doit faire face à la jalousie incandescente des quarante-et-une épouses du roi. Elle doit pouvoir également contenir les manœuvres assassines que l'envie de disposer d'elle a occasionnées entre le roi, le prince et Azéka le sorcier.

La levée de boucliers contre la belle amazone fut lancée par la reine des épouses : « Allez, épouses guerrières, étranglez cette vile prisonnière avant que ne s'éveille le requin de feu... Aux esprits de la nuit, sacrifiez cette bête avant qu'elle ne détruise tout » (p. 7). C'est sur ces grands tumultes que s'ouvre la pièce *La femme et la lionne*. Des malédictions, des invectives, des menaces d'une cruauté indescriptible, tous les ingrédients pour des joutes sans merci étaient réunis. Une tempête de folie meurtrière souffle sur la cité royale.

Pour faire taire ses épouses et les renvoyer à d'autres occupations, le roi a dû leur avouer et imposer son intention de garder l'amazone auprès de lui, comme une nouvelle épouse. Il va alors leur marteler : « C'est une princesse. Le roi a faim. Le roi appelle la douceur de ses bras et l'huile de ses caresses », avant de proclamer définitivement : « Le regard d'un roi peut faire d'une prisonnière une reine » (p. 11). Djaounta, avec sa beauté féline, a ensorcelé le souverain qui se trouve possédé par tant de charmes sauvages.

Dans cette première partie intitulée « Les reines s'affolent », Hilaire Dovonon a mis exprès sur le chemin du roi plusieurs obstacles pour l'empêcher de réaliser son vœu. La barrière de la cohorte des épouses franchie, le voici désormais en face du prince, l'enfant de son frère qui devait hériter du trône à la mort de son père. Pour venger son géniteur et remettre en cause la légitimité de son oncle, le prince a trouvé le bon prétexte en enlevant Djaounta, l'amazone prisonnière, dont le roi est un prétendant éperdu. Et c'est ici que commencent les péripéties de l'intrigue.

Le duel entre le roi et le prince n'a pu se dénouer nettement, tant l'amazone tout en réfutant les avances du prince a laissé le roi dans l'incertitude. L'auteur a délibérément choisi de garder la femme qui se fait désirer dans cette posture d'indécision. Effet de suspense dans un style qui déconstruit les codes habituels.

Dans la deuxième partie, « L'amazone se déshabille » et s'apprête à recevoir dans sa geôle "dorée" la visite du roi, celui à qui elle a laissé entrevoir un brin d'espoir de la dompter afin de faire d'elle sienne. Dans cette paradoxale attente, elle demandera à ses servantes de la laisser seule et toute nue. Car, justifie-t-elle à la page 34, « L'on m'a dit que le roi, tombé sous les griffes de mes charmes, laisse tout le jour ses yeux rêver de mes yeux, et qu'il attend cette nuit pour faire flamber mon corps, furtivement, sournoisement ». Celle qui jusque-là a le statut de prisonnière projette de montrer sa vraie nature, celle d'une guerrière redoutable, usant de force, de stratèges et surtout de séduction. Elle se convainc bien qu'une femme nue est une divinité qui tue, la chair tendre du poisson sur les lèvres d'un amant, la crête de carpe coincée à la gorge de l'ennemi.

Avant que le visiteur assoiffé de désir ne pointe, l'amazone a déjà appris de la bouche des épouses jalouses que « le roi est vivant, mais son cheval est mort » (p. 41). À quoi servirait encore un roi impuissant auprès d'une femme remplie d'énergie et de volupté ? Pour elle, ce sera indigne et inutile de se laisser au roi qui ne serait plus capable de rien pour éteindre le feu de l'envie chez une favorite. Car, une lionne a besoin d'un lion rugissant pour la dompter et la rassurer, mettre en valeur sa femellité.

Dans la troisième partie, « les fétiches parlent ». C'est ici que le troisième larron entre en scène. Azéka le sorcier est censé voler au secours du roi dans les situations difficiles. Mais cette fois-ci, tombé lui aussi sous la fascination de Djaounta, il voudra tourner les événements à son avantage. Il a consulté l'oracle et au bout de ses rituels, il engendre d'autres rebondissements. Ceux-ci conduiront le lecteur jusqu'à la fin de la pièce, en traversant successivement la quatrième partie, « Le festin des sorciers » et la cinquième partie, « Là où une femme tue par le bas-ventre ».

Hilaire Dovonon est un écrivain qui explore l'univers des légendes, des mythes, et qui se joue de la psychologie du lecteur en racontant des faits insolites. Il fait découvrir l'Afrique authentique où se côtoient le profane et l'initié, les humains et les divinités, le réel et l'irréel, le visible et l'invisible. Le récit mis en scène ici est rempli d'incantations, de chants lugubres, de proverbes et de dérisions. La violence verbale démontre les forces en présence ; et celles-ci se mesurent de la manière la plus féroce. Pour effrayer les gardes du roi, Azéka le sorcier proféra : « L'enfant qui veut vivre longtemps ne monte pas sur papayer » (p. 83).

Les personnages convoqués dans le texte relèvent pour la plupart du panthéon vaudou ; certains portent d'ailleurs des noms assez significatifs. On trouve par exemple Tolègba (le puissant vodou de la virilité), Azéka le sorcier, les êtres masqués, les esprits invisibles. Pour dresser un décor des plus mystérieux, l'auteur va ajouter des hiboux, des chiens hallucinants, des chats noirs et des baobabs-fétiches.

Que retenir au bout de la lecture de cette œuvre qui plonge dans la mythologie africaine ? L'intrigue est construite autour de la femme et du pouvoir qu'elle incarne, mettant en exergue la sacralisation qui l'entoure, dévoilant tout ce dont elle est capable, par la magie de son corps et de son esprit. Dans l'ultime scène de *La femme et la lionne*, à la page 106, on entendra Djaounta annoncer solennellement : « Le roi s'est tué. Car lorsqu'une amazone devient reine, meurt toujours un roi. Et je suis reine, il n'est plus de roi ». Elle s'assied sur le trône.

Cette pièce, écrite dans un registre pathétique, est un drame au sens propre du terme. À l'image de la tragédie cornélienne dans *Le Cid*, l'œuvre se structure en cinq tableaux comprenant chacun quatre à six scènes. Les détails donnés par l'auteur au début de chaque partie facilitent sa mise en scène et le travail des comédiens.

Jean Florentin AGBONA, PHDC

Née à Port-au-Prince en 1953, Yanick Lahens est romancière, nouvelliste et essayiste. Première titulaire de la chaire Mondes Francophones au Collège de France, Prix Carbet 2020 pour l'ensemble de son œuvre, *Douces déroutes* est son dernier roman.

Yanick Lahens, **Douces déroutes**, Port-au-Prince, LEGS ÉDITION, 2018, 202 pages.

Douces déroutes de Yanick Lahens est une œuvre réaliste parue en 2018 chez Sabine Wespieser éditeur en France et reprise la même année chez LEGS ÉDITION en Haïti. Ce roman est le cinquième dans ce genre littéraire que l'auteure a produit après *Guillaume et Nathalie* (2013) puis *Bain de lune* (2014), tous deux primés. Native de Port-au-Prince, Yanick Lahens a encore choisi cette ville et surtout ses bas-quartiers pour en faire le théâtre principal de faits qui ne sont autres que les diverses facettes de l'actuelle crise sociétale qui mine la vie des habitants de cette partie de l'île –thème central de ce roman. Quel est donc la toile de fond de *Douces déroutes* ?

Un juge intègre et courageux est assassiné depuis six mois. Cette disparition cause beaucoup de souffrances aux proches de ce dernier dont sa fille unique Brune, sa femme Mathilde et son beau-frère Pierre Martin. Ce dernier, indigné par cette brutale disparition, n'est pas prêt d'accepter le fait sans en connaître le mobile et les auteurs. Pour cela, il cherche l'aide d'amis influents qui sont des amis d'enfance, des condisciples avec lesquels il reste lié malgré leurs différences à divers points de vue. Henry Norestor et Didier Polvert sont deux hétérosexuels rangés dans le moule de leur appartenance sociale respective : le monde des juristes influents et la bourgeoisie traditionnelle d'affaire. Lui, un homosexuel qui s'accepte comme tel, amant des arts, voluptueux et de surcroît intègre. Quand il rencontre ses amis au sujet du dossier de l'enquête, il apprend qu'il n'avance pas et n'aboutira peut être jamais. Henri lui remet un cartable qui ne renferme que très peu d'informations auquel est annexé le rapport du médecin légiste qui parle des détails du crime. Ce rapport le fait comprendre qu'il a été torturé bien avant d'être abattu. Il conclut qu'il avait été séquestré. Entre temps il tente de continuer à vivre en s 'appuyant sur des jeunes amis ainsi que sa nièce qui lui apportent un peu de joie de vivre. Brune est une chanteuse talentueuse qui trouve aussi du support moral auprès de cet oncle qui s'efforce de la protéger en tentant de lui cacher les informations dont il dispose sur le meurtre de son père.

C'est au cours d'une tournée à Medequilla, une ville côtière située en face de la Colombie et de la Jamaïque que Pierre va découvrir de la manière la plus inattendue le mobile et les auteurs intellectuels de la mort de son beau-frère. Le meurtre a été commis par Joubert, bandit notoire, protégé d'un puissant homme d'affaires. De retour à Port-au-Prince, Ezéquiel (ami de Joubert), s'arrange pour déménager en douce avec sa famille et quitte le quartier pour s'éloigner de Joubert. Francis lui, retrouve Brune et vit avec elle le moment d'intimité dont il rêvait. Il repart en France et rédige son reportage sur Haïti en passant à pied joint sur le meurtre du juge afin de protéger ses amis restés en Haïti. Brune de son côté quitte Haïti pour oublier ses peines, ses peurs et trouver de meilleurs opportunités pour sa carrière de chanteuse. Les amis continuent de se réunir chez Pierre bien que moins souvent. Entre temps L'ex-petit ami de Brune, Cyprien Norvilus est devenu l'avocat particulier de l'homme d'affaire et mafieux Sami Hamid, et Joubert le tueur à gage voit ses conditions d'existence s'améliorer de jour en jour à cause de ses bons offices et attend la prochaine commande. Chacun de ses personnages continue sa routine et continue de vivre dans cette douce déroute.

Douces déroutes est un riche tableau du réel haïtien. Et ceci a divers égards. D'un côté, il y a la diversité des protagonistes qui rend l'intrigue assez complexe pour inspirer un roman feuilleton ou une série télévisée. Plus d'une demi-douzaine de personnages sont mis en scène et prêtent leur voix alternativement au narrateur principal pour dire leurs sentiments ou révéler leur dilemme. Ils sont présentés aussi bien dans leur fonction que dans leur psychologie. Cyprien Norvilus, le jeune stagiaire noir et d'origine rurale, adore se retrouver avec la blonde, il dépense sans compter pour elle. Ses complexes d'infériorité sont tels qu'il se procure deux voitures de luxe pour essayer de cacher ce qu'il est par des signes extérieurs de richesse. Le riche moyen oriental Sami Hamid, son arrogance et son côté brut le rendent tout aussi réel que le premier. En dépit de certains clichés (le silicone, le geste de Dorothée avec sa langue pour provoquer Cyprien), l'effort pour dévoiler ces personnages dans leur entièreté est très remarquable.

Tout y est : Les problèmes qui caractérisent le gouffre, les différentes classes sociales, les mœurs. On a l'impression que l'auteur ne veut rien laisser de côté dans son tableau. Il y a (1) ceux qui sont responsables de la débâcle comme Sami Hamid et les officiels de la justice et du parlement, (2) ceux qui la subissent comme Pierre, Brune, Ezéquiel et (3) ceux qui s'y accommodent et se font complice des premiers pour assurer leur ascension sociale comme Cyprien Norvilus et Joubert Alias Jojo Piment Piké. Bref tous les problèmes sont posés : les grands maux comme les petits ou les nouveaux de la décade actuelle tels (le bruit des églises, les motards partout, les trottoirs envahis). On trouve aussi dans l'œuvre les drames universels de l'être humain comme ses contradictions profondes. Ezéquiel est révolté et plutôt radical dans ses prises de position vis à vis des diri-geants mais garde un lien avec le tueur à gage, un laquais de ceux qui perpétuent le chaos ; Francis qui se voit obligé de ne pas tout dire dans son rapport ou ne pas dénoncer … pour protéger ses amis restés au pays. Pierre s'indigne du cynisme de ses amis si différents de lui mais conserve leur amitié qui date de l'enfance et des bancs de l´école.

Paradoxe aussi il y en a. Tout n´est pas laideur ou drame dans cette grande dérive haïtienne. On retrouve dans la beauté et du bon dans : la vieille ville de Medequilla, le paysage de grand Gosier et sa crique, le courage et le goût de vivre de Pierre, la voix de Brune, les poèmes d'Ezéquiel, l'intégrité du juge, le beau gazon de la femme de Didier, le bourgeois traditionnel, les poissons grillés et les bananes pesés dont raffolent Ronny l'américain etc. Il y a tellement de choses agréables à retenir que Francis a envie de revoir Port-au -Prince.

Ce roman est aussi une agréable peinture du chaos haïtien. Agréable parce que la corruption, le crime, l'impunité, la misère, le trafic de la drogue, l'immoralité sont exposés avec le plus grand naturel, les réponses et les contradictions des multiples personnages pris dans ce bourbier sont aussi décrits de la même façon. Rien ne choque. L'écriture de l'auteur, selon nous, y est pour beaucoup dans tout ça. Sa limpidité et peut être aussi sa sensualité rend l'œuvre très prenante et rend possible une douce et rapide traversée du lecteur dans la dérive. Ce mélange de simplicité et de complexité est une belle photographie de l'Haïti d'aujourd'hui.

Carline LEGROS

Legs et Littérature est une revue semestrielle qui promeut la recherche en littérature francophone. Publiée en Haiti, plus de quinze numéros sont déja parus sous des thématiques différentes.

D. Petit Frère, M. Pierre (sld), *La critique littératire. Legs et Littérature 10*, Port-au-Prince, LEGS EDITION, 2018, 274 pages.

La revue de littérature contemporaine *Legs et ittérature* a sorti son dixième numéro sur la critique littéraire. Ce ''spécial'' illumine les marches du discours critique. Un travail de mise à jour. Des spécialistes de la critique, des chercheurs, des professeurs de littérature contemporaine, des écrivains, tous ont émis leur points de vue sur la question.

Dieulermesson Petit-Frère, l'éditorialiste, a ramassé les divers points de vue en insistant sur la manière traditionnelle de critiquer les œuvres en Haïti, depuis le XIXe siècle avant d'étaler la nouvelle critique dans ses formes multiples. Il a mis l'accent, en ce sens, sur le travail de deux professeurs de littérature, Nadève Ménard et Darline Alexis, à savoir la pertinence de leur dialogue, comme au temps des Anciens, sur la critique littéraire en Haïti. Sans omettre l'analyse de deux autres critiques : le docteur Alix Emera sur la figure de Dessalines dans la littérature haïtienne et le docteur Eddy Arnold Jean sur l'œuvre de Jean-Claude Fignolé. De son lieu de critique littéraire, il a parcouru le cadre théorique de l'évolution de la critique dans le monde et, dégagé les deux formes que prend la critique, à l'heure actuelle. « De nos jours, la critique textuelle ou analytique qui privilégie le texte et la langue – donc le signe linguistique [...] et la critique gnostique axée sur une esthétique de la réception [...] se présentent comme des courants qui dominent le champ de la critique », a souligné l'auteur de l'essai *Haïti : littérature et décadence. Études sur la poésie de 1804 à 2010*. Plus loin, il s'interroge sur l'essence même de la chose critique afin de « savoir avec quels outils évaluer et apprécier une œuvre littéraire ? »

Dans ce nouveau numéro, le travail des critiques journalistes est souligné : Ceux-ci, soit par amitié, soit pour une autre raison, présentent des œuvres parues dans la littérature haïtienne. Ce sont les premières alertes sur la parution d'une œuvre littéraire.

Le travail du docteur Eddy Arnold Jean sur l'œuvre romanesque de

Jean-Claude Fignolé propose une autre vision de ce talentueux romancier de la cité des Poètes. Son œuvre doit être, selon abordée comme un ensemble, un tout dégageant une parole complexe. La réflexion du docteur Alix Émera sur Jean-Jacques Dessalines met en avant le côté ambivalent du personnage dans la littérature haïtienne. L'auteur a montré qu'après plus de quarante ans de silence sur ce personnage historique, comment les créateurs, les écrivains, les poètes l'ont représenté ou présenté dans leurs œuvres. Il cite, par exemple, la pièce de Liautaud Éthéard : *La fille de l'Empereur* (1860). L'Empereur avait en tête, pour symboliser l'indépendance, de marier sa fille Célimène au général Pétion ; mais son entourage l'a bafoué. Il en est sorti, de cette expérience, furieux. « Le général en chef accuse ses proches de trahison ».

Comment passer sous silence les propos de l'écrivaine Yanick Lahens ? Recueillis par Mirline Pierre, la rédactrice en chef de la revue, ces propos ont abordé un problème sérieux dans le monde des critiques littéraires en Haïti, à savoir le risque encouru par les critiques et la méfiance dont ils sont l'objet. L'auteur de *Douces déroutes* précise « Qu'il y a toujours eu de la part de certains auteurs comme de certains écrivains une méfiance vis-à-vis des critiques littéraires. Mais avec ce qu'on a appelé le recul des idéologies, on a assisté à un affadissement progressif du rôle des intellectuels pendant toute une période jusqu'à aujourd'hui. » D'autres articles tout aussi importants soulèvent des problématiques sur des thèmes clés ou à l'ordre du jour dans les milieux universitaires. Dieulermesson Petit Frère a abordé les questions de violence et de genre dans deux romans de Yanick Lahens, Jean-James Estépha a réfléchi sur le rôle et le sens des préfaces dans les essais haïtiens, Mirline Pierre est revenue sur la portée de l'occupation et la valeur de l'indigénisme haïtien. Marie-Josée Desvignes, pour sa part, a proposé une longue étude de *La marquise sort à cinq heures* de Frankétienne.

Divisé en six parties, des contributeurs étrangers de la Martinique, de la Guadeloupe, des États-Unis, du Canada et du continent africain. Citons entre autres l'analyse de Faustin Mvogo sur *L'Otage* ou le travail de Mourad Loudiyi sur *French Dream* de Mohamed Hmoudane. Nous apprécions l'étude du professeur de l'Université de Binghamton, Carol F. Coates sur l'œuvre de Jacques Stéphen Alexis. Une nouvelle approche de l'œuvre du romancier haïtien.

Ce numéro de la revue *Legs et Littérature* est paru grâce au le soutien de la Fondation connaissance et liberté (Fokal), l'Institution Éducative Notre Dame (Inend) et le journal *Haïti-Monde*. Illustré par l'artiste-peintre Sergine André, il a bénéficié des collaborations de la Galerie Monnin et de la Galerie Festival Arts. C'est un numéro qui a le mérite d'intéresser nos lecteurs. Ceux-là qui s'avisent de pratiquer la critique y puiseront allègrement.

Wébert LAHENS

Quatrième partie

Créations

Voyage suivi de lettre

Kokouvi Dzifa Galley

Kokouvi Dzifa GALLEY est né à Lomé. Titulaire d'une Maîtrise en Sciences Économiques de l'Université de Lomé, il est membre du réseau d'auteurs Escale des Écritures. Boursier Beaumarchais en 2009, Lauréat de Visas pour la création 2016, il participe à plusieurs résidences d'écritures en Afrique et en France. Il est lauréat des concours de nouvelles tels Plumes Francophones 2012 avec Le Code, Napoli Racconta *2014 de l'Université de Naples avec* La Pomme de discorde. *Il représente le Togo, en 2013, aux 7e jeux de la Francophonie à Nice avec sa nouvelle* Le Testament. *Son texte* Requiem *est finaliste des Prix Théâtre RFI 2016 et Inédits d'Afrique et d'outremer 2017.*

lettre

battez les mots
faites-les gésir
pétrissez leur chair
recueillez leur encens
et préservez-vous de la mémoire chancelante
faites braire les silences endormis
séchez-les au soleil des libertés sur les claies
de vos souvenirs
battez les mots
comme un fusil qui toute la sanglante nuit vous tient en joue
qui décharge sa funeste morve
que vous stoppez net dans le vent subversif
de votre refus de baisser votre froc
battez la marche
vers l'avant
vers demain
les yeux hauts perchés
comme votre front haut levé
face aux souvenirs bâillonnés
levez le pas
l'élan de ceux qui gardent la mémoire
une torche allumée
enferrée en soi
en chaque geignement de flamme
un silence brûlot de mots
qui crache des volcans en furie ivres de liberté

qui explose les arpents d'immondes crasses
recouvrant l'humanité
levez la voix
le corps des mots
piétinez l'infâme avilisseur
demeurez la poigne ferme
du souffle des êtres
éteints aux chalumeaux
qui résistent
qui crachent des mots brûlants brûlots
contre l'opprobre jeté
des mots qui piétinent la verve
animale de l'homme sans quête
qui de ses indignes blâmes
perd au change son humanité
et se refuse
à regarder son portrait figé
devenu une plaie cosmique
un miroir accusateur
battez le mot
ouvrez l'œil
comme votre cul saignant
et crachez vos laves sur l'ignoble face
de ceux qui changent de symbole
et maintiennent un système vampirique
de vos mots forcenés de lumière
arrachez les fers des ghettos
et planez
étendez vos ailes
à votre aise
embrassez l'air
il est à vous
en vous
un souffle de liberté
une lampe veilleuse
dans la gorge de la nuit
l'autre face du jour

La malle de l'avenir...

Murielle Sandra Tiako Djomatchoua

Murielle Sandra Tiako Djomatchoua est doctorante en Lettres à Princeton University dans le New Jersey aux États-Unis. Détentrice d'un master en lettres de Miami University, elle a travaillé sur la littérature postcoloniale francophone. Elle compte plusieurs publications à son actif dont « Du jeu de(s) perceptions autour de l'objet à la scénographie de la violence du sacré dans Les noces sacrées *de Seydou Badian », « Raconter les crises en postcolonie : nouvelles voix, ou voies nouvelles dans* Temps de chien *Patrice Nganang », « Liberté de création et censure politique dans* Remember Ruben *de Mongo Beti : Enjeux de la fictionnalisation d'un héros national maudit».*

La malle de l'avenir...

Au crépuscule d'un jour endimanché
Luit un soleil diamanté…
Des cris euphoniques d'une mère Nature
Rallient les cœurs dans la symbiose d'un rythme pure…
Du Soleil jaillit la voix qui porte l'âme de mon peuple,
La mémoire de mon Afrique que tout l'univers peuple.

Ohé !
La muse du griot retentit dans les cœurs
Avec une dynamite perlée de pétales de chaleur.
Placotant,
Arpentant
Les ruelles qui mènent au panthéon de l'âme africaine,
Elle défait les lianes de sa verve nourries aux sources de la
sagesse africaine.
Pêlemêle,
Comme une oasis qui inonde le sahel,
Mythes et légendes éclosent sous le bagou de son verbe suave.
Les prouesses des héros de la mémoire collective,
Grossies par des descriptions truculentes
De narrations vivifiantes,
Stimulent les esprits,
Et aguichent les cœurs épris.

Le barde,
Au cœur du cercle des jeunes initiés,

Volubile,
Chante l'Afrique des épopées.
Comme le vent qui survole terres
Et mers,
Depuis l'origine de la vie,
Le rhapsode voyage au travers des générations de vie en vie.
Lumière indispensable à la croissance des germes du futur,
Il éclaire et éduque des âmes pures.
Comme de jeunes bourgeons en quête de croissance,
Ces jeunes semences
Vont se nourrir du nectar et de l'ambroisie
D'une âme assagie
Afin de se prémunir face aux intempéries
Dont les temps modernes sont munis.

L'aède, jouant sur les accents des tonalités de sa Kora,
Suppléé par des notes saveur harmonica,
Tisse des intrigues rocambolesques
Et poétiques.
Une flamme pérenne
Dans son for règne,
Qui, mue par le souffle des ancêtres,
Hante et possède son être.

Elle lui susurre des écrins d'histoires,
Qu'il expose dans la foire
De son imagination protéiforme
Que sa créativité façonne et transforme.
Sa jactance prolixe,
Teintée d'épices,
Transmet à une jeunesse,
Les savoirs à conserver,
Les prouesses à émuler,
Les trésors de la mémoire à chérir,
Et les horizons d'un futur à conquérir.

Jeunesse en séjour,

Dans la vélocité des éclairs du jours,

Démarque son parcours

Par l'enracinement de son savoir à rebours

Dans le giron des traditions africaines de la cour.

Flambeau du jour,

Elle conservera cet héritage

Et la donnera en partage

Aux générations à travers les âges.

Liste des rédacteurs et contributeurs :

Alma ABOU FAKHER
Jean Florentin AGBONA
Komi Seexonam AMEWU
Théo ANANISSOH
Ayayi Togoata APEDO-AMAH
Réda BEJJTIT
Adou BOUATENIN
Rodrigue BOULINGUI
Wébert CHARLES
Carrol F. COATES
Claudy DELNÉ
Marie-Josée DESVIGNES
Victor ESSONO ELLA
Jean James ESTÉPHA
Pierre Suzanne EYENGA ONANA
Salma FELLAHI
Kokouvi Dzifa GALLEY
Salima KHATTARI
Céline Omo KOFFI
Wébert LAHENS
Carline LEGROS
Mourad LOUDIYI
Ulysse MENTOR
Dorel OBIANG NGUEMA
Ndèye Maty PAYE
Déborah PÉPÉ
Dieulermesson PETIT FRÈRE
Gisèle PIEBOP
Mirline PIERRE
Radia SAMI
Rose Djuehou SANGO
Carolyn SHREAD
Murielle Sandra TIAKO DJOMATCHOUA
Bénédith Léonie TIÉBOU

Déjà parus

- *Insularité(s)*, No. 1, Janvier 2013
- *Érotisme et Tabou*, No. 2, Juillet 2013
- *Dictature, Révolte et Écritures féminines*, No. 3, Janvier 2014
- *Traduction, Réécriture et Plagiat*, No. 4, Juillet 2014
- *Migration et Littérature de la diaspora*, No. 5, Janvier 2015
- *La littérature jeunesse*, No. 6, Juillet 2015
- *Les plumes francophones émergentes*, No. 7, Janvier 2016
- *Marie Vieux-Chauvet*, No. 8, Juilllet 2016
- *Langues, Littératures et Cultures de la Caraïbe*, No. 9, Janvier 2017
- *La Critique Littéraire*, No. 10, Juillet 2017
- *Identités, Races et Couleurs*, No. 11, Janvier 2018
- *Littératures et Francophonies*, No. 12, Juillet 2018
- *Poétique de la Sexualité*, No. 13, Janvier 2019
- *Littérature et Politique*, No. 14, vol. I, Juillet 2019
- *Littérature et Politique*, No. 14, vol. II, Juillet 2019
- *Imaginaires, Légendes et Croyances populaires*, No. 15, Janvier 2020
- *Écritures, Pandémies et Catastrophes naturelles*, No. 16, Juillet 2020

Imprimé pour le compte de LEGS ÉDITION
26, delmas 8, Haïti
(+33) 7 55 25 62 18 | (+33) 7 55 21 95 28 (+509) 37 48 59 51
legsedition@outlook.com
www.legsedition.net
Août 2021

Made in the USA
Middletown, DE
18 November 2021

52863672R00198